精品课程配套教材
21世纪应用型人才培养规划教材
"双创"型人才培养优秀教材

大学生 创新创业基础

（双色版）

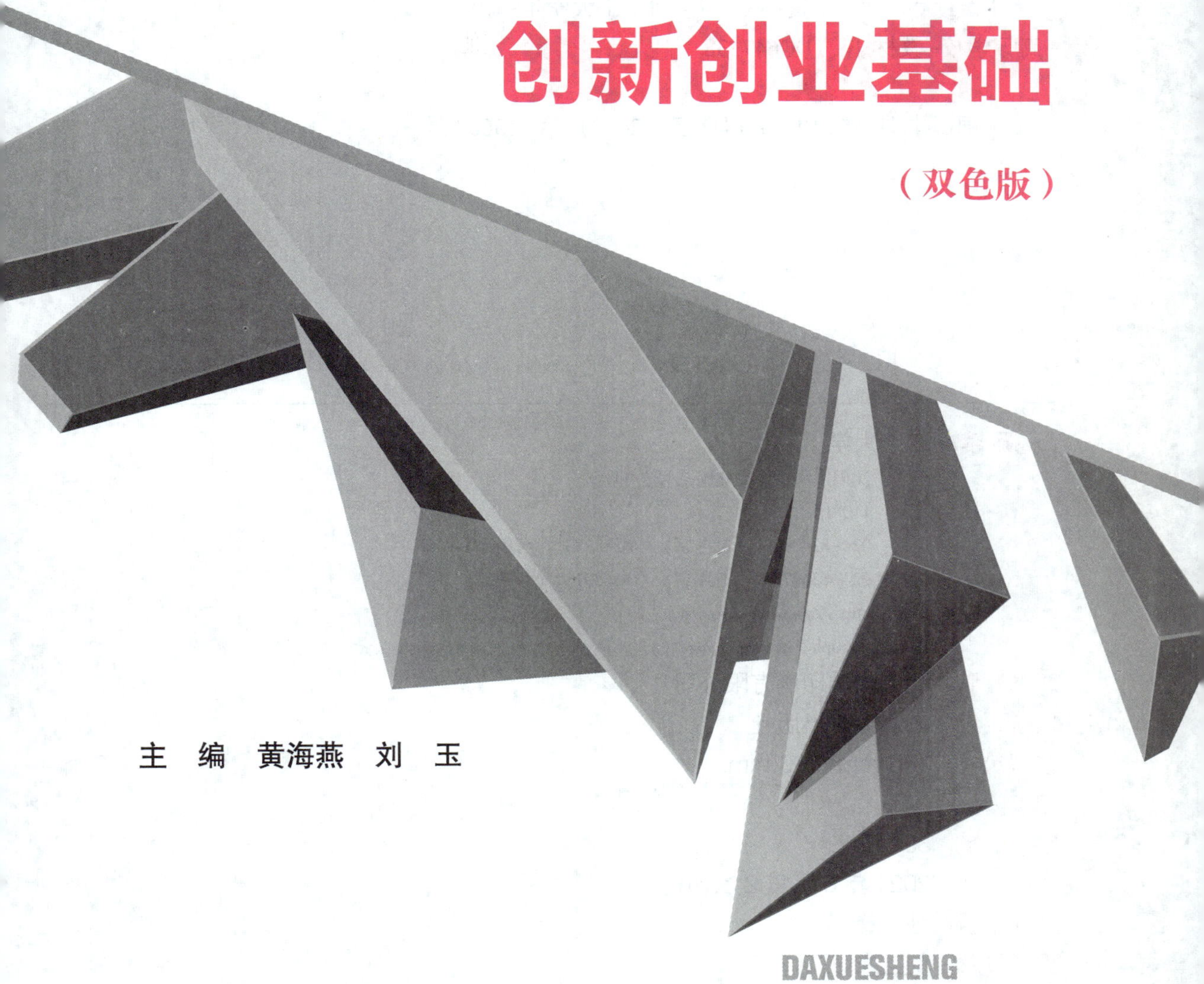

主　编　黄海燕　刘　玉

DAXUESHENG
CHUANGXIN
CHUANGYE JICHU

東北大學出版社
Northeastern University Press

图书在版编目（CIP）数据

大学生创新创业基础：双色版／黄海燕，刘玉主编
. -- 沈阳：东北大学出版社，2018.1（2021.5 重印）
ISBN 978-7-5517-1809-7

Ⅰ. ①大… Ⅱ. ①黄… ②刘… Ⅲ. ①大学生-创业
-高等学校-教材 Ⅳ. ①G647.38

中国版本图书馆 CIP 数据核字（2018）第 015608 号

出 版 者：东北大学出版社
地址：沈阳市和平区文化路三号巷 11 号
邮编：110819
电话：024-83680267（社务室） 83687331（营销部）
传真：024-83687332（总编室） 83680180（营销部）
网址：http://www.neupress.com
E-mail：neuph@neupress.com
印 刷 者：北京俊林印刷有限公司
发 行 者：东北大学出版社
幅面尺寸：185 mm×260 mm
印 张：17
字 数：354 千字
印刷时间：2021 年 5 月第 2 次印刷
责任编辑：孙 锋
责任校对：刘乃义
封面设计：唐韵设计
责任出版：唐敏志

ISBN 978-7-5517-1809-7 定价：45.00 元

《大学生创新创业基础》微课资源

1. 职业生涯规划　P39

2. 社会学习理论　P64

3. 职业价值观　P75

4. 企业的概念及类型　P229

5. 就业心理　P167

6. 职业生涯规划的具体步骤　P117

7. 职业生涯规划书　P156

8. 职业决策　P162

9. 职业环境分析　P175

前言

作为高层次人才培养主阵地，在开展创新创业教育，积极鼓励学生自主创业，是深化高等教育教学改革，培养学生创新精神和实践能力的重要途径，对提高人才培养质量和培养创新型人才具有重大意义。

本书由黄海燕、刘玉担任主编，就业教研室的 8 位老师合作编写完成。全书共 8 章，按照创新创业教育关注内容的先后顺序展开，并且层层推进。其内容概要及编写分工如下。

第 1 章：如何理解“三创”，由张雪梅编写。系统地介绍了“三创”（即创意、创新、创业）的含义和三者之间相互促进又相互制约的关系。创意是创新的第一步，是创新的起点，是创新的火种；创新是创意的第二步，是对创意的深入策划、细化并操作实施；创业是创新的载体和表现形式，创业的成败根本依仗创新教育的根基扎实程度。

第 2 章：如何成为创业者，由陈玉梅编写。详细介绍了创业者应具备的素质与能力，人人都可以成为创业者，相关的意识、素质与能力均可以培养、学习和提高。

第 3 章：如何寻找创业伙伴，由赵湘怡编写。对创业团队的组建和管理进行了详细介绍。

第 4 章：如何识别创业机会，由段云霏编写。创业机会的研究是创业学理论的核心，本章重点介绍如何发现问题、如何评估问题，如何把问题转化为创业机会。

第 5 章：如何设计商业模式，由黄海燕编写。本章系统地介绍了常见商业模式的类型、商业模式设计的思路和方法以及商业模式开发工具。

第 6 章：如何撰写创业计划书，由邓彦编写。学会编写《创业计划书》是创新创业教育的重要知识技能，本章主要介绍了标准创业计划书的格式、结构和内容，以及创业计划的展示。

第 7 章：如何寻求创业融资，由刘玉编写。资金作为创业资源的核心内容，本章主要分析了融资的原因，介绍了融资估算的方法、融资渠道及选择等。

第 8 章：如何创建新企业，由李晓悦编写。创新创业基础课并不要求学生注册公司，但是，对于新企业创建基础知识的了解，对于今后无论是从事创业还是就业的学生都会有很大的帮助。

本教材是创新创业教育的基础教材，主要教学目的是让学生了解创新创业的基本概念和流程，培养学生的创新思维方式、创业精神、创业技能，种下创新创业的种子。本教材作为学生的创新创业通识课程的教材，适用于任何专业、任何年级的学生对创新创业知识的学习，对学生的基础知识和学科背景没有任何要求。

在编写过程中参阅了大量的相关资料，借鉴了近年来在大学生创业方面的最新成果，并在整体框架、知识面、典型案例上也进行了深入探索。尽管编写组已不遗余力，但由于作者水平及时间所限，书中难免有疏漏和不当之处，敬请广大读者批评指正。

编　者

目录 CONTENTS

学习笔记

第1章 如何理解“三创”

本章导入

创新创业是当今时代的旗帜。社会的发展需要创新，各个领域需要创新。创新已成为当下社会各个层次、各个领域最时髦的词汇。对于社会未来发展中坚力量的大学生来说，认识创新、学习创业、提高创新创业能力迫在眉睫。现在越来越多的高校开始注重学生创新创业能力的培养，通过各种途径、调动各种资源，给学生创造充分的条件来培养和激发他们的创新创业能力。

通过本章学习，你将能够：

1. 理解“三创”的含义及内容；
2. 明确“三创”三者之间的关系；
3. 掌握创新思维、创意思维的方法。

知识储备

1.1 确立创新意识

1.1.1 创新的含义

(1) 创新的概念

创新概念包含的范围很广，可以说各种能提高资源配置效率的新活动都是创新。

- 创新是开发一种新事物的过程。
- 创新是创造力的实施。
- 创新是新创意的认知。
- 创新是指新事物本身。
- 创新是指从新想法到行动。

学习笔记

• 创新是“新观点的成功利用”。

狭义来说，创新是经济学的概念。广义来说，创新既包括一切从无到有的创造，也包括一切比以前既有的东西具有新形式、新内容的新东西。它既可以是一个以技术为内涵的创新，如产品创新、工艺创新、原材料创新、市场创新、管理创新，也可以是一个非技术内涵的创新，如制度创新、政策创新、组织创新、文化创新、观念创新等。

（2）创新与其相似概念的区别

与创新相似的概念有很多，如创意、创造、发现、发明、创业等。

第一，创意。创意主要指人的智慧，是一种能创造物质财富和精神价值的思维，创意最基本的含义就是创造新的主意，也就是通常说的好点子，同时指产生这个点子的逻辑思维过程。但创意往往更多的是早期的构思，而并非一种真正的产品。比如，在马车上安装喷气发动机。好的创意，最终会引导出创新的结果。如果一个好的创意并没有付诸实施，只是停留于口头或纸面，则只可能是创意，不会形成创新的结果。

第二，创造。创造从字面上理解，就是指“第一次提出、造出的东西”，也就是人首次产生崭新的精神成果或物质成果的思维与行为的总和，其特征表现为首创。比如科学的发现、技术的发明、文学艺术上的创作等，都是创造性的活动。

第三，发现。发现是“第一次明确表述早已存在的客观事实、规律与现象”，属于认识世界性质，从而获得天然性的成果。比如，牛顿发现万有引力、法拉第发现电磁感应现象等。

第四，发明。发明“是通过思维或实验过程首先为一项科学或技术难题找到或发现了解决方案、解决方法”，属于改造世界性质，获得非天然性成果。比如弓箭就是发明，因为弓箭不是天然存在的，而是人们创造出来的。再比如，五笔字型输入法、电动自行车、手机等。

第五，创业。创业是指创新的实践性应用。这个概念比较好理解。比如，“苹果皮之父”潘泳的奋斗过程。

创新、创意、创造、发现、发明、创业这六个概念既相互区别，又相互联系。而且这六个概念的界限并不是非常明确，有时会出现重合，比如发明和发现就可以说是创造，创意、发明、发现往往是创新的前期阶段。

通过比较说明，创新不仅包括研发阶段，还包括推广阶段。创新是充分运用发明、发现等，将其转化为市场中可交易的商品。直白地说，创新是把作坊或实验室中诞生的成果投放到市场中去。只有当新的东西出现在消费市场或以新的方式被生产出来时，才可以称为创新。

学习笔记

1.1.2 创新的作用和意义

创新并不是当代的专利。关于创新，自古有之。历史和实践证明，创新是文明进化的催化剂，是历史飞跃的加速器，是事业成功的突破口。

（1）创新是文明进化的催化剂

人类社会发展的历史就是一部创新创造的历史，在几百万年中，人类经历了 6 次大的技术革命。

在人类的蒙昧时期，人们对于“采集、打猎、防卫”的需要，促使人们创造出了人类第一种创造性成果——石器，比如将石块打碎用的砍砸器、刮削器、切割器等。随着石器的广泛使用，在偶然的情况下，人们发现将合适的两块石头相互撞击就会产生火花，于是开始使用火引燃木屑。随后又发明了弓箭，并产生了语言，开创了人类社会最初的文明。到了 18 世纪，伴随着纺纱机和动力织布机的发明，社会对动力的要求非常迫切，于是人们根据已发现的热力学规律发明了蒸汽机。瓦特经过艰苦的努力，发明出带有单独冷凝器的蒸汽机，通过改良结构、提高效率又取得了四项专利，使蒸汽机迅速在各个工业部门得到应用，进而促使能源、冶金、交通运输等各个领域都发生了翻天覆地的变化，引起了第一次工业革命。19 世纪，装订工出身的法拉第发现了电磁感应的客观规律，并设计制造出世界上第一台发电机，从而引发了一系列诸如电话、电动机、无线电报机等电气设备的重大发明，进而引起了第二次工业革命。自从 1945 年第一台计算机诞生，人类社会进入了一个新的时期，也就是数字化信息时代。

可以看出，从原始社会到现代社会，人类 100 多万年的历史，就是一部不断征服自然、改造自然的创新史。

（2）创新是历史飞跃的加速器

社会的进步离不开创新的作用，没有创新，社会将止步不前。在人类历史发展史上，涌现出一大批人类的宝贵精神财富。

①马克思的《资本论》。《资本论》揭示了人类社会的进化规律，这是马克思用一生的心血写成的一部伟大的科学巨著，它第一次深刻地分析了资本主义的全部发展过程，以数学般的准确性证明这一发展的方向必然引导到社会主义革命和无产阶级专政的确立，并首次将经济和历史联系在一起，为无产阶级革命指明了正确的方向，具有划时代的重要意义。

②列宁提出无产阶级革命可以在帝国主义阵线最薄弱环节的一个国家首先取得胜利。帝国主义经济政治发展的不平衡规律，是社会主义可能在一国

学习笔记

或数国首先胜利的科学依据。列宁指出：经济政治发展不平衡是资本主义的一个规律，到了帝国主义时代，这种不平衡会进一步加剧。与资本主义经济政治发展不平衡规律相联系的是帝国主义体系的薄弱环节。资本主义经济政治发展的不平衡规律必然导致帝国主义战争，帝国主义统治的薄弱环节则提供了社会主义革命胜利的机会。

③毛泽东的“农村包围城市”。农村包围城市，最后夺取胜利的革命道路，是以毛泽东为代表的中国共产党人在领导中国革命实践中逐步摸索出来的一条具有中国特色的发展道路。

农村包围城市有着很多精妙之处。第一，是创新意识，农村包围城市这一理论本身是一种创新，创新意识可以说是社会前进的动力所在。第二，一切从事物的实际情况出发。第三是极为重要的农民问题。我国几千年来都是农业大国，农民一直占我国人口的大多数，重视农民才能保证国家的稳定。农村包围城市就是意识到农民问题的关键性，使中国共产党赢得了广泛的群众基础，让农民发挥出其巨大的潜力。现在国家仍在不遗余力地解决农民问题，科技上杂交水稻的应用使农业增产，政策上又免税，下乡扶贫，允许农民进城打工，以使广大农民能够富裕起来。但如今很多农民的收入仍然偏低，这不得不引起我们的关注。发达国家农业的高科技化应该是我们前进的方向，这将有助于农民问题的解决。

④邓小平“一国两制”。邓小平“一国两制”是具有重要意义的历史创新。香港、澳门回归后的事实充分证明，“一国两制”方针是正确的，具有强大的生命力。

“一国两制”在解决香港、澳门问题中的成功运用，为解决其他历史遗留问题提供了可供借鉴的宝贵经验，使人们相信“一国两制”同样能够成功地解决台湾问题。香港回归5周年之际，曾经直接参与中英香港问题谈判的英国前副首相杰弗里·豪在接见新华社记者采访时指出，“一国两制”方针是史无前例的惊人之举，在解决香港问题过程中发挥了关键作用。“一国两制”的构想得到成功实施，对台湾同胞产生了积极的影响，越来越多的台湾同胞从中理解了“一国两制”的精神和益处，近年来，台湾同胞中认同“一国两制”的人数明显上升就是最好的证明。

（3）创新是事业成功的突破口

从古至今，创新都是事业成功的突破口。没有创新，事业将很难成功。这样的案例有很多，下面简单列举一个耳熟能详的故事。

学习笔记

案例 1-1

尤伯罗斯成功举办了洛杉矶奥运会

尤伯罗斯在没有任何政府资助的情况下，首创了奥运会商业运作的“私营模式”，成功举办了洛杉矶奥运会，改变了以往奥运会“赔本赚吆喝”的历史，并创造了 2.25 亿美元的盈利，把奥运会变成了人见人爱的活动。

20 世纪 70 年代，尤伯罗斯是北美第二大旅游公司的老板，但除了在业界，几乎没有人听说过他。虽然他曾经投票反对把纳税人的款项用于奥运会，不过因为他爱好体育，具有创建、发展和管理大型企业的经验，并精通全球公关事务，因此被一家名为科恩·费里国际公司的体育经纪公司相中，游说他参与竞争洛杉矶奥运会组委会主席的职位，并一举成功。

尤伯罗斯上任之初，没有人愿意租办公室给奥组委，因为担心他们付不起房租，他不得不自掏腰包 100 美元为奥组委开了个账户。当时奥组委可谓困难重重，因为洛杉矶市政府禁止动用公共基金，加利福尼亚州又不准发行彩票，而两者都是奥运会筹款的传统模式。精于算计的尤伯罗斯于是用上了他所熟悉的种种商业手段：出售奥运会电视转播权，获 3.6 亿美元资金；与可口可乐等公司大打心理战，赢得超出预计的 860 万美元赞助费；甩掉只肯出价 100 万美元的柯达公司，接受日本富士公司 700 万美元的赞助合同；等等。比起上届莫斯科奥运会的 381 家赞助商，此次只有 30 家赞助商赞助洛杉矶奥运会。但上届奥运会的 900 万美金赞助，却仅仅相当于此次可口可乐公司一家的赞助。尤伯罗斯的一系列措施，改变了奥运会赔钱的历史。更重要的是：尽管洛杉矶奥运会受到了苏联等国的抵制，但尤伯罗斯的努力让包括罗马尼亚、中国在内的 140 多个国家和地区参加了比赛，并为汉城奥运会的成功举办奠定了坚实基础。正是因为尤伯罗斯对现代奥运会做出的突出贡献，1984 年他获得了国际奥委会颁发的杰出奥运组织奖。

（资料来源：谭贞. 创新创意基础教程 [M]. 北京：机械工业出版社，2015.）

创新是文明进化的催化剂，是历史飞跃的加速器，是事业成功的突破口。在当代，创新更是民族强盛的根本、社会发展的动力、个人成功的根本。创新让生活更美丽，学习创新学是提高大学生创新能力的一个重要途径。

学习笔记

1.1.3 创新的一般过程

从心理学角度来说，创新过程一般可以分为准备阶段、酝酿阶段、顿悟阶段和验证阶段；从时间和空间角度来说，创新过程一般可以分为明确问题阶段、确定方案阶段、实行方案阶段、回顾总结阶段；从创造性解决问题的角度来说，创新过程包括六个阶段，分别是界定问题阶段、设定目标阶段、确定手段阶段、解法最优化阶段、制作和验证阶段、说服他人阶段。三个角度的分析从不同侧面说明了创新的过程，其中，心理学角度的分析更侧重思维领域的发展过程；时间和空间角度的分析更侧重于方案的选择和回顾阶段，即更多地考虑了确定方案之后创新过程会出现的一系列可能性发展；创造性解决问题的角度的分析更侧重于创造力的训练过程，相对来说涉及的过程发展更完整。

为此，结合各个角度的分析，可将创新过程分为三个阶段：问题定义阶段、方案产生及评价阶段和营销推广阶段。

第一阶段：问题定义阶段。问题定义阶段就是界定问题阶段，即要弄清是什么样的问题或问题究竟是什么，问题的核心是什么，问题的要害是什么，问题的影响程度、重要程度有多大等。只有对问题的这些方面明确界定后才能把握问题。例如，明确问题是不是事关全局的根本性问题；是重点问题，还是一般问题；是表面性问题，还是潜在的深层次问题；是占主导地位的主干性问题，还是处于受支配地位的枝节性次要问题；是普遍性的问题，还是特殊性的问题；是现实问题，还是将来问题；是长期性问题，还是短期性问题；是新问题，还是老问题等。总之，要找到问题的要害和关键。这里要运用矛盾分析的方法去解剖矛盾、识别矛盾、分析矛盾的活动过程。需要注意的是，由于矛盾的不定性和变动性，在界定问题时应充分注意问题的相对性、变化性。问题的相对性是指问题的重要程度、影响力都是相对的，同一问题在不同的场合和条件下其重要程度和影响力是不一样的，问题作用力度的大小也是不一样的。问题的变化性是指问题性质和作用都是在不断变化的，在一些场合是关键、主要的问题，而在另一些场合则有可能会是次要的、一般的问题；在一定场合下的次要问题，在另一些场合很可能会成为根本、关键的问题，这就要根据具体的时间、地点、条件来认识和分析问题，这样才能真正把握住问题。

在这个基础上，选准创意问题，即选准作为创新对象的问题，以明确创意需要以及能够解决什么问题。创意要做什么，必须是准确无误的，否则就会导致创意失误。如选择了力所不能及的，在现有条件、能力以及主观努力下无法解决的问题，那就必然碰壁，遭到失败。如果确定要解决的问题轻而易举，则又失去了创新的意义。因此，创新活动必须正确界定需要解决的问题，就是要在识别创意问题的基础上，合理选择最有意义而又有能力解决的问题作为首要问题。我们都知道，无论组织或个人，在一定的时间阶段总会面临一系列的问题，而且由于人们的资源和精力在一定时间阶段总是有一定限度的，不可能同时解决所面临的所有问题，只能集中力量一个个地解决。为此就要首先选择关键性或有影响性的重点问题加以解决，即按照轻重缓急、先后顺序解决。这就必然要求在对问题进行识别的同时，对创新问题做出最合理的选择。一般来说应把最具有现实意义和普遍意义，同时是社会活动主体最感兴趣，又有能力解决的问题作为努力方向，如果把所有存在的问题都作为创新对象一锅煮、一把抓，那就必然造成吃力不讨好、最终一事无成的后果，经过问题定义阶段，找到真正的问题，也就是创意问题。

第二阶段：方案产生及评价阶段。找到问题的基础上，设定目标，根据设定的具体目标来确定方案。产生的方案并不一定是最适合的方案，或者是最优的方案。所以要将方案投入实践，检验方案的可行性。

第三阶段：营销推广阶段。产生的最终可行方案并不是创新的最终结果。创新是商业化的过程，应该通过合适的营销手段将停留在研究领域的创新方案和创新成果转化为对社会有意义、能够产生经济效益的创新效果。

案例 1-2

可法姆人造皮革

20 世纪 60 年代美国杜邦公司投入巨大的研究力量开发出一种称为可法姆的多孔聚亚安酯，可法姆几乎可以取代皮革，两者的差异应该都是无足轻重的特性，例如非均质、融解变硬和保养费用高（如需要经常抛光）。杜邦公司在进行了大量的市场分析后，发现结果是鼓舞人心的。尽管公司坚信这个产品优于皮革，但是由于制造成本高，可法姆的价格被定位在高端市场。自从 1964 年可法姆推出后，5 年内共卖出大约 7500 万双鞋。杜邦公司十分惊讶地发现，在这段时间，它在可法姆上损失了大约 7000 万美元。消费者对产品反应之冷淡超出了杜邦公司的预期。其中一个原因是消费者称这些鞋不够舒适；另一个关键的因素则恰好是欧洲当时更流行用不同种类的皮革制鞋。1964—1969 年，进口鞋种类从 9% 增至 26%，而可法姆只提供一种皮型。由于缺乏

学习笔记

灵活性，可法姆被排挤出了高档鞋的市场，造成严重亏损。1971 年杜邦公司放弃了这种产品，把工厂和可法姆的制造工艺转手让给了波兰。

（资料来源：谭贞. 创新创意基础教程 [M]. 北京：机械工业出版社，2015.）

这个案例传递的最有意义的信息就是营销的重要性，我们可以看到市场、特别是市场上的变化是如何导致创新失败的。对于这个案例，虽然潮流发生了变化，但是如果能在现有的条件下对产品进行有效的营销，也许会是另一番景象。这就是营销的重要性。

1.1.4 创新方法

据不完全统计，目前已提出的创新方法有 300 多种。这里主要介绍几种典型的创新方法，如“头脑风暴法”“5W2H 法”“六顶思考帽法”等。

（1）头脑风暴法

所谓头脑风暴法，是以小组的形式，无限制地自由联想和讨论，产生新观念或激发创新设想。是由美国创造学家奥斯本于 1939 年首次提出的一种激发性思维的方法。

①头脑风暴法激发创新思维的原因

头脑风暴法何以能激发创新思维？根据奥斯本及其他研究者的看法，主要有以下几点因素。

A. 联想反应。联想是产生新观念的基本过程。在集体讨论问题的过程中，每提出一个新的观念，都能引发他人联想，相继产生一连串的新观念，产生连锁反应，形成新观念堆，为创造性地解决问题提供了更多的可能性。

B. 热情感染。在不受任何限制的情况下，集体讨论问题能激发人的热情。人人自由发言、相互影响、相互感染，能形成热潮，突破固有观念的束缚，最大限度地发挥创造性的思维能力。

C. 竞争意识。在有竞争意识的情况下，人人争先恐后，竞相发言，不断地开动思维机器，力求有独到见解和新奇观念。心理学告诉人们，人类有争强好胜心理，在有竞争意识的情况下，人的心理活动效率可增加 50%或更多。

D. 个人欲望。在集体讨论解决问题过程中，个人的欲望自由，不受任何干扰和控制，是非常重要的。头脑风暴法有一条原则，即不得批评仓促的发言，甚至不许有任何怀疑的表情、动作、神色。这就能使每个人畅所欲言，提出大量的新观念。

学习笔记

②头脑风暴法必须遵守的原则

为使与会者畅所欲言，互相启发和激励，达到较高效率，头脑风暴法必须严格遵守下列原则。

A. 推迟判断，禁止批评。对别人提出的任何想法都不能批判、不得阻拦。只有这样，与会者才可能在充分放松的心境下，集中全部精力开拓自己的思路。力求做到大家提设想，越多越好。

B. 提倡自由发言、畅所欲言、任意思考、任意想象、尽量发挥，主意越新、越怪越好，因为它能启发人们产生出新的想法。

C. 综合改善。鼓励巧妙地利用和改善他人的设想。这是激励的关键所在。每个与会者都要从他人的设想中激励自己，从中得到启示，或补充他人的设想，或将他人的若干设想综合起来提出新的设想等。

头脑风暴法通常采用专家小组会议的形式进行，其流程分为两个阶段：会前准备阶段和会议执行阶段。在会前准备阶段，会议召集者要在会前明确会议的主题，创建引导问题目录，并选定与会人员。在会议执行阶段，会议开始时，如果与会人员没有头脑风暴的经验，召集者可以带领大家先做一些适应性的练习，以敞开思路，然后阐明该次会议的目标议题，鼓励大家进行头脑风暴。接着由各与会人员提出自己的设想，并详细阐述设想。如果与会者没有提出相关的设想，召集者需做相应的引导，鼓励大家积极思考，最大限度地发挥个人的创造力。与会人员的设想都发表完毕后，将获得的设想进行分类整理，在整个发表、阐述、整理设想的过程中，要做好相关的记录工作。如果时间还有剩余，还可再次鼓励大家进行头脑风暴，以获得尽可能多的设想。

(2)“5W2H”法

提出疑问对于发现问题和解决问题是极其重要的。创造力高的人，都具有善于提问题的能力。众所周知，提出一个好的问题，就意味着问题解决了一半。提问题的技巧高，可以发挥人的想象力；相反，有些问题提出来，反而挫伤了想象力。发明者在设计新产品时，常常提出以下问题。

①Why——为什么？为什么要这么做？理由何在？原因是什么？

②What——做什么？目的是什么？做什么工作？

③Where——哪里？在哪里做？从哪里入手？

④Who——谁？由谁来承担？谁来完成？谁负责？

⑤When——何时？何时开始？何时完成？

⑥How——怎样做？如何提高效率？如何实施？方法怎样？

⑦How Much——多少？做到什么程度？数量如何？质量水平如何？费用产生如何？

学习笔记

创新者用5个以W开头的英语单词和2个以H开头的英语单词进行设问，发现解决问题的线索，寻找发明思路，进行设计构思，实现新的发明创造，这就叫作“5W2H”法，亦称七何分析法。

(3) 六顶思考帽法

六顶思考帽是英国学者爱德华·德·博诺（Edward de Bono）博士开发的一种思维训练模式，或者说是一个全面思考问题的模型。它提供了“平行思维”的工具，避免将时间浪费在互相争执上。强调的是“能够成为什么”，而非“本身是什么”，是寻求一条向前发展的路，而不是争论谁对谁错。运用德·博诺的六顶思考帽法，将会使混乱的思考变得更清晰，使团体中无意义的争论变成集思广益的创造，使每个人变得富有创造性。

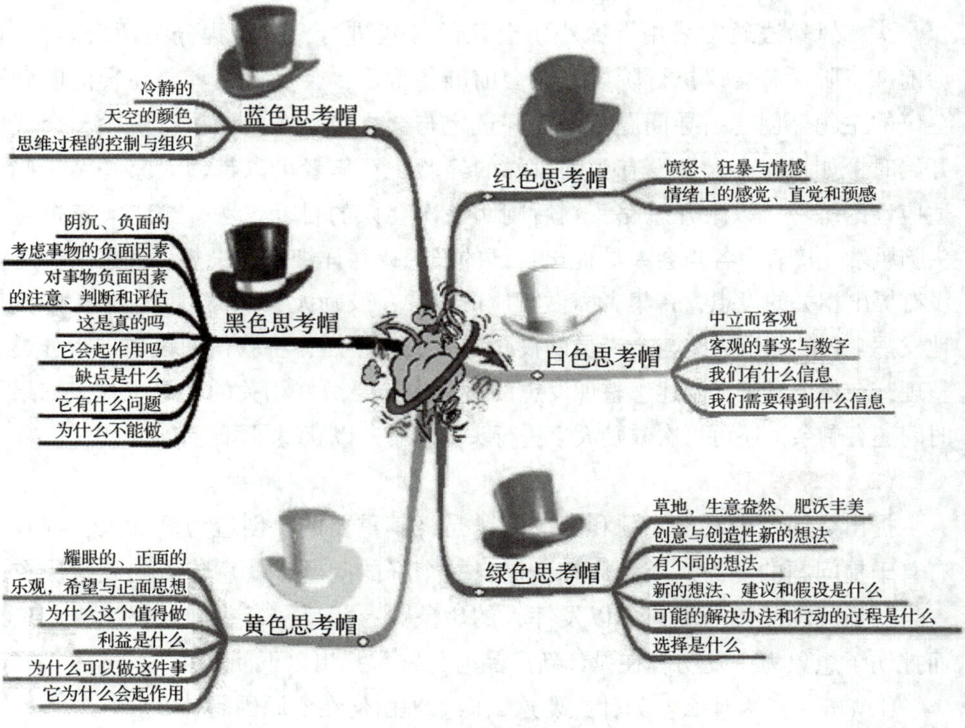

图 1-1　六顶思考帽模型

所谓六顶思考帽是指使用六种不同颜色的帽子代表六种不同的思维模式，如图1-1所示。任何人都有能力使用以下六种基本思维模式。白、绿、红、黑、黄、蓝六种颜色的帽子，将思考的过程分为与之相应的六个阶段：①戴上白色的中立帽子，在这个阶段，人们从陈述问题的角度出发，将问题现有的信息尽可能详尽地列举出来，全面地描述问题事实。②戴上绿色的活力帽

学习笔记

子，从积极的角度出发，充分发挥主观创造性，尽可能多地提出解决问题的设想方案。③戴上黄色的正面帽子，从乐观的角度出发，将目标事物的优点列举出来。④戴上黑色的负面帽子，从批判的角度出发，将目标事物的缺点列举出来。⑤戴上红色的评判帽子，从评价的角度出发，对所提出的设想进行评价和判断。⑥戴上蓝色的指挥帽子，从整体的角度出发，对所提出的设想进行筛选，择定最适宜的方案。

六顶思考帽的应用步骤：①陈述问题事实（白帽）；②提出如何解决问题的建议（绿帽）；③评估建议的优缺点：列举优点（黄帽）、列举缺点（黑帽）；④对各项选择方案进行直觉判断（红帽）；⑤总结陈述，得出方案（蓝帽）。

拓展阅读

创新之都——硅谷

硅谷是位于旧金山南端从帕洛阿尔托到首府圣何塞一段长约 25 英里的谷地，是一个由十几所大学和几千家高技术公司组成的新兴工业区。这里是激光技术、微处理机、影像游艺机、家用计算机、无线电话、袖珍计算机等新技术和高科技产品的诞生地，是世界上最大的计算机和电脑软件产地。因为制造电子元件的主要材料是半导体硅，所以人们称这个工业区为“硅谷”。

技术创新是硅谷公司生存和发展的首要前提，也是每个在硅谷工作的技术人员的追求目标。硅谷正是以每天几十项推动世界科技发展的技术成果而确立了其世界上最大科技创新区的地位，同时带来了巨大的经济效益。当然，硅谷的创新能力不仅仅在于它的技术创新，还在于它有自己的能力开发新科技并将之商业化。

在硅谷，当创业者有了一项新的科技成果，甚至仅仅有了一个新的想法，想进行商业化的运作，最直接的办法是开办公司。另一种更为普遍的办法是一步到位的办法：首先对这个创业班子及其赖以创业的技术成果，按未来的价值进行量化，折合为若干创业股，班子里的每个成员，也要确定占股份额，并且要留出一定比例的额度给未来将加入公司的主要骨干。这就是说，创业者们一开始就明确了自己的智力投入在未来公司中将以股权形式得以回报，他们的命运从一开始就与公司的发展紧密相连。

在中国，科技人员即使有了新的概念、新的设计思想，甚至有了完整的图纸，哪怕仅仅要想制造出一台样机，也是一件很麻烦的事。但是在硅谷，

学习笔记

专门有一种行业是创新服务业。这样的创新服务业公司，可以在一两周的时间内按照委托者的思路和要求，做出商品化的样机，并且提供全套的生产工艺、质量检测和成本核算资料，大大缩短了梦想变为现实的周期。有的公司更加专业化，专门从事某一件事情，如线路设计、器件选择或外观创意等。这件事情对企业缩减人员、降低开支、加快研究开发速度十分重要，对于创新型的科技公司更是意义重大。专业化有利于降低成本、提高效率，而市场需求就是商机，这是大家都懂的原则，这些原则在硅谷得到了充分的演绎。

另外，硅谷的起步和发展，得益于当地的大学，特别是斯坦福大学、加利福尼亚大学伯克利分校等。硅谷的大学已经成为创新者的摇篮。许多大学不但鼓励科技人员进行技术创新，而且进一步实施了许多鼓励科技人员创立科技产业的政策。当然，最重要的还在于它的机制先进，科技创新首先要进行机制创新，这是硅谷之所以能独占鳌头的重要原因。

（资料来源：谭贞. 创新创意基础教程［M］. 北京：机械工业出版社，2015.）

1.2 激发创意构想

创意是创意人从事创造性社会实践的过程，是一个与自然、社会环境不断交换信息的过程。随着社会的飞速发展，科学技术水平日益提高，为了提高创意的效率，创意学作为一门新兴学科应运而生，并得以迅速发展，呈现出生机勃勃的活力。

如今，创意在社会生活，尤其是市场经济中的地位显得愈加突出，遍布经济领域里的每一个角落，成为一个人取得成功的重要因素。

1.2.1 创意的概念

一切创意皆来自于人的思维活动。正是因为人的思维，这个世界越来越成为一个奇迹不断出现的世界，也创造出越来越多的物质财富和精神财富。

以片石为刀，以木棒为器，人类自从能够使用简单的工具开始，就有了朴素的创意思维和简单的创意行为，可以说，创意思维和创意行为伴随着人类文明发展的整个过程。

真正形成一个明确清晰的创意概念，还是到近代才实现的。到了现代，

学习笔记

则有了更加完善的创意理念和理论体系，并成功地训练了人们的创意思维，提高了人们的创意能力，指导了人们的创意实践。

（1）创意的词意

“创意”在汉语里既是一个静止的名词概念，又是一个动词的动态过程，还是一个形容词上的赞誉概念，如表 1-1 所示。

表 1-1　创意概念的三种词性含义

名词	名词概念上的“创意”是指创见性的意念、巧妙的构思、好点子、好主意等
动词	动词意义上的“创意”指的是创见性的思维活动
形容词	在形容词上有“创新性”的赞誉。例如，他是很有创意的人；这是一个很有创意的方案

（2）创意的内涵

美国广告大师李奥·贝纳提出：创意的核心是运用有关的、可信的、品调高的方式，与以前无关的事物之间建立一种新的有意义的关系的艺术。

创意的内容包括两个方面。

第一，创意是能够产生创造性社会后果或成果的思维过程。

第二，创意思维就是思维本身和思维结果均具有创造特点的思维。

创意的关键在于创造，创造既是一个过程也是一种成果，创造可分为三种，即发现（有中出新）、发明（无中生有）、发展（创新完善）。

案例 1-3

比尔·盖茨的狂想

在前 PC 时代，个人电脑的发展主要是以硬件为主，PC 机所使用的软件均出自电脑爱好者之手，这些软件的源代码是开放的，属于非商业性的共享资源。

然而，一个叫比尔·盖茨的程序员以知识产权保护的理由将软件商业化，并将他的 Basic 程序的使用权标了价，这对当时的电脑爱好者来说简直是令人啼笑皆非的疯子行为。

然而，正是比尔·盖茨创立了这一新的游戏规则，促进了软件行业的巨大发展，改变了软件在 PC 行业中从属于硬件的地位，把软件变成了硬件的核心和灵魂，把两者的地位彻底颠倒了过来。

比尔·盖茨依靠这个自创的游戏规则和微软公司多年的努力，制定和掌握着 PC 机操作平台的技术标准，并同相关企业结成联盟，牢牢把握着客户资

学习笔记

源，成为PC时代最大的赢家。人人认为不可能的疯狂想法，成就了比尔·盖茨的财富帝国。

（资料来源：王达林. 赢在创新：创意天下［M］. 北京：清华大学出版社，2009.）

1.2.2 创意的过程

对于创意的产生，世界公认的创意大师詹姆斯·韦伯·扬（James Webb Young）有过详尽的论述。他认为创意也是有规律可循的，产生创意的基本方针有两点。

第一，创意完全是把事物原来的许多旧要素作新的组合。

第二，必须具有把事物旧要素予以新的组合的能力。

他认为，创意思维的方法还应该经历六个步骤，并且绝对要遵循这六个步骤的先后次序。

（1）收集原始资料（信息）。一般来说，收集的资料（信息）应该有两种类型。

特定资料——主要是指与特定策划创意对象相关的资料和与特定策划创意对象相关的公众的资料。这类资料，大多由专业调查得到。

一般资料——这些资料未必都与特定的策划创意对象相关，但一定会对特定的策划思维有帮助。

所以，一般策划者都应该对各方面的资料具有浓厚的兴趣，而且善于了解各个学科的资讯。创意思维的材料犹如一个万花筒，万花筒内的材料数量越多，组成的图案就越多。与万花筒原理一样，掌握的原始资料越多，就越容易产生创意。

（2）仔细整理、理解所收集的资料。资料收集到一定的程度，就要对所收集的资料进行认真的阅读、理解。这时的阅读不是一般地浏览，而是要认真地阅读，要带着一个宏观的思路去认真阅读。对所收集到的全部资料，包括历史的、专业的资料，一般性的资料，实地调查资料，以及脑海中过去积累的资料，统统都应像梳头一样，逐一梳理，进而理解、掌握。

（3）认真研究所有资料。研究（即商务策划思维步骤中的“判断”环节）是有一定技巧的。需要把一件事物用不同的方式去考虑，还要通过不同的角度进行分析，然后尝试把相关的两个事物放在一起，研究它们的内在关系配合如何。

（4）放开题目，放松自己。选取自己最喜欢的娱乐方式，如打球、听音乐、唱歌、看电影等，总之将精力转向任何能使自己身心轻松的节目，完全顺乎自然地放松。不要以为这是一个毫无意义的过程，实质上，这个过程是转向刺激潜意识的创作过程。转向自己所喜欢的轻松方式，这些方式均是可以刺激自己的想象力及情绪的极佳的方式。

（5）创意出现。假如在上述四个阶段中确已尽到责任，几乎可以肯定会经历第五个阶段——创意出现。创意往往会在策划人费尽心思、苦苦思索，经过一段停止思索的休息与放松之后出现。

詹姆斯·韦伯·扬在研究网版印刷照相制版法的问题时，进行完前两个步骤，他疲劳至极，睡觉去了。一觉醒来，整个运作中的照相制版方法及设备影像映在天花板上，啊，创意出现了！

阿基米德发现水中庞然大物的重量计算方法，是在极度疲劳、放开思索洗澡时，沐浴完毕起身离开浴盆，哗哗一声水响，触动了他的灵感！从此以后，人类对浮在水面的万吨巨轮，就是以排水量来计算其重量。

（6）对萌发的创意进行细致的修改、补充、锤炼、提高。这是创意的最后一个阶段的工作，也是必须要做的工作。一个创意的初期萌发，肯定不会很完善，所以要充分运用商务策划的专业知识去予以完善。这时，重要的是要将自己的创意提交创意小组去评头品足，履行群体创意、集思广益、完善细化的程序。

概括地说，创意要遵从以上六个程序，同时要把握五个要点：一是努力挣脱思维定势的束缚；二是紧紧抓住思维对象的特点；三是尽量多角度去思考问题；四是防止两个思考角度完全重合；五是努力克服思维惰性的影响。

1.2.3 创意思维的四种表现形式

创意思维既然是综合性的思维，那么它的具体表现形式自然是复杂多样的。大体而言，可以分为四种。

（1）联想思维：给思想插上翅膀

联想思维体现出了思维的跳跃性，是由此及彼地思考问题。

展开联想，可以激发人的思维的积极性和主动性，采取多种研究角度寻求多方面的答案，从而把创意思维活动提高到新的水平。

①联想思维的概念。所谓联想思维，是一种由此及彼、由表及里的关联性的非逻辑想象思维，就是人们通过一件事情的触发而转移到另一些事情上的创意思维。

学习笔记

②联想思维的三种类型。当人的思想受到某种刺激或在某种特定的环境下通过回忆可以产生三种类型的联想：相似联想、对比联想和桥接联想，如表 1-2 所示。

表 1-2　联想思维的类型

相似联想	是指思维主体把所有思考对象同储存在自己大脑中的相似经验、动作与事物进行比较的联想
对比联想	是指思维主体将所考虑的问题与储存在大脑中的已知信息或经验进行对照的联想
桥接联想	是指思维主体借助时间和空间上与外界刺激有关的事物、动作或经验进行搭桥建立关联的联想

案例 1-4

吉列的“一次性消费”创意

在物品短缺的年代里，人们追求的是产品的“结实耐用”，但是时代在飞速发展，当今进入工业化时代的大生产运动使产品得到了极大的丰富和满足，结实耐用的观念也随之改变。

1. 穷则思变

1855 年 1 月 5 日，金·坎普·吉列出生在美国芝加哥一个小商人的家庭。1871 年一场火灾摧毁了父亲的生意，16 岁的吉列被迫离开学校，成为一名推销员。吉列的工作并不成功，一直到他 36 岁时仍是一家瓶塞公司的推销员。他到处奔波，仍没有改变自己的贫穷“面貌”。

到了这个年纪仍然一事无成，他心里着急了，开始琢磨怎么才能发财。于是，他想到了创意，也想到了创业，要翻身就得当老板，干一番轰轰烈烈的事业。但是他依然摸不着头绪，并常常为此苦恼。

2. 创意来自联想思维

一天，一位顾客向他建议：“只要发明一种用过就扔的小商品，就可以让顾客源源不断地来买你的东西，这样，你的商品就不愁没有销路，钱就会像潮水一样向你滚滚涌来。”

这些话使他兴奋不已。从那时起，每到晚间休息，吉列总要煮上一壶咖啡，一个人坐在沙发上，一边品尝咖啡，一边构思他的“用过就扔”的小商品。

1895 年夏天的一个早晨，吉列为了赶着上班，急忙拿起剃须刀刮胡子，

学习笔记

因剃须刀钝了，再加上心急，把脸刮破了。他一气之下，把剃须刀摔在地上。

这一天，他反复想起剃须刀的事：“为什么没有一种不会刮破脸的剃须刀呢?”他联想到那位顾客所建议的“一种用过就扔的小商品”，突然眼睛一亮：“啊！这不正是一种用过就扔的小商品吗?”

吉列敏感地意识到：如果能研制出一种不会刮破脸的剃须刀，那肯定会受男士们的欢迎，这样的产品一定有前途。

3. 创意的实施

于是，吉列赶到五金店，买了黄铜、带钢、夹钳、锉刀等原材料和工具，找来有关书籍，开始反复研究，设计图样。他给妻子写信说：

“我已经捕捉到一个绝妙的构想，以后可以赚好多钱……”吉列先用木头雕出模型，反复试验，终于成功研制了新型的保险剃须刀。1901 年，吉列说服了几位朋友投资 5 000 美元，创立了吉列保险剃须刀公司，成功地走上了创业之路。

美国《财富》杂志这样评价吉列创立的吉列公司：胡须总是会连续不断地长出来，相对地，吉列公司的营业额也会不断得到增长。

4. 剃刀大王

后来，吉列公司扩大经营范围，建立了广阔的销售网，他们从经营安全剃须刀系列，扩展到生产除臭剂、美发剂、止汗剂、打火机等，这些均是始终盘旋于吉列脑际的“用过就扔的小商品”。这样，吉列公司每年的销售额高达几十亿美元，成为剃须刀大王，1964 年在美国《财富》杂志世界 500 强排行榜上名列第 4 名。吉列也因此成为超级富翁。

吉列的发迹，就在于他联想到顾客的建议，捕捉到一个绝妙的构想，即新奇的创意，发明创造了新型的保险剃须刀——闻名遐迩的吉列剃须刀，由此使吉列公司取得了辉煌成就。

（资料来源：王达林. 赢在创新：创意天下［M］. 北京：清华大学出版社，2009.）

（2）想象思维：知识有限，想象无限

想象思维作为创意思维的一种形式，是人类思维的活力所在。想象思维是人脑对记忆中的表象进行关联和加工而创造新形象的思维意识。

想象思维可分为不随意想象和随意想象两种类型。想象思维的表现形式有以下四种，如表 1-3 所示。

学习笔记

表 1–3 想象思维的表现形式

无意识想象	没有预定目的、自发进行的想象
有目标想象	有预定目的、自觉进行的想象
再造想象	基于他人的言语文字描述、行为演示或图形示意等知识和信息，在头脑中形成新的形象的思维过程
创造想象	基于已有知识和经验，通过加工提炼创造出新形象的思维过程

案例 1–5

盛田昭夫的“独裁”创意

1. 创新制胜

索尼公司从 20 世纪 50 年代中期，开始不断推出一些市场上不曾有过的新产品，如晶体管收音机、晶体管个人专用电视机等。由于索尼公司对市场引导的先锋性，以至于每推出一种新产品，其他大公司都会静观其行，如果成功了，他们会马上推出相似产品上市。

一开始，索尼还能独享市场长达一年以上，这使他们大赚了一把。但后来随着他们日益成功，其他对手等候跟进的时间也愈来愈短，他们领先不到 3 个月，其他公司经过改进就上场作战了。

因此他们必须保持这种创新优势，才能领袖群雄。多年来他们用于研究发展的资金一直占营业额的 6%～10%。当然，他们更须具有先锋性的创意，才能保证足够的发展动力。

2. 想象力引发“随身听”创意

一天，索尼公司总裁盛田昭夫看到一个职员一手提着手提式录音机，一手拿着耳机，看起来不太开心，盛田昭夫问他有什么心事，他说：“喜欢听音乐，可提着听太不协调了。”

于是，一个大胆的想象很快来到盛田昭夫的脑子里——“研制一个随身能够听的录音机”。

在一次产品策划会议上，这个充满想象的创意遭到了普遍的反对，但盛田昭夫力排众议，行使总裁的独裁权力，坚持研发。

不久，第一架带着小型耳机的实验品出来了，灵巧的尺度与高品质的音响效果使他很开心。1979 年索尼推出第一台随身听。

很快，这种小型录音机供不应求，他们借助广告来刺激销售，索尼公司很快跻身于全世界最大随身听制造商之林，在日本也占有近 50%的市场。

学习笔记

随后，索尼公司研制成功的家用录像机等也获得“独享市场”的殊荣。凭借不断创新的产品，在市场竞争中“先入为主”，抢占市场龙头地位，为索尼成为国际性大公司奠定了坚实基础。

（资料来源：王达林. 赢在创新：创意天下［M］. 北京：清华大学出版社，2009.）

（3）逆向思维：偏偏和你对着干

逆向思维是与一般思维方向相反，与传统的、逻辑的或群体的思维方向相反的一种思维。

逆向思维是一种逆反方向和逆反顺序的思维方式。通常在正向思维无法解决问题时，多采用逆向思维去思考，如表 1-4 所示。

表 1-4　逆向思维的表现形式

反向追溯	逆向思维是从结果到原因反向追溯的思维形式，一切与原有的思路相反的思维都可以称为逆向思维
有意对立	逆向思维是有意识地寻找对立面（故意“抬杠”），创造新的概念和思路
异想天开	异想天开是从不切实际的梦幻般的超现实意境中去寻找冲出现实困境的突破口

案例 1-6

恶性竞争都降价，唯我独尊偏涨价

1974 年世界经济滑坡，许多领带厂家都采取大降价手法抛销。面临窘境的金利来老板曾宪梓却冒险采用了另一种手法：“提高领带的质量和价格。”

结果“金利来”身价倍增，危机过后，“金利来”理所当然地成了独占鳌头的第一名牌。在崇尚外国名牌货的香港，“金利来”价格不菲，气度非凡，深得众人喜爱，可见其地位非同一般。

现在，“金利来”的规模在东南亚首屈一指，成了拥有领带、丝织、皮革制品等 8 家公司的大企业，在日本以外的亚洲各国及各地区，领带及领带机械设备均由曾宪梓代理。“金利来领带，男人的世界！”这句广告语，响彻中国港台地区、内地。

（资料来源：王达林. 赢在创新：创意天下［M］. 北京：清华大学出版社，2009.）

（4）发散思维：天马行空，无所不能

美国著名心理学家斯金纳说：发散思维又叫求异思维、分散思维、辐射

学习笔记

思维。

发散思维可以使人思路活跃、思维敏捷、办法多而新颖，能提出大量可供选择的方案、策划或建议。发散思维具有多样性、新生性、变通性和环境触发性等特点。

案例 1–7

能在水中写字的神奇之笔

创意是否能成功，与信息有着直接的关系，而信息是千变万化的，这就要求策划人要有发散思维，天马行空，广泛猎取信息，以敏锐的触觉捕捉商机。

1. 新发明却卖不出去

1945 年，雷诺兹到阿根廷旅行，无意中发现了一种新奇的产品，就是“圆珠笔”。这种笔早在 1888 年就被发明出来，并获得了专利，后来一直有许多人不断地进行改进，取得了各种不同的特殊外形设计专利，但是销路总是不好。

雷诺兹决定对这种圆珠笔进行改进、制造并大力推广。因为他凭直觉认定，这是一种能够横扫全美国的东西，它成本低，利润高，是最佳的节日礼品，人人都有可能购买，很容易普及。

雷诺兹回到美国，立即找到一位懂技术的工程师，共同合作改良这种新产品。但是，如何下手呢？他百思不得其解。

2. 新奇创意——“能在水里写字的笔”

在一个让人郁闷的雨天傍晚，雷诺兹坐在一个酒吧间里，在一张湿报纸上用自己的新产品信笔涂写。忽然，他发现圆珠笔可以在雨水打湿的纸面上写字，这是任何钢笔都无法做到的。

这一发现让雷诺兹非常兴奋，他立刻要酒吧伙计给他端来一盆水，干脆把一张纸放在水盆里写，结果圆珠笔在水中的纸上画出了一条清晰的线。

雷诺兹灵机一动，构想出一句响亮的广告语：“它能在水中写字！”

据后来的营销学专家估计，仅这句新颖的广告语所产生的效益，就达上百万美元。

3. 滞销产品因一句有创意的话而带来暴利

紧接着，雷诺兹开始了近乎疯狂的推销活动。他带着仅有的一支样笔，到纽约的“金贝尔”百货公司推销，并当场表演，引起了他们的极大兴趣，当即订购了 2 500 支。这种制造成本只有 0.8 美元的东西，零售价竟定为 12.5 美元。雷诺兹的理论是，“就新奇产品来说，价格越高，销售越好”。

1945 年 10 月，“金贝尔”开始销售这种“原子时代的奇妙笔”。由于事前的宣传工作十分有效，使得顾客的反应令人吃惊，震动了整个零售界。成千上万名购买者如潮水般涌来，百货公司不得不请来 50 名警察维持秩序。

雷诺兹习惯在接到订单之后才组织生产。尽管他立即扩大了生产规模，采购了大量原料，招聘数百名员工（其中甚至包括专门的点钞员），可是还不能满足全美各地的需求，订单像雪片似的飞来；几乎每一家商店都想销售这种新产品，甚至出现专门为销售这种圆珠笔而新成立的商场。

4. “打官司”也是创意

为了进一步扩大自己产品的影响，雷诺兹无事生非地向联邦法院递交诉状，指控两家最大的制笔公司违反了“反托拉斯法”，要求他们赔偿 100 万美元。但是，这项证据不足的指控很快受到两家公司的反指控，结果，所有这些控告最后都不了了之。

实际上，这场“官司”不过是雷诺兹精心策划的一项宣传创意而已。通过法庭的辩论和报纸的大肆渲染，雷诺兹的圆珠笔终于达到了家喻户晓的地步。

可以想象，在这种匆忙上马、大量制造的情况下，当然避免不了出现产品质量上的问题。成千上万支粗制滥造的雷诺兹圆珠笔被退回工厂，其中有的漏水，有的跳字，有的干脆写不出任何字迹。面对这种情况，雷诺兹则公开宣布，任何质量方面的问题都可以退货和换货。

这场持续数月的销售旋风所带来的利润是极为丰厚的。在短短半年的时间里，雷诺兹先期投入的 2.6 万美元，已经产生了超过 155 万美元的税后利润。

5. 用轰炸机宣传圆珠笔的惊人创意

在这种高额利润的引诱下，不到一年，生产圆珠笔的厂家已经达到 100 多家，圆珠笔的价格日见下跌。

在这种情况下，雷诺兹又策划了一项新创意。他购买了一架已经退役的“道格拉斯”轰炸机，聘请了两位有丰富飞行经验的驾驶员和工程师，由他自己担任“领航员”。他们准备打破一项环球飞行的世界纪录。

雷诺兹把那架轰炸机命名为“雷诺兹弹壳号”。这个名字大有深意，因为他正准备推向市场的一种新式圆珠笔就是同一个名字。他们三人驾驶飞机从纽约的一个机场起飞，朝东飞行，连续穿过欧洲、亚洲和太平洋，终于打破了那项世界纪录。

学习笔记

6. 用轰炸机推销“弹壳笔”

这次飞行表演一共花费了17万美元，但是雷诺兹赚得更多。当他走出飞机，接受人们吹捧的时候，纽约的所有报纸上都登出了大幅广告：“刚抵达，雷诺兹弹壳笔！”

借助环球飞行的东风，这种新型的圆珠笔又是一炮打响，销量像火箭般直线上升。

三年后，雷诺兹见好就收，果断地卖掉了公司，离开了利润已经很微薄的圆珠笔制造业。时至今日，市场上再也见不到“雷诺兹圆珠笔”，但是，一提起圆珠笔发展和普及的历史，人们总是忘不了雷诺兹的名字。

从以上的故事可以看出，雷诺兹的创意很有特点。他是一位营销高手，善于用发散思维寻找创意，进而煽动社会大众的情绪，不断让自己成为公众注目的焦点。

就在他退出制笔行业之前，他还乘飞机沿着喜马拉雅山脉去寻找地球上的最高峰，因为雷诺兹认为珠穆朗玛峰并不是最高峰。这件事又一次引起了公众的兴趣。

雷诺兹的成功告诉我们：创意的成功与否和当时的社会信息有着直接的关系。广泛涉猎信息，在看似不相干的事物之间建立联系，往往会得出让人吃惊的创意。

（资料来源：王达林. 赢在创新：创意天下［M］. 北京：清华大学出版社，2009.）

1.3 培养创新能力

创新思维是创新能力的核心和基础，创新人才的发展，主要是创新思维的发展。要培养创新能力，重要的是应当培养和树立创新思维方式。因为创新思维是实现创新的内在机制和深层动力。

1.3.1 创新思维含义

创新思维是指发现、发明前人和同时代人所不曾创立的理论、知识、技术、方法、实物、模型等的思维活动和思维结果。创新思维是综合运用多种思维方式于思维过程的一种思维活动。这些思维方式包括直觉、灵感、类比、

学习笔记

想象、联想、形象思维、逻辑思维和模糊思维等。而且，许多非理性因素和心理过程也参与到创新思维的活动中。

创新活动通常被认为是揭示客观事物之间的关系，因而发现这些关系的活动要求创造新的概念和新的分析工具以及新的实验技术。人们通常把发现新的科学事实、新的科学理论，技术发明创新以及新的文学艺术作品创作的思维活动称为创新思维。它主要是指对客观事物之间的关系所进行的新颖独特的探索，并能创造前所未有的思维成果（如新概念、新假设、新原理和新理论等）来概括、反映这些关系的思维过程。

创造性思维是与常规思维相对而言的。常规性思维是从已有的知识和经验中引申出解决问题的方案，或者运用已有的知识和经验去重复地解决前人已经解决的问题。而创造性思维不是照搬书本知识和过去的经验去解决问题，而是根据实际情况，突破理论权威以及现成的规律、方法和思维定势的束缚，以新颖方式和多维角度独立思考、创造性解决问题。创造性思维与常规性思维的区别主要有两点：一是从思维过程来看，是否有现成的规律、方法可以遵循。凡有现成的规律、方法可以遵循的思维都是常规性思维，没有现成规律、方法可以遵循的思维才是创造性思维。二是从思维结果来看，是否是前所未有的。凡思维成果不是前所未有的，都不是创造性思维，只有思维成果是前所未有的，才是创造性思维。

综上所述，创新思维是人们在创新活动过程中所具有的思维方式。它是相对于以固定、惰性的思路为特征的常规性思维而提出的，是一种高度灵活、新颖独特的思维方式。它通常是在创新动机和外在启示的激发下，充分利用人脑意识和潜意识活动能力，借助于各种具体的思维方式（包括直觉和灵感），以渐进式或突发式的形式，对已有的知识经验进行不同方向、不同程序的再组合、再创造，从而获得新颖、独特、有价值的新观念、新知识、新方法、新产品等创造性成果。

1.3.2 创新思维的特征

创新思维主要有以下几个特征。

（1）敏感性

敏感性是指具有创新思维者能吸收到常规思维的人常常忽略的信息能力。它能在空间和时间里捕捉住有价值、新颖的信息。这种特性意味着，具有创新思维的人一般很快就会注意到某一件事情中存在的问题。例如，在一个人察觉到某种设备有做出一些改进的需要时，他可能会想到，去发明一种装置

学习笔记

来改进这种设备。敏感性不仅表现在会对需要和困难特别关注，还表现在对所遇到的奇特的、不寻常的或令人困惑的事情的察觉上。

敏感性是创新思维的重要特征。这种敏感性不是因为视觉锐利或是视网膜构造特殊，而是思维起了决定性作用。正如爱因斯坦所说："你能不能观察到眼前的现象，取决于你运用什么样的理论。理论决定着你到底能够观察到什么。"创新思维的目的性、专注性是敏感性的条件。

敏感性要求关注客观事物的差异性与特殊性，关注现象与本质以及形式与内容的不一致性。人们往往对司空见惯的现象和已有的权威结论怀有盲从和迷信的心理，这种态度使人不能有所发现、有所创造。因此，敏感性是创新思维不拘泥于常规、不轻信权威，是以怀疑和批判的态度对待一切事物和现象的结果。

（2）流畅性

常规思维往往是单向一维的思维，它的目的常常在于寻找一个正确答案。而创新思维是多向、多维的，往往没有固定的思维方向。它总是先从各个角度去思考事物的功能及其产生的后果，然后要预测所有可能导致的结果。这样我们就能在做出最终决策前，有更多的选择机会，以便我们每个人能做出理智的选择。因此，在进行创新思维时，并不是必须在时间的压力下工作，且迅速产生结果，而是在其他条件相等的情况下，人们在每一单位时间内能够形成一定的观念，产生更有重要意义的观念。我们常用"思潮如涌"来形容思路的敏捷性，用"一气呵成"来描述在短时间内迅速地做出众多反应的能力，这实际上就是指创新思维的流畅性。流畅性能产生大量的观念，从而为创新准备条件。

检验人们流畅性的实验通常要求被测试者在规定的时间内尽可能多地说出各种物体的名称，这些物体都具有某种具体的特性，例如，圆的东西、红的东西或可以吃的东西。能说出的东西越多，说明流畅性越强。流畅性主要依赖于记忆中贮存的信息，只有信息量大才能保证心智活动流利畅达、反应迅速。

（3）灵活性

创新思维只有流畅性是不够的，如果只是在同一种类型的问题上做出众多反应，那就会形成思维定势，如说铅笔的用途，就只能说出写字、写信、写文章之类，这样就变得僵化、呆板，不能变通。灵活性是指一个人改变思维定势的容易性，即信息从一种类型转换成另一种类型的能力。一般来说，在众多的反应中，反应的类型越多，灵活性越高。灵活性不只反映思维的广度，还反映思维的维度、多样性。单一不能变通，多样才能灵活。

创新思维灵活性的主要表现：一是变通力，即能适应变化的各种情况。变通的类型有性质变通、方向变通、时间变通、空间变通、形状变通、功能变通、蕴含变通等。变通的类型与思维的角度、维度、系统性有关。二是摆脱惯性，表现在思维方式的变化上，不要以僵化的方式去看问题。创新思维者能以不同的方式去应用信息。

（4）独特性

独特性是创新思维的本质特征。有一种流行的观点：“要有创新性，就要有独特性。”它是指创新思维者具有不同寻常的新奇观念，或是任何从未有过的创造性观念。独特性主要表现为：与他人不同、独具卓识。如在思路探索上、思维的方式方法上，能提出新的创意，做出新的发现，实现新的突破，具有开拓性、延展性和突变性。常规性思维往往是再现式，也就是说，以过去遇到的问题为基础，从过去经验和所学的知识中寻找方法。一般人的创新思维大体是流畅性第一，灵活性次之，独特性最低。对大学生的调查表明，独特性得分高者只是少数，只占 1/50 左右。看来它是最重要而又最难具备的特征。

（5）综合性

创新思维是许多因素结合在一起的综合性思维活动。日本著名创造学家高桥诚说：“创造性思维的过程是一种身心的综合性劳动，因而单是掌握方法是不能解决问题的，这里既需要具备发现问题的自觉性，又不能缺少信息的积累，而更重要的则是身心健康且斗志旺盛。”在创新思维中，有许多因素参与，包括知识信息因素、智力因素、实际能力因素、个性因素以及身体因素等。

许多创新思维要求把事物各个侧面、部分和属性的认识综合为一个整体来认识。有这样一种观点：研究一个东西的各个组成部分，结果很难理解，只有把它作为一个整体来研究才容易理解。通过知识、技术和设备结构等的重新组合，可以发现在某些方面存在一些重要的关系，从而做出重大的创造发明。许多发明创造都具有转化的性质，即把一个现存的客体，通过重新组合，转换成一种具有不同因素、功能或用法的新客体。因此，有人说，综合就是创造。高度综合是现代科学发展的重要趋势，并在现代科学技术中发挥日益重要的作用。

创新思维者在思考问题时，常常必须记住一系列变量、条件和关系。只有综合这些因素，弄清它们之间的关系，才不会混淆，同时要综合运用多种思维方法和逻辑模式。创新的思维过程包含着直觉的洞察与灵感的迸发、想象的发挥与模型的构想、类比的跨接与思路的外推、归纳的概括与假设的试

学习笔记

探、演绎的联结与溯因的沟通、分析的还原与综合的归纳、反馈的利用与控制的运筹以及不断的顿悟和重组，形成新的概念框架和理论体系。

1.3.3 创新思维训练

创新思维是多种思维方式的综合运用，既有逻辑思维也有非逻辑思维，既有抽象思维也有形象思维，既有发散思维也有收敛思维。其中，发散思维和收敛思维对于创新思维十分重要。尤其发散思维，是开展创新活动所不可缺少的一种有效思维方式。可以说，没有发散思维就没有创新，这是心理学家、思维专家长期研究得出的结论。

发散思维也叫扩散思维、辐射思维，其特点是考虑问题时思路开阔，向四面八方扩展，是一种从不同方位、不同角度、不同层次、不同途径去联想、想象、设想，以求创造性解决问题的思考方法。实践证明，发散程度越高，创新思维的成效越大。

发散思维的方法多种多样，如侧向思维、逆向思维、变位思维等。下面介绍几种发散思维的训练方法。

（1）逆向思维训练

逆向思维也叫反向思维、反转思维，其特点是改变惯常思维方向，从相反方面来认识事物、思考问题。由于这种思维突破了人们考虑问题的思维定势，因而往往能够获得惯常思维所不能取得的成效。

春秋战国时，田忌与齐威王赛马，按照惯例思维应是良马对良马，次马比次马。田忌却运用逆向思维方法，以次马与齐威王良马比赛，以良马对中马，以中马对次马。结果，田忌取得两胜一负的战绩。

古代司马光砸缸救人的故事也说明了逆向思维的作用。通常从大水缸里取物、救人，只可由缸口打捞，或者将水缸放倒，而不宜损坏水缸。当时司马光年纪小，不可能采取以上两种办法，他便急中生智，运用逆向思维想出了砸缸救出小伙伴的办法。

青岛牌啤酒在进入美国市场时主要做了两件事情：一是出资请美国广告商通过报纸、电视、电台等新闻媒体进行广告宣传；二是让美国大饭店接受这种啤酒，以扩大影响。但后一件事做起来并不容易，美国大饭店不会轻易购进这种啤酒。啤酒推销商看到了这一点，因此不上门推销，而是采取相反的做法，变卖为买。他们出资在纽约多家大饭店举办宴会，宴请社会名流。每到一家大饭店，便指名要青岛牌啤酒，如果没有，就以缺少这种酒宴会不够档次为由，取消宴会。这样，青岛牌啤酒不仅受到纽约许多大饭店的重视，登上了高档宴席，而且逐渐在美国啤酒市场站稳了脚跟。这种以买促卖的做法，无疑是逆向思维的创新成果。

拓展练习

(1) 在一次评选“香港小姐”的决赛中，主持人提出一个测试参赛小姐思维能力的难题：“假如你必须在肖邦和希特勒两个人中间选择一个作为终身伴侣，你会选择哪一个呢？”

请思考：该小姐如何选择并对其选择做出解释。

(2) 洪长兴是上海著名的羊肉店，为了保证肉的质量，该店有专门供肉基地，整羊运来，店里的职工操刀拆卸、开料。因为店堂面积小，拆羊劳动强度大，每天供肉量有限。到了冬天羊肉销售旺季，来买肉的人排成长队，供不应求，许多顾客失望而去。这不但满足不了顾客的需求，营业额也受到很大影响。店堂小，供肉不足，成为该店发展的瓶颈。

请思考：你能否用逆向思维为该店想出个办法，增加肉量，满足顾客的需求。

参考思路

(1) 该小姐选择了希特勒。她运用逆向思维解释道：“如果嫁给希特勒，我相信我能够感化他，那么第二次世界大战就不会发生了，也不会有那么多人家破人亡。”

(2) 方法是颠倒羊肉的加工程序。由洪长兴羊肉店派人到羊肉供应基地，指导基地的员工按肉店的要求将整羊拆卸，精选出肉块，再运到该店切片上市，或者将切肉机连到供应基地，按要求切成羊肉片，再运到洪长兴来出售。这样就解决了肉店面积小，羊肉片加工量不足的问题。

(2) 横向思维训练

横向思维也叫“侧向思维”，向思考的事物及问题的侧面伸展思维触角，以求获得新的思维成果，这是发散思维中最常使用的一种方法。

例如，中国传统的节日食品——粽子，从外形来看，大致有长方（扁方）形和四角（六棱）形两种，是否能再变换几种形状？从米料来看，主要有糯米、黄米两种，是否可以改用别的米料？从馅料来看，常见的有红枣、豆沙（甜馅）和肉（咸馅），能否增加馅料的品种？解决上述问题便离不开横向思维。

学习笔记

拓展练习

(1) 某市郊区一个著名旅游景点的附近有几个“果树村”(以种植果树为主的山村),山坡上、山沟里分布很多果林,有苹果树林、桃树林、杏树林、栗子树林。这几个“果树村”打算借旅游景点之利,开展一些能够吸引游客的活动,以增加收入。你能否运用横向思维为他们想些办法?

(2) 国家男子篮球队到某城市参加比赛,该市有一家皮鞋厂,产品质量不错,但由于广告费用昂贵,该厂一直未能通过新闻媒体宣传其产品。请考虑,他们能否趁国家男篮比赛之机,策划一次少花钱,而能够借新闻媒体宣传其产品的活动?

(3) 我国首次参加洛杉矶奥运会那年,广州市场汗衫积压严重,一再削价都销售不动。经营汗衫的公司能否从我国首次参加奥运会这一信息中受到启发,想出销售汗衫的办法?

参考思路

(1) 可以开展两项活动:一是采摘鲜果,游客缴一定数额的活动费,按照规定到果林里采摘鲜果;二是把游客请进山村农家小院,一方面休息,另一方面可以品尝农家饭菜和了解山村农民的习俗。如果有纯净泉水,可用山泉沏茶招待游客。

(2) 一种办法是,事先了解男篮队员们鞋的尺码,抢制一批优质皮鞋,待男篮来比赛时,举办一次向男篮队员们赠鞋的活动,请新闻记者采访、报道这一活动。另一种办法是,选择男篮队员中最大的两个脚码,制作两双优质特大号皮鞋,刊登启事开展“皮鞋擂台赛”,欢迎人们踊跃试穿,试穿到适合脚码的皮鞋归该试穿者,并配送一只漂亮手提包。其间通过一定渠道特邀男篮队员前来参加“擂台赛”(试穿鞋),当皮鞋被男篮队员穿走,请记者追踪采访,了解他们对皮鞋质量、样式的评价,并进行报道。

(3) 广州海幢公司获得我国运动健儿将首次在奥运会亮相的信息之后,意识到一旦我们的运动员获得奖牌,将大大激发中国人民的爱国热情,如果将汗衫、背心等印上奥运会标志,投放市场,会大受欢迎。果然,当奥运会捷报频频传来之后,他们投放市场的“奥运衫”成为了抢手货。

(3) 换位思维训练

人们在考虑问题、处理事情时,常常受所处地位、所持立场的影响,想不出解决问题的办法。但如果变换一下立场,转变一下地位,就可能产生新思路,想出有效的方法。

学习笔记

换位思维就是指“设身处地”思考问题，有些矛盾和问题，只要当事人能够站在对方角度设身处地进行思考，便不难解决。这种换位思考方法现在已被广泛使用，如医院急病人所急，为病人提供方便；商店从顾客需要出发，变换商品种类；厂家按照用户的要求进行产品改造。这种换位思维，有益于开阔思路，发现一些原先体悟不到、认识不清、理解不透的东西，产生新的思维成果。

案例 1-8

创业的认识

A：我想要创业。

B：你有钱吗？

A：创业不一定要有钱，可以用知识去创业，用自己在某些方面具有的独到见解去创业。

B：市场是创业的基础，虽然有独到见解是一种创业途径，但可能性太小了，有市场基础，创业才相对容易些。

A：创业不一定要以市场为基础（想以技术创业）。

B：现在的技术不是问题（技术创新没有多大优势）。

（资料来源：陈永奎. 大学生创新创业基础教程［M］. 北京：经济管理出版社，2015.）

这段话体现了 A 在产生创业的想法后，没有对一般性与特殊性进行分析，技术创业的确是一条创业的路，但技术的特殊性没有到一定的程度是无法因起步早而获得相应的优势，A 片面地认为自己的见解具有相当的优势。

案例 1-9

了解员工的心态

A（老板）：员工加班后，没有加班费，这些费用跟奖金一起算。

B（员工）：年底有没有奖金还不一定呢，加班不等于给老板白干吗？

A：你可以让员工加点班呀！

C（项目经理）：我让员工加班，我该怎么提呀？他们谁愿意加班呀？

学习笔记

B：让我加班，谁给我钱呀，你能给我吗？

（资料来源：陈永奎．大学生创新创业基础教程［M］．北京：经济管理出版社，2015.）

这段话可以在有些小公司听到，老板往往以为自己是老板就可以管理自己的员工，到头来谁也不想干了。员工不干活，自然也就没有了效益，老板就没了收入，给员工的奖金或福利随之减少，如此一来，形成恶性循环。

拓展练习

（1）北京某公交汽车的起点站，经常出现一种现象：乘客坐上一辆汽车，到了开车的时间，突然司机高喊："这辆车不开，去后面那辆。"于是乘客急忙下车往后一辆车上挤。一些老年乘客动作迟缓，很难坐到座位。乘客对此很有意见。请运用换位思维，站在乘客角度想想，应该如何提高该路公交汽车的服务质量。

参考思路

（1）制作一个发车的标志牌，立在即将开出的汽车旁边，让乘客一目了然。

（4）求同思维训练

"求同"是指在两个以上事物中找到它们的共同之处，运用这种思维，有助于在不同事物之间找到结合点，使新结合的事物在性质、形态、功能等方面有所变化，以获得创新的效益。最初茶杯和暖水瓶各有其功用，是两种不同的用具。现在普遍使用的不锈钢保温杯，便是将二者结合的产物，既有暖水瓶的保温功用，又是携带方便的喝水杯子。

拓展练习

（1）找出与自行车有结合点的其他事物，使自行车的构造和功用发生新的变化。

参考思路

（1）自行车与船结合（水上自行车），与健身器材结合（自行车健身器材），自行车旁安装挎斗（挎斗自行车），自行车上安装货架（载货自行车），自行车装到索道上（登高自行车，用于娱乐或体育比赛），自行车与飞行器结合（飞行自行车），自行车与太阳能结合（太阳能助动自行车，尚无产品），自行车与风扇结合（自来风自行车，夏天用）。

学习笔记

(5) 求异思维训练

“求异”指在相同或相似的两个以上事物中找出不同之处，这是在科研、科技、产品研制、经营管理、广告宣传、文学创作等工作中能够获得新成效的一种思维方法。有些企业，为了使产品能够在竞争激烈的市场上占有一席之地，便采用“你无我有，你有我廉，你廉我精，你精我专”等生产、经营策略，制定和实施这些策略，自然离不开同中求异的创新思维方法。

拓展练习

(1) 有家专门生产大小皮包的企业，想增加大皮包的品种，你能否运用求异思维，从功能方面提出些设想。

参考思路

(1) 育儿包（便于携带婴儿用品），钓鱼专用包，运动员包，医生急救包，集邮包（装邮票册），化妆包，旅行便携包，写生包（装外出写生的用具），海员急救包（防水，备有救生用品），自行车挂包（供骑自行车长途锻炼用），经理包（高档提包），中小学生书包（背包），公务包（公务员及大学生用的男士、女士挎包及提包，或挎提两用包），采访包（供摄影记者用），电脑包，文具包（装办公常用的笔、本、刀、日历、计算器等）。

1.4 创业基本概述

任何一个社会的进步都有两个基础性的过程：一个是教育，另一个是创业。教育担负着开启年轻人心智、培养年轻人成长的重任；而创业就是把想法变成现实的过程。任何社会的变革和发展，都终将会通过这两个基础性的发展来带动周边领域的发展。因此，创业的创新意识和创业精神教育确实可以帮助很多人创造他们的未来。

1.4.1 创业的定义与功能

(1) 创业的定义

创业，在《新华字典》里的定义是“开创事业”。创业学者们也从不同的方面进行了定义。但最确切的定义应该是：创业是不拘泥于当前资源约束，寻求机会、进行价值创造的行为过程。

学习笔记

人生充满了挑战和机遇，时常需要面对进与退、得与失、强与弱、胜与败、兴与衰、取与舍之间的抉择，在这些矛盾的交织中，你是选择直面而上，还是选择退而逃避？如果有一件事，别人都没做过，那么你敢不敢做？有一种生活，之前无人选择过，你是否会选择？

面对人生所做出的不同选择，就决定了我们每个人未来的不同结果，请看这几位同学的选择。

案例 1–10

“饿了么”创始人张旭豪

2009 年，上海交通大学研一学生张旭豪，来到了上海市觉群创业基金的评审会上，给创业导师李肖鸣等三位评委递交了他的创业计划书。李老师接过张旭豪的创业计划书一看就笑了：“饿了么？怎么叫这个名字？”张旭豪说，他和同学几个人一起打游戏到了半夜时，突然感觉肚子饿了。他于是就问大家：“你饿了吗？”大家你看看我，我看看你，都说“是啊！”确实肚子饿了。

于是大家开始翻出口袋里那些餐馆的名片，开始打电话，想看看哪家餐馆还在营业。奇怪的是一个电话也打不通。这时张旭豪头脑里开始萌生了一个创业想法：我们能不能做个送外卖的工具？这个想法一说出口，大家顿时不感觉饿了，一起讨论到了凌晨五点。经过一段时间的市场调研，他发现“送餐软件”还是个空白市场，他们很快写出了创业计划书，并且得到了上海市学生事务中心主管的上海觉群创业基金的资助，终于如愿以偿开办了自己的公司。

接下来的创业并没有他想象中那么容易，为了让创业计划尽快变成现实，团队中一位学习计算机专业的大四学生，不得不休学一年，来完成这个点餐平台的产品设计。目前，饿了么订餐平台已经完成 E 轮 10 亿人民币的融资，张旭豪的公司已经发展到 10000 多人，他也成了名副其实的创业成功的企业家了。

（资料来源：李肖鸣，孙逸. 大学生创业基础［M］. 北京：清华大学出版社，2016.）

学习笔记

案例 1-11

只开了 20 天的火锅店

上海某大学一个宿舍的四名女生，在毕业时突然决定：她们也要创业。创什么业呢？她们四位有一个共同的爱好，就是吃火锅。于是她们决定开一家火锅店。

说干就干！她们四位分别向家长借款 5 万元，凑齐了 20 万元的启动资金。开始选门面、装修，在办理各种手续时，由于不懂如何办理，还托了亲戚和家长的朋友帮忙。办好了所有工商、税务、环保、卫生等证件和手续，经过了一个多月的辛苦，总算可以风风光光地开张了。

可是火锅店刚刚开张 20 天，四位小姑娘就一个都不见了！家长忙问她们为什么不去店里了？她们几个的回答出奇地一致：开火锅店原来这么脏哦！

……

（资料来源：李肖鸣，孙逸. 大学生创业基础［M］. 北京：清华大学出版社，2016.）

如今我们所处的时代，是一个优胜劣汰、适者生存的年代，等待别人的帮助或是祈求上天神灵的恩赐都是不现实的想法，就像《国际歌》歌词里写的那样：“从来就没有什么救世主，要靠我们自己。”只有知难而进，在战胜困难中学会成长，才有机会抓住属于自己的机会。

上面实例中的张旭豪和四位女生面前摆着的是同样的人生机会，那为什么张旭豪创业成功了，而四位女孩创业失败了呢？直面人生是每一位渴望成功的人必须接受的挑战，也是抓住机遇的首要前提，没有这个前提，成功就没有基础。

英国剑桥大学驻校企业家、著名创业学者艾伦 · 白睿教授曾经说过：“再高的苍天大树也是从一粒种子长起来的。”老子在《道德经》里也这样说过：“合抱之木，生于毫末；九层之台，始于垒土；千里之行，始于足下。”他们告诉我们的道理都是一样的：任何事情都是从小处萌芽，都是从头开始的，只有知难而进、不断努力才能获得成功。

创业，就是挖掘自身潜力、整合周围资源、体现自身价值的一个过程。在创业的过程中考验的是大学生的综合素质和创业精神。

（2）创业的功能

其实，创业的本质是一种生活方式，创业就是某一个人或团队通过寻求

学习笔记

机会、整合资源，创造价值、体现价值的过程，因此创业可以挖掘个人潜力，把自身优势发挥得淋漓尽致，从而体现自身价值。

从马斯洛的需求理论来看，处于不同层次的创业者都有自己不同的追求。

美国人本主义心理学家马斯洛在 1945 年提出了一个“人类需求层次理论”，在这个理论中，他把人的需求分成了从低到高的五个层次（见图 1-2）。

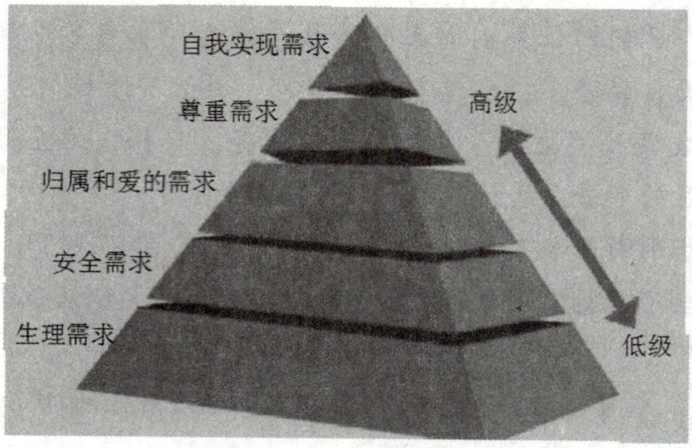

图 1-2　人类需求层次理论

在这个理论中，马斯洛把“自我实现需求”看作是区别于其他四种需求的最高级别。自我实现，也可以叫作“实现自身价值”，是人类充分利用外在和内在条件，发挥自身潜力的心理需求，是一种要把人的潜力发挥到极致的根本欲望。而人们追求成功的动机，正是来源于“自我实现”的需求。

恰恰是追求出类拔萃，追求自我实现的心理需求才变成一种内生的动力，不断激励创业者战胜困难、超越自我、冲破逆境，进而体现自身的价值。成功是一种心灵的力量。但为什么有人成功有人失败呢？

这是因为失败的人缺乏“目标忠诚”，就是说没有把自己的精力专注于某个目标。好些人不乏目标，但是却常常不能专注于自己确定的目标，三心二意，这山望着那山高，心猿意马，这样下去，目标何时才能实现呢？就算有再多的聪明才智，也会与成功无缘。专注、心无旁骛，才可以把所有的力量集中在一个目标上。就像马云所说：“我面前有十只羊，而我只能追其中的一只，如果我想十只都追，那最后的结果就是一只也追不到。”

学习笔记

案例 1-12

从记者到创业家

徐君龙原本是某知名报社的副主编，负责报社人物专访的栏目，因此得以有机会走访了大量的企业家，在与企业家们近距离接触的过程中，创业家们的励志经历一次次激发了徐君龙强烈的自我实现的冲动。于是 2005 年徐君龙开始辞职创业，多年的记者生涯让他察觉到节能领域将会是非常有前途的方向，于是选择了专注在该领域开始创业。一开始并不顺利，第一家公司几经努力业务总算有了起色，然而他的合伙人在专注单一领域还是多元化发展战略上与他形成明显分歧，并在争夺公司的权力和利益上形成了巨大的内耗，他反复思量后决定放弃公司股权从头开始。

徐君龙在第一家公司的管理上遭遇了挫折和困局，但是验证了他对市场的判断，反而更加坚定了他再次创业的信心。2007 年徐君龙成立上海君能能源科技有限公司，我们在他的项目早期帮助他一起策划了“微能”品牌，专注于大功率节能照明领域，先从代理其他品牌的业务开始求得基本生存，同时潜心研发自己的核心产品。刚开始的时候资金严重匮乏，最困难的时候甚至连办公室租金和员工工资都无法按时交付，他狠心抵押了家里的房产来渡过难关。

徐君龙坚定地相信自己的努力方向，他的坚持终于有了回报，他所专注的大功率 LED 路灯研发有了关键性的突破，有效解决了大功率 LED 路灯的发热和寿命的行业难题，将路灯寿命提高了 1 倍，亮度提高了 50%，顺利申请到了多个国家发明专利。

十年磨一剑，如今他创立的品牌已经是国家住建部的推荐品牌，年销售额过亿元，他也从一名记者成长为一名出色的企业家，实现了自己的梦想。

（资料来源：李肖鸣，孙逸. 大学生创业基础 [M]. 北京：清华大学出版社，2016.）

1.4.2 创业的要素与类型

（1）创业要素

通常来说，创业的关键要素包括机会、团队和资源。

①创业机会。创业机会往往是一个新的市场需求，或者是一个需求大于供给的市场需求，或者是一个可以开辟新产品的市场需求，这样的市场需求

学习笔记

并非只有创业者认识到了，其他的竞争者也许会很快加入竞争的行列。因此，并不是每一个创业机会都需要付出行动去满足它。

②创业团队。创业团队并不是一群人的简单组合，而是一个特殊的群体。它要求团队成员能力互补，拥有共同的愿景和价值观，通过相互信任、自觉合作、积极努力而凝聚在一起，并且团队成员愿意为共同的目标奉献自己，发挥自己最大的潜能。

③创业资源。创业资源是指新创企业在创造价值的过程中需要的特定的资产，包括有形与无形的资产，它是新创企业创立和运营的必要条件，主要表现形式为创业人才、创业资本、创业机会、创业技术和创业管理等。

（2）创业的类型

①按照创业主体分。

- 勤奋型：这类创业者依靠自身的勤劳而自食其力，如便利店、馒头店、网店等，雇员基本为自己或家人的小型创业。
- 智慧型：这类创业者依靠自身的知识和技能创业，如维修、诊所、科技类公司等利用自身专业或专利技术创业。
- 关系型：这类创业者依靠家族或者自身关系，做大企业的小伙伴，如配件、包装、新品试制等经营业务单一而用户群体稳定的创业。
- 机会型：这类创业者是发现了某个商业机会，为了体现自身价值而创业的，有时甚至舍弃原来优越的职业或职务而创业。
- 冒险型：冒险创业大有背水一战的气势，这类创业者勇于承担风险，为了实现梦想，可以义无反顾地投身到某个具有不确定因素的项目中的创业活动。

②按照创业动机分。

- 生存型：这类创业者以生产某种产品来满足顾客的需求。
- 机会型：这类创业者以体现自身价值为目标而创业。
- 主动型：这类创业者大都崇尚自由，自信独立，不愿受人约束，把创业视为一种生活方式。
- 被动型：这类创业者大都出自外界条件的逼迫，不得已选择创业。但是由于没有退路，只能前进，往往可以取得很大成功。
- 赚钱型：这类创业者的目标就是赚钱，同时喜欢做老板的感觉。
- 变现型：这类创业者自身在某一领域拥有某种资源，通过利用这部分资源而创立企业，使其变成自己赚钱的生意。

学习笔记

拓展阅读

有关专家总结了创业的七大必备条件

1. 充分的资源（Resource），包括人力和财力。创业者要具备充分的经验、学历、流动资金、时间、精神和毅力；

2. 可行的概念（Idea），生意概念不怕旧，最重要的是可行，有长久性，可以继续开发、扩展；

3. 适当的基本技能（Skill），不是行业中的一般技能，而是通常性的企业管理技能；

4. 有关行业的知识（Knowledge），不能只陶醉于自己的理想；

5. 才智（Intelligence），创业者不一定要有高智商，但要能够善于把握时机去做出明确的决定；

6. 网络和关系（Network），创业者需要有人帮助和支持，不断扩大朋友网络和打好人际关系会带来不少方便；

7. 确定的目标（Goal），非常巧的是，将七个条件的首个英语字母串在一起，恰好是“RISKING”（冒险）一词，这也反映出创业的风险。

（资料来源：http：//wenku. baidu. com/view/f42a35eb8f67c1cb9a8. html）

1.4.3 创业过程与阶段划分

（1）创业过程和创业阶段

创业过程包括创业者产生创业想法——创建新企业或开创新事业——获取回报，整个过程涉及机会识别、组建团队、寻求融资等活动。

从创业阶段来说，可大致划分为机会识别、资源整合及创办新企业、新企业生存和企业成长四个主要阶段。具体操作起来还有很多工作要做。

第一阶段：机会识别。包括建立创业设想、进行市场调研和分析、制订初步的经营方案等。

第二阶段：资源整合及创办新企业。包括团队组建、财务融资、企业筹建等。

第三阶段：新企业生存。包括创业初期的市场营销、产品设计和规划、财务和售后服务体系建立等。

第四阶段：企业成长。包括市场拓展、制度完善、股权融资、企业上市等。

学习笔记

(2)初创期创业建立必经的六个步骤

每一个企业的建立，从初创期来说，其过程可分成以下六个步骤，而每一部分又有各自的目标和要求，如图 1-3 所示。

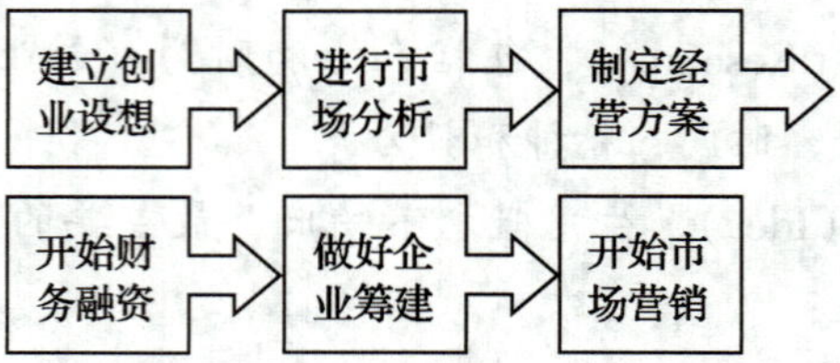

图 1-3　企业建立过程必经的六个步骤

人生何处不营销。因此，营销实践应该是培养学生创业精神的第一课。如果在营销训练中学会了取悦客户，那今后无论是对父母、对老师还是对同学，都应该明白怎样才能叫别人喜欢，这既是营销的“取悦客户”的锻炼，也是“如何做一个受大家欢迎的人”的训练。

一个人，如果可以在家取悦父母（孝顺、多做家务、体贴父母），在校取悦老师（认真学习、积极发言、懂事、会体谅别人）、取悦同学（同学有事要相助，互相关心、友爱，对人和善），当别人都说你好时，谁能说这不是成功？一旦在生活和实践中培育了创业精神，就不会再惧怕困难；一旦养成了优良的习惯，形成了优秀的性格和品质，就会是一个无论到哪里都会发光的金子。一个优秀的人会习惯于优秀，一个有创业精神的人不论将来是就业还是创业，都会是一个不断进取、不断创新、对社会有用的人才。

思考与练习

1. 创新有什么样的作用？
2. 创新的一般过程是什么？
3. 创意思维的表现形式有几种，分别是什么？
4. 创新、思维的训练方法有哪些？
5. 创业的要素有哪些？
6. 初创企业建立的步骤是什么？

学习笔记

参考文献：

1. 李肖鸣，孙逸. 大学生创业基础［M］. 北京：清华大学出版社，2016.

2. 陈永奎. 大学生创新创业基础教程［M］. 北京：经济管理出版社，2015.

3. 谭贞. 创新创意基础教程［M］. 北京：机械工业出版社，2015.

4. 王达林. 赢在创新：创意天下［M］. 北京：清华大学出版社，2009.

学习笔记

第2章 如何成为创业者

本章导入

大学生自主创业就是大学生通过个人及组织的努力，利用所学到的知识、才能、技术和所形成的各种能力，以自筹资金、技术入股、寻求合作等方式，在有限的环境中，努力创新、寻求机会，不断成长创造价值的过程。大学生创业已引起了社会各方面的关注，国家不断推出针对大学生就业的各种优惠政策，鼓励和支持大学生自主创业。各地政府部门也都推出了针对大学生的创业园区、创业教育培训中心等，以此鼓励大学生自主创业。部分高校也创立了自己的创业园，为学生创业提供支持。国家大力提倡大学生自主创业，学校也提供相应的鼓励创业的政策等支持，那么大学生如何才能成为创业者呢？本章将从创业意识的确立、创业素质的提升以及创业能力的培养等方面讲述如何成为创业者。

通过本章学习，你将能够：

1. 学会提升创业意识；
2. 学会培养创业素质；
3. 学会提升创业能力；
4. 知道自己是否适合创业。

知识储备

案例 2-1

创业故事

夕阳之下，任我行对令狐冲说，有人的地方，就有江湖。人就是江湖，你怎么退出？

就这么简单的一句话，概括了古往今来的江湖本质。今天的江湖依然存在，有人在江湖里声名鹊起，风光无限；有人败走麦城，狼狈不堪；有人屡败屡战，最终却是王者归来！

再平凡的人，都会有他的江湖；再新生的品牌，也有他的江湖地位之争。冬去春来，一款名为“21 克”的老人手机在互联网上名声大振：京东热卖、天猫店新开、大力赞助阿里公益，在种种为人艳美的成绩背后，这个品牌创业团队的背后又有着怎样的故事呢?

故事的主角是四个年轻人，他们表面低调内敛，内心却有着一股如狼的血性，他们立志在 IT 江湖里闯出一番属于自己的事业，建立自己的江湖地位。正是这股血性，使得他们将青春与梦想凝结在一起。可是，当年的他们却失败了，如今考究失败的原因已无意义，人生本来很多事情就是徒劳无功的。

所幸，情谊仍在。只是当年创业之地，已成为他们的伤心之地，他们选择了逃离那座城市并转战其他行业，也过上了各自舒心的生活。每逢周末，四个人会一起喝酒聊天，偶尔也会谈论 IT 江湖。可是，对于已经退出 IT 圈的他们来说，这是多大的一个讽刺——你已不在江湖，这里的一切与你何关?谈起过去的艰苦，他们都不由得有些许落寞涌上心头——不为曾经的失败，只为未曾实践的 IT 梦想。

2009 年仲夏，“雷军”一词开始频频出现在各大媒体上——就在这一年，他的“MIUI”发布了。雷军在 IT 江湖里掀起腥风血雨，并凭借“小米手机”取代黄章成了新一代的国产机王。而仍然在房地产行业里打拼的他们看着杂志上雷军微笑的照片，问自己“或许，我也能这样吧?”

为了最初的梦想，他们退出了如日中天的房地产，再度拉上伙伴们一起创业。这一次，他们决定做一款独一无二的老人手机——当年，雷军没有做成的项目，他们要做出自己的独特品牌，树立自己的江湖地位。

于是，漫漫无期的征程开始了。为了研发出真正符合老年人生理、心理及沟通需要的老人手机，他们一起去社区拜访老人、做市场调研；一起在敬老院待了一个星期；为了确定老人手机的屏幕应该多大而自己买来老花镜戴上，只为了体验视力模糊的老年人眼中的手机……就是这么一群疯狂的 IT 宅男，虽年轻但是却敢说自己最懂老人心。

这么大费周折，并且还伴有看似滑稽的举止背后，蕴含的却是他们关爱老人的那颗热心。这个团队，似乎是为了他们的 IT 江湖地位而奋斗，但带来的却是惠及天下老人与子女沟通的利器。

思考：这个创业故事，让你有怎样的思考？如何可以成为像雷军一样的成功创业者？

（资料来源：雷军的创业故事［EB/OL］. https://wenku.baidu.com/view/4da3e83aa45177232f60a2d9.html?mark_pay_doc=0&mark_rec_page=1&mark_rec_position=3&clear_uda_param=1）

学习笔记

2.1 创业意识确立

2.1.1 创业意识的内涵

(1) 创业意识的定义

意识是人的精神活动的重要内容，是感觉、思维等各种心理过程的总和，是社会人对客观存在的主观印象。马克思主义认为，意识活动有能动创造性，人们不仅能描摹、复制当前的对象，而且能从感性经验中抽象出事物的本质、规律，形成理性认识，又运用这些认识指导自己有计划、有目的地改造客观世界。

创业意识是在一个人根据社会和个体发展的需要所引发的创业动机、创业意向或创业愿望。创业意识是人们从事创业活动的出发点，是创业思维和创业行为的前提，需要和冲动构成创业意识的基本要素。创业意识是创业的先导，它构成创业者的创业动力，由创业需要、动机、意志、志愿、抱负、信念、价值观、世界观等组成，是人进行创业活动的能动性源泉，正是它激励着人以某种方式进行活动，向自己提出的目标前进，并力图实现它。

创业意识是人们从事创业活动的强大内驱力，是创业活动中起动力作用的个性因素，是创业者素质系统中的第一个子系统即驱动系统。创业实践中创业意识对人起动力作用的个性倾向，包括需要、动机、兴趣、理想、信念和世界观等，是人们对创业这一实践的正确认识、理性分析和自觉决策的心理过程。创业意识是创业主体的主观愿望，能够激励和约束创业主体坚持不懈地从事创业活动。从本质上而言，创业意识是一种积极进取的、奋发向上的精神，集中表现了创业本质中的社会性质，支配着创业者对创业的态度和行为，并规定着态度和行为的方向、力度，是人们从事创业活动的强大的内驱力。正确发挥创业意识的能动作用，能为创业活动制定合理有效的行动方案和目标，为实现创业提供现实的理想和思想指导。

(2) 创业意识的构成要素

创业意识是创业思维和创业行动的必要准备。因此，每一个希望创业的人都必须首先强化创业意识。创业意识的形成，不是一时的冲动或凭空想象出来的，从其起源、发展、形成，经历了一系列的过程。其中，创业需要是

学习笔记

创业活动的最初诱因和动力，创业动机的产生标志着创业实践活动即将开始，创业兴趣使创业意识进一步升华，有了创业理想则意味着创业意识已基本形成，创业信念是创业者从事创业活动的精神支柱，而创业世界观是创业意识的最高层次。

①创业需要。这是指创业者对现有条件的不满足，并由此产生的最新的要求、愿望和意识，是创业实践活动赖以展开的最初诱因和最初动力。但如果仅有创业需要，就不一定是创业行为，想入非非者大有人在，只有创业需要上升为创业动机时，创业行为才有可能发生。

②创业动机。这是引发人类行为的源头，是推动创业者从事创业实践活动的内部动因。创业动机是一种成就动机，是竭力追求获得最佳效果和优异成绩的动因，有了创业动机，才会有创业行为。

③创业兴趣。这是指创业者对从事创业实践活动的情绪和态度的认识指向性。它能激活创业者的深厚情感和坚强意志，使创业意识得到进一步的升华。创业兴趣是创业者创业选择的重要依据，人一旦对创业产生兴趣，就会对创业实践活动予以关注，进而热爱和追求，并由此走上创业实践之路。

④创业理想。这是指创业者对从事创业实践活动的未来奋斗目标较为稳定、持续地向往和追求的心理品质。创业理想属于人生理想的一部分，主要是一种职业理想和事业理想，而非政治理想和道德理想，创业理想是创业意识的核心。

⑤创业信念。这是创业者对创业实践有关的目标、见解、决策等形成的较为固定的思想和观念，坚信创业理想一定会实现，对美好未来持肯定态度的自我意识，是一种稳定的、强大的心理自我暗示。创业者为了实现创业理想，在创业活动中经过艰苦磨炼，逐渐建立起创业的信念。创业信念被强烈的创业动机和创业需要激发，有远大的创业理想为其指引方向，因浓厚的创业兴趣而日益坚定，是人们从事创业活动的精神支柱。

⑥创业世界观。这是由一系列创业信念组成的逻辑系统，是创业意识的最高层次，是随着创业活动的发展与成功而使创业者思想和心理境界不断升华而形成的，它使创业者的个性发展方向、社会义务感、责任感、使命感有机地融合在一起。大学生的创业价值观一般可以分为个人主义价值观和集体主义价值观。不同类型的价值观对创业主体的创业积极性的影响往往不同，创业价值观越明确，创业意识就越强烈，创业信念就越坚定，创业积极性就更加高涨。

学习笔记

2.1.2 创业者应具备的创业意识

对于创业者来说，不论创业做什么，都可能会遇到困难和挫折，可能出现意想不到的问题，一定要有充分的准备。一般来说，创业者应具备的创业意识包括以下几个方面。

（1）商机意识

创业是一个持续不断的过程，从创建新企业—促进企业发展—成功获得收效—再一次创建，这是一个循环往复的过程，因此，创业绝对不是开业，也不会是一次性的行为，更不是暂时的成功。真正的创业者，会在他创业之前、创业中和创业后，始终面临着识别商机、发现市场的考验。他必须有足够的市场敏锐度，才能看到别人看不到的机遇和危险，才能宏观地审视经济环境，洞察未来市场形势的走向，以便做出正确的决策来保证企业的持续发展。

（2）转化意识

仅有商机意识是不够的，还要在机会来临时抓住它，也就是把握机遇、转化机遇，把自己的想法和感悟转化成实实在在的收入和利益，最终实现自己的创业梦想。转化意识就是把商机、机会等转化为生产力；把你的才能、你在学校学到的技术、知识转化为智力资本、人际关系资本和营销资本，了解市场的需要，整合市场和自身的资源，开启自己的创业之路。

（3）战略意识

作为21世纪的大学生创业群体，大学生创业者要正视自己的劣势，如资金短缺、社会经验不丰富等，运用战略战术来经营自己的创业事业。创业初期给自己制定一个合理的创业计划，解决如何进入市场，如何卖出产品等基本问题。创业中期需要制定整合市场、产品、人力方面的创业策略，转换创业初期战略。需要指出的是，创业战略不只有一种，也没有绝对的好坏之分，关键要适合自己的创业之路。在这条路上应时刻保持着战略的高度，不以朝夕得失论成败。

（4）风险意识

在创业浪潮中，大学生是一支朝气蓬勃的主力军。作为校园新生代，像初生的牛犊，不畏艰难险阻；像初升的太阳，渴望事业成功。大学生创业是一个机会，但也存在风险。创业者必须明白，市场是无情的，不可能每一次都可以取得既定的成功。创业者在创业期间要时常未雨绸缪，加强自己的危机意识，认真分析自己在创业过程中可能会遇到哪些风险，以及这些风险出现时的应对化解方案。创业者是否具备风险意识和规避风险的能力，将直接

学习笔记

影响到创业的成败。

（5）勤奋/敬业意识

李嘉诚说："事业成功虽然有运气在其中，主要还是靠勤劳，勤劳苦干可以提高自己的能力，就有很多机会降临在你面前。"大学生创业，一定要务实，要勤奋，不能光停留在理论研究上。可以从小投资开始，逐步积累经验，不能只想着一口吃个胖子。没有资金，没有人脉都不要紧，关键你要有好的思路和想法，有勇气去迈出第一步，才会成功。古今之成大事业、大学问者，必须经过三种境界："昨夜西风凋碧树，独上高楼，望尽天涯路。"此第一境；"衣带渐宽终不悔，为伊消得人憔悴。"此第二境；"众里寻他千百度，蓦然回首，那人却在，灯火阑珊处。"此第三境。成功不单纯依靠能力和智慧，更要靠每一个人自身孜孜不倦地认真工作。勤奋、敬业、诚信是成功创业的重要品质。在创业路上，只有不辞辛劳、勇于攀登的人，才能够到达光辉的顶点，才能成就一番事业。

资料链接

成功之路上什么最重要

已故的台湾首富王永庆在 90 岁高龄时，应邀到台北大学为学生做演讲，一位大学生这样请教王永庆："您能告诉我，在您一生成功的路程中，到底是勤奋重要，还是运气重要呢？"王永庆答："年轻人，我可以负责地告诉你，我用一生的勤奋就是为了证明我的运气比别人好！"

2.1.3 培养创业意识的方法和途径

创业意识是创业实践活动的前提和基础，当前，培养和提升大学生的创业意识，需要大学生个人、学校、政府三方面共同努力。

（1）个人方面

大学生应充分认识到自主创业是大学生就业大众化背景下大学生就业形势发展的必然趋势，主动树立创新创业意识，重视和加强自身综合素质的培养。应充分利用各种机会，主动学习创业知识，增强创业意识，全面提高个人综合素质。积极参与创业实践活动，将创业理论知识与创业实践相结合。要充分利用就业见习、社会兼职、暑期社会实践、市场调查等机会，提早了解社会，了解市场，丰富个人创业实践体验。通过实践，不仅能为自己将来

学习笔记

开展创业活动积累经验，也能增强个人的创业意识和创业热情，培养个人的创新创业能力。

(2) 学校方面

学校作为人才培养的主阵地，应充分挖掘创业典型素材，利用校园网、广播台、校报、校园论坛等多种途径，广泛开展创业宣传和教育，积极营造崇尚创新、勇于创业的校园氛围。通过举办创业大讲堂、创业成功校友报告会、创业论坛、校园创业设计大赛等形式多样的创业主题活动，激发学生的创业激情，提升他们的创业意识。

(3) 政府方面

政府应该创造有利条件，优化创业环境，要提供政策保障，制定和完善相关政策和法规，实施鼓励与扶持大学生创业更优惠的政策，为大学生搭建良好的创业平台；在场地、项目、技术、税收、人才引进等方面提供特殊的优惠，确保大学生创业的顺利进行；要加强创业指导，为其提供必要的企业经营管理、企业融资、投资风险等方面指导。

大学生要创业，资金是大问题。政府可以联合银行、高校和企业设置大学生创业基金，对有发展潜力的大学生创业项目提供资金帮扶。要继续实行大学生创业申请贷款相关政策，在此基础上，研究制定更优惠的措施，尽量降低贷款准入门槛，简化审批程序。

创业是艰辛而又漫长的，需要大学生对创业有一个全面而真实的了解，更重要的是需要大学生有一定的创业意识，因为创业意识是从事创业活动的强大内驱动力。因此，培养大学生的创业意识，提高大学生的创业能力，促进大学生自主创业工作又好又快发展，需要我们大家共同努力。

课堂练习： 小组讨论，针对在校的高职大学生，有哪些途径和方法可以培养创业意识？

2.2 创业素质提升

创业是极具挑战性的社会活动，是对创业者自身智慧、能力、气魄、胆识的全方位考验。一个人要想获得创业者的成功，必须具备基本的创业素质。在市场经济条件下，企业之间的竞争是非常激烈的，创业者不能只凭着一股热情，认为别人能成功的自己也一定能成功，结果往往是以热情开始，以失

学习笔记

败告终，并且大学生涉世经验不足，又缺乏企业管理方面的知识，因此，在创业前一定要做到深入了解创业应具备的素质，注重创业素质的培养，为创业成功打下坚实的基础。

良好的创业素质不仅可以使创业者明确创业目标，积累广阔的人脉，进行正确的决策，还可以帮助创业者在创业途中建立正确的价值观、人生观，克服种种挫折与困难，在创业之路上一往直前。

2.2.1 什么是创业素质

对于创业素质的定义及其基本要素，有着三种具有代表性的观点。

一是认为创业素质是指人在后天接受教育和环境影响下形成和发展的，在社会实践活动中表现出来的比较稳定的个性特征；二是认为创业素质是在人的心理素质和社会文化素质的基础上，在环境和教育的影响下形成和发展起来，在社会实践活动中全面地、较稳定地表现出来并发挥作用的身心组织要素、结构及其质量水平。三是认为创业素质是以人的先天禀赋为基础，在环境和教育的影响下形成和发展起来的，在创业实践活动中表现出来并相对稳定地发挥作用的身心组织要素的总称。综合以上三种观点，创业素质是在一定的条件和基础上形成的，并不是先天性地存在于人群中的，环境和教育的作用是创业素质形成的必要条件，它一旦形成就具有相对稳定性，并在实践中表现出来。

资料链接

创业家（企业家）素质与能力排序表

1992 年，美国的一个研究部门对数千名企业老板与最高管理层人员的调查结果显示，创业家（或企业家）最重要的 20 项素质与能力按照重要程度排列顺序如表 2-1 所示。

表 2-1　创业家（或企业家）素质与能力排序表

序号	素质与能力内容	序号	素质与能力内容
1	财务管理经验与能力	5	自我激励与自我突破
2	交流与人际关系能力	6	决策与计划能力
3	激励下属的能力	7	市场营销能力
4	远见与洞察能力	8	建立各种关系的能力

学习笔记

续表2-1

序号	素质与能力内容	序号	素质与能力内容
9	人事管理的水平	15	创造性
10	形成良好企业文化的能力	16	组织能力
11	行业及技术知识	17	向下级授权能力
12	领导与管理能力	18	个人适应能力
13	对下属培养与选择能力	19	工作效率与时间管理水平
14	与重要客户建立关系的能力	20	技术发展趋势预测能力

2.2.2 创业者应具备的基本素质

概括地说，大学生创业素质是由多个要素组成的系统结构，在这个系统结构中，各要素相互依赖，共同在创业实践中发挥作用，但在多个要素中，有支配作用的要素，也有被支配的要素。基于大学生这个特殊的创业群体，笔者认为创业品质、创业精神、创业知识、创业能力是大学生创业素质中的核心素质。

（1）心理素质

①善于交流、合作的心理素质。在创业道路上，创业者必须摒弃“同行是冤家”的狭隘观念，学会合作与交往。通过语言、文字等多种形式与周围的人进行有效的交流与沟通，可以提高办事效率，增加成功的机会。在创业过程中，需要与客户和顾客打交道，与公众媒体打交道，与外界销售商打交道，与企业内部员工打交道，这些交往、沟通可以排除障碍，化解矛盾，降低工作难度，增加信任度，有助于创业的发展。

②敢于冒险、敢于拼搏、勇于承担行为后果的心理素质。在市场经济大潮中，机会与风险共存；只要从事创业活动，就必然会有某种风险伴随，且事业的范围和规模越大，取得成就越大，伴随的风险也越大，需要承受风险的心理负担也就越大。立志创业，必须敢闯敢干，有胆有识，才能变理想为现实。只要瞄准目标，判断有据，方法得当，就应敢于实践，敢冒风险。成功的创业者总是事先对成功的可能性和失败的风险性进行分析比较，选择那些成功的可能性大而失败的可能性小的目标。创业者还要具备评估风险程度的能力，具有驾驭风险的有效方法和策略。

③敢于克服盲目冲动和私利欲望的心理素质。在创业过程中，创业者要善于防止冲动，克制是一种积极的有益的心理素质，它可使人积极有效地控制和调节自己的情绪，使自己的活动始终在正确的轨道上进行，不会因一时

学习笔记

的冲动而引起缺乏理智的行为。创业者在创业过程中要自觉接受法律的约束，合法创业、合法经营、依法行事；自觉接受社会公德和职业道德的约束，文明经商、诚实经营、互助互利。当个人利益与法律和社会公德相冲突时，要能克制个人欲望，约束自己的行为。

④坚持不懈、不屈不挠的心理素质。创业者需要百折不挠，坚持不懈的毅力和意志，能够根据市场的需要和变化，确定正确、令人奋进的目标，并带领自己的创业团队战胜逆境、实现目标。创业者必须有一颗持之以恒的进取心，创业者的恒心、毅力和坚忍不拔的意志，是十分可贵的品质。遇事沉着冷静，思虑周全，一旦做出决定，便咬住目标，坚持不懈。创业过程是一个长期奋斗的过程，立竿见影、迅速见效的事是极少的。在方向和目标确定后，创业者就要朝着既定的目标一步步走下去，纵有千难万险，迂回挫折，也不要轻易改变初衷，半途而废。创业是艰难的，在创业的过程中难免会遇到这样或那样的苦恼、挫折、压力甚至失败，这就要求创业者必须具备承受挫折、迎接挑战的心理素质，而这些素质的培养就是靠增强自己的创业信心。只有具有百折不挠的精神，才能到达胜利的彼岸。

资料链接

如何培养坚强的意志和坚持不懈的毅力

古希腊思想家苏格拉底在教学中有过这样一件事发生，在开学的第一天，苏格拉底对他的学生说："今天我们只做一件事，每个人尽量把手臂往前甩，然后再往后甩。"说着，他做了一遍示范。"从今天开始，每天做 300 下，大家能做到吗？"学生都笑了，这么简单的事，谁做不到呢。可是一年以后，苏格拉底再问的时候，他的全部学生却只有一个人坚持了下来，后来这个人继他之后成为新一代的思想家，这个人叫柏拉图。要锻炼好身体，关键在于要有坚强的意志和坚持不懈的毅力。

身体是完成一切任务的基础，拥有良好的身体素质，才能使人心胸宽广、拥有一往无前的魄力。如果想创业，就必须要有一个健康的身体。要在日常生活中注意锻炼身体，方式很多，以对身体锻炼有效的项目为主，其他项目为辅，要有坚定的意志和志向。人能攀多高，不要问双手，要问意志；人能走多远，不要问双脚，要问志向。有志攀山顶，无志站山脚。

⑤善于进行自我调节的心理素质。面对市场的变化多端，竞争激烈，创

学习笔记

业者能否因客观变化而“动”，灵活地适应变化，成为创业成功的关键所在。因而，创业者必须以极强的信息意识和对市场走向的敏锐洞察力，瞅准行情，抓住机遇，不失时机地、灵活地进行调整。在外部环境和创业条件变化时，能以变应变。善于进行自我调节还应处理各种压力，能用积极态度看待来自工作和生活的压力，冷静分析、控制压力，找出原因，缓解压力，甚至消除压力。能够保持良好的心理，勇敢地面对压力，力争将不利变有利，将被动变主动，将压力变动力。具有较强的适应性，还应做到“胜不骄，败不馁”。要以变应变，必须具备创新精神。创新要有“求异”思维，求异就是要追求理念“个性化”，这是创业者最重要的素质特征。没有创新求异精神，企业就不会有个性；没有个性的企业往往停滞不前，容易在激烈的竞争中被淘汰，所以，创业者要有卓越远见、超前意识，从而适应变化莫测的市场。

资料链接

优秀创业者的基本禀赋

美国百森学院企业管理研究中心主任、著名的管理学专家威廉·D·拜格雷夫曾将优秀创业者的基本禀赋归纳为10个“D”：理想（Dream）、果断（Decisiveness）、实干（Doers）、决心（Determination）、奉献（Dedication）、热爱（Devotion）、周详（Details）、命运（Destiny）、金钱（Dollar）和分享（Distribute）等。

我国《科学投资》杂志在研究了国内上千例创业者案例后提出，“中国成功创业者十大素质”是：欲望、忍耐、眼界、明势、敏感、人脉、谋略、胆量、与他人分享的愿望、自我反省的能力。

西安交通大学张悦目、高山行等人曾于2002年对在校大学生进行创业素质的抽样调查，提出大学生创业的8种基本素质是：创业意识、冒险精神、创新意识、敬业精神、自制能力、管理意识、竞争意识和应变能力，如表2-2所列的指标体系和权重。

表2-2　大学生创业素质指标体系和相应权重

指标体系	创业意识	冒险精神	创新意识	敬业精神	自制能力	管理意识	竞争意识	应变能力
指标权重/%	19	18	16	15	9	9	8	6

（2）创业知识

创业知识是大学生创业的源泉，也是大学生创业核心素质中的一个元素。

创业知识主要表现为专业知识、经营管理知识、营销知识、财务税法的相关知识、生活常识和阅历。

①专业知识。专业知识对创业者确定创业目标具有直接的、至关重要的作用。要进行某一领域内的创业活动，就必须较为深入地了解它的活动及发展规律。那些从事高科技方面的创业，就是以新技术、新发明等知识资本作为创业核心，吸收风险投资的。新的发明、新的技术是以扎实的专业知识为基础的，没有专业知识，大学生创业就失去了其创业的优势，掌握专业知识越多越深，创业活动就越能有效的开展。当然，对于大学生创业，专业知识已基本具备，但还有一个多少和深浅的问题。创业并不是简单的谋生，而是对较高的理想境界的追求，要想到达理想的彼岸，就必须在专业方向上打下坚实的基础。

②经营管理知识。据调查，80%以上的亏损企业是由于管理不善所致的。所谓的管理，就是指通过计划、组织、控制、领导等环节来协调人力、物力和财力资源，以期更好地完成组织目标的过程。在创业中，任何关系都最终表现为人与人的关系，任何资源的分配也都是以人为中心的，因而管理的关键就是要协调人与人之间的关系。企业中每个成员的行动方向与努力目标不一定相同，甚至可能相抵触，即使目标一致，没有整体的协调，也无法达到企业的目标。所以，管理知识的重要性是不言自明的。

③营销知识。营销贯穿于企业经营活动的全过程，从产品或服务生产之前，一直延续到产品或服务销售之后。因此，营销对企业的发展至关重要，是大学生创业必须掌握的知识。所谓营销知识，就是在复杂多变的市场环境中，为了满足消费者的需要和实现企业的目标，综合运用各种市场营销的手段，把产品或服务整体地销售给消费者的一系列市场经营活动。

④财务税法的相关知识。有专家指出，缺乏财务、法律等相关知识是大学生创业的“软肋”所在。大多数学生创业只限于专业知识，缺乏财务、税法等方面的知识和经验，直接影响着创业的成功率。大学生创业者要掌握一些账目管理的基本知识，详细记录收入支出、进货销货以及成本核算等，此外，还要掌握必要的法律知识，工商注册登记知识、经济合同知识、税务知识、知识产权保护知识等，掌握这些知识可以帮助大学生创业者顺利走向创业路。但对于大多数的大学生，却往往忽视这些知识的学习。

⑤生活常识和阅历。创业者往往不得不做很多不同领域的事情，比如销售、记账、设计广告、生产产品、送货等。创业者在第一次创业时，往往没有足够的经验，这不仅不利于企业的经营，而且很可能会使创业者犯下一些低级错误，但有时这些低级错误是致命的。因此，创业者至少应具备一些有

学习笔记

关社会政治、经济、文化、社会发展趋势、产品和服务市场、生活和消费水平、物资供应和价格水平等方面的常识。大学生可充分利用课间、寒暑假的时间多接触社会，多参加社会实践活动。

拓展阅读

创业者必备的10种素质

每个成功的创业者都会在创业过程中不断地学习如何成为一个管理者，这些是可以让你成为经理人的一些属性。

如果你不是管理人才，那么你很难跻身于一流成功人士的行列。同理，你从来没有机会去学习或磨炼这些能让你某一天有机会创建自己公司的技能。

以下是高管或企业领导人寻找新人时所考量的技能以及品质。如果你具备这些技能并很好地展示它们，从而让这些企业领导人或高管信任你，给你一个机会，那么你很可能就会成为管理人才。

1. 看到大局。当我与那些懂得市场，了解如何运营公司，熟悉如何建立业务的创业者聊天时，我会认为这家伙是很有潜力的。相反，如果这个人既不了解市场，也不懂得如何操作业务，所知道的只是局限于你所感兴趣的很狭隘的领域，那么你可能只适合在职场上班打工了。

2. 对成功的渴望。想象一下，如果在你的过往经历中完成了某些事情，这样当你回顾时可以说，我做了那件事情，我参与完成了那个项目，企业的管理者或者人事招聘时会注意到这点，他们也一直在寻找这样的新人。所以，努力去实现这样的成绩，对成功的渴望也是一个很好的开头。

3. 勇气。我们中很少有人会在年轻时拥有十足的自信，这并不奇怪，因为我们没有足够的经历，没有经历过成功，也没有失败过，所以并不能磨炼出十足的自信。但是如果你有勇气至少是做你所喜欢做的事情，那么也会让许多人钦佩你、信任你并给你一个机会。

4. 专业技能。无论你做什么，如果人们不认可你是一个专业人士，那么你就放弃它吧。在现今这个时代，企业管理者只希望聘请那些专精人才。最好的工程师往往会带领团队，最聪明的金融头脑往往成为最终的掌权者，就是这样。

5. 优先处理、权衡利弊。你所面对的现实并不像学校教你的那样。没有任何一件事是黑白分明或固定不变的，所以你需要这些管理能力来针对具体情况优先考虑并权衡利弊，自制或外购的决策，零基预算。知道什么是关键

学习笔记

的而什么是可以否决的。所有的高管面试都会围绕这些问题。

6. 一种激励别人的能力。许多人就是拥有这种能力激励人们团结一致完成某一目标。他们可以以他们的方式与这些人进行交流达到共鸣，激励他们，调动他们的情绪。他们可以让别人对他们百依百顺，当然也可能不全是这样，但是你已经掌握这种技巧。他们有这样的领导气质。我们通常会认为他们是天生的领导者，实际上，他们只是在不断的实践过程中摸索出来的。

7. 决策能力。如果你向 10 个人询问什么是决策能力，就会有 10 种不同的答案。这样，你可能就会模糊决策能力与领导力这两个概念。决策能力不仅仅是指自己做决定，更指需要做出正确的决定。这归结为探讨、倾听、推理以及知道什么时候该相信你的直觉。毫无疑问，培养极好的决策能力是管理能力中最重要的一项。

8. 适应能力。我们生活在一个快节奏的世界里。管理者需要灵活应变，需要拥有应对变化、调整战略的能力。如果你不能很快适应并做出调整，就意味着淘汰。你将难以面对来自市场那些不仅仅是坚持活下来更是出类拔萃的竞争对手抛来的前进障碍。而你也将不能很好地处理你与同行或高管的关系。

9. 进取心。在十几岁时我就成为一名主管，20 多岁时成为一名经理人，30 多岁时成为一家中型上市公司的高管。这些都是怎么发生的？我觉得这归功于我的进取心。我主动寻求那些最艰难并最具价值的任务来挑战自己，通过这些棘手的任务来激发自己、锻炼自己。所有资深的管理者都喜欢这样自我挑战。

10. 自上而下的管理方式。命令、控制这样强势的管理风格如今已不再适用。无论如何，设定目标，以最佳的方式实现目标，让每个人都为此目标而努力奋斗，我称这种管理为自上而下的管理。当你还年轻，我们希望看到你竭尽全力而有所建树。这样在以后的时间里你将会有更多的时间去涉猎其他领域。

（资料来源：创业者必备的 10 种素质［EB/OL］.（2013 - 03 - 31）https：//wenku. baidu. com/view/7f28863dee06eff9aef807fd？pu = usm@ 0，sz@ 1320_ 1002，ta@ iphone_ 2_ 5. 1_ 2_ 7. 3）

2. 2. 3 提升创业素质的方法和途径

（1）加大创业教育力度

大学生创业教育是一项提高国民素质、扩大就业渠道和激发青年创业热

学习笔记

情的系统工程，是国家经济发展的“直接驱动力”。在发达国家，大学生创业比例一般占毕业生总数的 20% ~ 30%，而我国大学生创业比例则不到 1%。因此，要提高学生的创业能力和素质，学校必须尽快转变传统的教育理念，学习和借鉴国外成功的经验和理论，切实地将创业教育与专业教育紧密结合起来。首先，建立创业教育课程体系，建立健全创业教育组织机构，优化创业教育师资队伍的建设。其次，加强创业实践活动环节，多视角地开展大学生创业教育，营造高校创业环境。最后，针对创业意向进行个性化辅导与开业跟踪扶持。学校通过过程辅导和政府、社会扶持等一条龙服务解决大学生创业过程中的相关难题，提高自主创业的成功率。

一般而言，大学生创业不仅可以实现创业者的自我价值，而且对社会的发展也有很大的促进作用。但是，我国大学生创业起步较晚，真正意义上的创业活动，是从 1999 年第二届清华大学创业设计大赛上，多个创业小组在清华科技园注册了公司开始。随之，全国各地的创业计划大赛此起彼伏，越来越多的大学生参与到创业计划大赛中。各地政府和高校相继推出了大学生创业的鼓励措施，如允许大学生休学保留学籍创办高新技术企业，以增强大学生的创业实践能力等，因此，越来越多的大学生走上了创业之路。据统计，截至 2000 年 2 月，在上海徐汇区，仅上海交大等 5 所大学，由师生创办的企业就达 101 家。然而，大学生创业的情况却并不理想。调查显示：大部分大学生创办的公司或卖或并，一半以上的公司由于资金问题根本无法投产。本科生创业成功率不到 1%，研究生创业的成功率也仅 5%。这其中，除了“经济基础”之外，“实践经验”“政策支持”等是困扰大学生创业的难题。另外，这也与高校大学的创业教育欠缺有关，创业教育还未纳入大学教育体系，大学生创业意识和创业能力十分缺乏。

因此，加强创业教育的力度，对大学生进行创业所需要的知识和技能等素质的系统培养，是至关重要的。

（2）加大宣传引导力度

政府可以加强宣传力度，积极营造支持创业、鼓励创业、保护创业的社会舆论环境；积极宣传鼓励大学生自主创业的优惠扶持政策；积极策划开展“创业论坛”“创业设计大赛”等创业主题活动。

（3）增加学生的创业体验

从实践来看，通过亲身体验获得的知识最容易记忆和提取。同样，通过自身行动获得的创业体验越丰富，创业成功的可能性就越大。调查小组结合各高校的做法，建议可通过以下四种方式来加强学生的创业体验：一是依托创业园或实习基地，给学生提供条件，使其主持或参与经营管理活动；二是制定创业计划，号召学生参与；三是鼓励和帮助学生参加劳务服务；四是组织和支持各种社团活动，鼓励学生参加社团活动。能力的产生需要通过一定的实践行动而形成。学校举行的一次次创业计划大赛、学校倡导的社会实践等校园文化活动对学生实际能力的形成将起到不可忽视的作用。也就是说，提倡理论联系实际的校园文化氛围直接影响到大学生创业能力的形成。

(4) 学生方面：明确目标，提升自我

正所谓“身体是革命的本钱”。在校大学生平时应该加强身体锻炼，提高自身的身体素质。同样，非智力因素对创业者来说也很重要，伴随着创业过程的进展，大学生创业者会面临挫折、怀疑和信心的反复摧毁和重建，大学生要树立不怕困难与挫折，敢于向困难挑战的精神，加强意志锻炼，使自己在创业之路上走得更远、更光明。

丰富社会实践经验。创业前利用兼职等机会进行大量的社会实践经验积累，这对于在校大学生今后的创业大有裨益。如今的社会，竞争越来越激烈，市场不断趋于饱和，如果没有足够的社会经验和企业管理能力，是无法在当今市场立足的。加之大学生创业初期缺乏资源和营销经验，对各种突发状况没有很好的应急措施，在创业过程中易冲动，承受不住打击，必然会导致最后的失败。

树立良好的人际关系。在创业的路上，仅凭自己能力突出、知识全面、技术过硬远远不够，这当中忽略了创业中的一个有利因素——人际关系。成功创业来自于70%的人际关系和30%的知识。在创业资源中，人际关系占了很大一部分，所以想创业，就必须广交朋友，积累各方面的资源。一个创业的过程就像是一个“人物链”，如果你会与不同的客户打交道，那么在创业的过程中遇到困难，就可以利用这些资源来解决困难。

2.3 创业能力培养

案例 2-2

在校大学生创业网站卖出 200 万元

2007 年 8 月 8 日，国内某大型综合网站挂出了一条不足 500 字的消息，称国内实名制社交网站——亿聚网正式以 200 万元人民币收购许少煌同学的

学习笔记

创业项目 007OS. com。许少煌是华南理工大学计算机软件学院 2004 级 5 班的一名在校学生，他和他的团队从 2006 年开始着手设计 007OS，主力研发中国首个基于社会性网络的 WebOS（网络操作系统）。

身高约 1.65 米、穿着随意的牛仔裤和衬衣，出生在潮州一个普通家庭的许少煌看上去非常憨厚。“我初一才接触电脑，刚开始也就是打打游戏、聊聊天。初二的时候，学校电脑课上教我们学习 BASIC 语言，我从此迷上了编程，自己课外找了很多电脑书去学习。”许少煌称，考大学时自己填报的志愿基本都与计算机有关。

“007OS 网站开发的知识大部分是平时从国外网站看来的。因为 IT 这行，教科书上、杂志上介绍的都是二手的知识，不如直接上国外网站去看最新的。”许少煌表示，开创 007OS 的想法在 2005 年就已经有了。“当时在浏览并研究了大量国内外互联网站后，发现国内一直都没有为社会普通网民服务的网络操作系统。”

2007 年，许少煌和搭档阿鑫在中山大学附近正式成立了 007OS 网站工作室。他希望 007OS. com 可以提供网络存储空间、在线办公软件、在线 MP3 播放器、blog 工具，支持 RSS、电子邮件、照片、视频、游戏等内容，而且可以使用户非常容易地把图像、视频和写作传输到网络。许少煌称，他的目标是把 007OS 做成一个跨操作系统的 WebOS，能够在网络上操作电脑硬盘上的一切事情。

据悉，工作室成立后不久，许少煌在一次技术爱好者聚会上认识了亿聚网的詹万章先生。起初只是简单地谈论技术话题和交换看法，后来经过引荐，许少煌先后与亿聚网的一些工程师交上了朋友。此后，亿聚网举办的一些聚会和讨论会，许少煌和他的伙伴们都会获邀参加。与此同时，亿聚网通过了解，觉得许少煌的 007OS 网站非常棒，加上 007OS 的理念与亿聚网有非常多契合的地方，双方便萌生了合作的想法。“专注、踏实、敢想、敢拼，即使这次不成功，以后他也一定会成功的！”亿聚网 CEO 王逸舟非常佩服许少煌的干劲和好问。“通常凌晨三四时他还和我在线上讨论技术问题，第二天 8 时他又会打电话到公司请教。”

“决定卖网站其实考虑的并不是钱。”许少煌强调自己只是一个搞技术的人，从一开始搞项目就没有关心过赚钱或者是回报的问题。许少煌称：“我只是觉得和一个有名的网站合并后，可以让我专注于技术开发。”合作伙伴阿鑫也认为，大学生搞网站，一来没有那么多资金支持去推广宣传，二来没有那么完善的条件如服务器、带宽来应付网站用户的增长。因此，选择和一个有实力的网站合并是非常必要的。

正因为许少煌这种踏实的品格，父母对在外读书的他一直持相信、支持的态度："他搞这个项目，家里也没有过多去过问他，毕竟我们也不了解现在的技术。但是从小这个孩子就很懂事，所以我们一直就对他很放心。"

虽然许少煌目前可以说取得了成功，但是对于在校大学生创业他还是有自己的底线："虽然我平常对技术方面涉猎广泛，但作为一名在校大学生，基础课程的学习十分重要。我赞成要在学好专业课的前提下再去做自己有兴趣、擅长的东西。创业如果只是一味跟风，那势必无法和资金、人才条件更为成熟的大公司竞争！大学生创业首先要从自身优势和兴趣出发，最重要的是必须有技术上的前瞻性或思路的创新。另外，要有坚定的信念，要坚持自己的方向，心猿意马的人是不可能成功的！"

（资料来源：创新创业典型案例集［EB/OL］. https：//wenku. baidu. com/view/e8d54f78a36925c52cc58bd 63186bceb19e8ed21. html？from=search）

小组讨论：

基于以上案例，小组讨论并回答如下问题：

1. 许少煌身上都有些什么样的品质和能力？
2. 你从许少煌的创业故事中学到了什么？
3. 创业者需要具有什么样的能力？

创业能力是大学生创业素质中最重要的一个方面，是一种与社会活动相关的多方面的综合能力。它是一种与人的事业、职业紧密相关的综合能力，是一个人在社会生活中具有的各种生存竞争力的综合反映。它包括知识、技术、进取心、处理公众关系的态度和技巧、驾驭组织的能力、对市场机会的敏感性、决策与胆识、忍耐力、从业经验以及职业道德等。联合国教科文组织在"面向 21 世纪教育国际研讨会"上提出了学习的"第三本护照"，即创业能力的问题，要求把创业能力提高到与目前学术性和职业教育同等的地位。一个人要想创业，必须有相应的创业能力作为保证，只有不断提高自己的创业能力，才能迅速跨入创业之门。

2.3.1 创业能力的内涵和特点

（1）创业能力的内涵

21 世纪是以创造、创新、创业为特征的新时期。创业能力被概括为直接影响创业实践活动效率，促进创业活动顺利进行，能够创立和发展一项或多项事业的主体条件。大学生创业能力既有创业能力的基本内涵，又有自身的

学习笔记

独自特色。

创业能力就是创业者拥有的关键技能和隐性知识，是个体拥有的一种智力资本，它作为高层次的特征，其中包含个性、技能和知识，被视为创业者能成功履行职责的整体能力。创业者所拥有的创业能力高低，直接影响创业实践的活动效率，以及创业活动能否顺利进行。大学生因自身的思想先进性、时代创新性、知识能力可行性等特点，其创业欲望、创业能力、创业活动都具有更加丰富的内涵。作为大学生创业教育的重要培养目标，在创业教育兴起并广泛开展的形势下，探讨研究有效的大学生创业能力的培养途径是十分紧要的。

（2）创业能力的特点

①个体性。当代大学生在理想、信念、世界观、价值观、兴趣等方面凸显出多元性，在气质、性格等个性心理特征呈现多样性，主要体现为具有开创型个性。大学生创业能力的个体表现是能直接面对威胁与挑战，在成败得失中灵活应对，独辟蹊径，且意志坚定，敢于行动，直接影响创业能力的启动、作用和方向。

②综合性。大学生已经初步具备了完善的知识体系，对自身内部及外部世界的种种因素的理性认识，如感知力、注意力、记忆力、想象力、思维力等都独具特色，这是其创业能力的核心，可外化为三个层次，即专业能力、经营能力和综合能力，它们凝聚融合，表现为创业实践活动中大学生创业能力的综合性。

③创新性。大学生具有开拓创新的欲望和能力，掌握科学的探索创新的技能，是实现创新的主力军，是开创新思想、新事业、新行业、新领域、新技术及新产品的中坚力量。大学生创业活动具有高度创新性，创业大学生具有创造性的思维，能将专业知识与创业活动有机结合转化实现，能在社会实践中不断开发潜能，冲破思维定势，多角度寻求最佳答案。

④实践性。创业能力直接影响创业实践活动的开展，是创业实践活动功败垂成的重要主体因素之一。同时创业实践活动又是产生创业能力的土壤，也是提高创业能力的必由之路。大学生创业能力的培养形成，既要注重理论联系实际，在实践中拓展实现，又要以实践性为核心，建立其科学的运作、评价体系，保障创业能力的有机形成和提升。

2.3.2 创业者应具备的能力素质

能力素质是潜藏在人身上的一种能动力，包括工作能力、组织能力、决

学习笔记

策能力、应变能力和创新能力等素质，是影响创业者成功创业的一种智能要素。如果把能力素质比喻成一座冰山，那么这座“冰山”是由“知识、技能”等水面以上的“应知、应会”部分，和水面以下的“价值观、自我定位、驱动力、人格特质”等情感智力部分构成的。知识技能等明显、突出并且容易衡量，但真正决定一个人的成功机会的，是隐藏在水面以下的因素，它们难以捕捉，不宜测量。能力素质是创业者具备的多种素质的综合，它是一个整体的、综合性的概念，在这一框架中，各种不同的知识、技能与职业素养共同作用，影响个体行为，它们的组合便构成了个体的能力素质结构。创业能力素质是一种特殊的能力素质，这种特殊能力往往影响创业活动的效率和创业的成功与否。那么就能力素质而言，主要有以下五点。

（1）专业技术能力

专业技术能力是创业者掌握和运用专业知识进行专业生产的能力。专业技术能力的形成有多条途径：一是在学校里从书本上学到的理论知识；二是请创业成功者做专题报告；三是利用项目教学法进行专业技术培训；四是利用现代信息技术搜集有关创业专业技术的知识。平时注意积累、分类、做好记录，如创业计划书的撰写、融资知识、如何选定行业、如何确定产品等。

（2）社会交往能力

社会交往能力是指能够妥善地处理与公众之间的关系，以及能够协调下属各部门成员之间关系的能力。每个人的交往能力是不同的，但只要在职业实践中刻苦努力，交往能力不但可以获得发展和提高，还有可能挖掘出潜能。交往能力是通过参加各项活动、游戏、联欢会、演讲比赛等形式逐步培养起来的。和谐相处，互帮互助，善于团结一切可以团结的人，会使自己的交往能力逐步提高。

（3）决策能力

决策能力是创业者根据主客观条件，正确地确定创业的发展方向、目标、战略以及具体选择实施方案的能力。决策是一个人综合能力的表现，一个创业者首先要成为一个决策者。创业者要考察众多的行业及产品，对创业的行业及产品进行分析、判断，去粗取精，去伪存真，由此及彼，由表及里，能从错综复杂的现象中发现事物的本质，找出存在的问题，分析原因，从而正确解决问题。这就要求创业者具有良好的分析能力，同时要有判断能力。判断是分析的目的，良好的决策能力是分析能力和判断能力的综合。通过分析判断，提出目前最有发展前景和将来大有发展潜力的行业，决定创业的行业和产品。

学习笔记

(4) 经营管理能力

经营管理能力涉及人员的选择、使用、组合和优化，也涉及资金聚集、核算、分配、使用、流动。经营管理能力是一种较高层次的综合能力，是运筹性能力。经营管理能力的形成要从学会经营、学会管理、学会用人、学会理财几个方面去努力。

(5) 创新能力

创新能力是人们应用发明成果开展变革活动的能力，这个变革活动是指包括从产生新思想到产生新事物再到将新事物推向社会，使社会受益的系列变革活动。创新是一个民族进步的灵魂，是一个国家兴旺发达的不竭动力，也是一个政党永葆生机的源泉。创新是一种企业行为，也是一种个人行为。对创业者来讲，创新能力的培养和提高，其一要突破习惯，即自己要拿出勇气，突破原有的思维习惯、行为习惯和消极的文化氛围的束缚，坚持以新的思维、积极的行为来对待生活。其二要进行社会实践锻炼，要具体剖析企业内部的组织、技术、产品和经济等因素的构成及效能，在努力实施解决问题的方案与措施的过程中提高创新能力。

资料链接

创业者能力及其表现分析

全球创业观察（GEM）报告将创业者能力归纳为：

(1) 创办企业的经验；

(2) 对机会的捕捉能力；

(3) 整合资源的能力。

2002 年，德鲁克认为创业者应该具备以下八种能力。

(1) 开创企业的能力；

(2) 运行企业的能力；

(3) 及时识别和评价创业机会的能力；

(4) 积累和运营知识及技能的能力；

(5) 整合资源的能力；

(6) 评估和防范风险的能力；

(7) 创新能力；

(8) 团结和鼓励团队成员的能力。

2008 年，多尔夫（Dorf）和拜尔斯（Byers）认为创业者和创业团队应该

学习笔记

具备以下 12 种能力。

(1) 在所从事的创业领域具有天赋、知识和经验；

(2) 选取具有高风险和高回报的创业机会；

(3) 能够及时在短时间内识别创业机会；

(4) 创造性地探寻问题或需求的解决方案；

(5) 能够将机会转化为切实可行的企业；

(6) 希望成功：成就导向；

(7) 能够适应模糊不清、不确定性；

(8) 可以灵活地适应环境和竞争者的变化；

(9) 可以评估和防范治理创业风险；

(10) 为员工和合伙人创建企业愿景；

(11) 招聘、培训具有洞察力的人才；

(12) 良好的推销自己创意的能力，具有广泛的潜在的合作伙伴。

2012 年，斯蒂芬·斯皮内利（Stephen Spinelli）等人认为创业者区别于其他人，应该具备的核心能力和特征主要包含以下七个方面。

(1) 勇气和胆量；

(2) 责任感和决策能力；

(3) 领导力；

(4) 机会识别能力；

(5) 容忍风险、模糊和不确定性的能力；

(6) 创造力、自主能力和适应力；

(7) 超越别人的动机。

2013 年，李家华等人将创业者必备的能力总结为以下六点。

(1) 创新能力；

(2) 学习能力；

(3) 合作能力；

(4) 经营管理能力；

(5) 分析决策能力；

(6) 人际交往能力。

俞洪敏将创业者必备的能力总结为以下八点。

(1) 目标能力；

(2) 专业能力；

(3) 营销能力；

(4) 转化能力；

学习笔记

(5) 社交能力;
(6) 用人的能力;
(7) 把控能力;
(8) 革新能力。

通过以上专家、学者对创业能力的综合分析,我们将创业者能力整理为与个人心理特性相关的个人内在能力(1-3项)以及与企业创建和运营相关的实践能力(4-12项),如表2-3所示。

表2-3 创业者能力及其表现

序号	创业者能力	创业者能力表现
1	责任感和领导力	具有主人翁意识,愿意承担企业管理重任,具有牺牲精神,对企业、员工和利益相关者负责,具有领导者魅力和威信,诚实、可靠、令人信服,快速学习,积极主动,不怕失败
2	分析决策能力	能够系统分析,归纳总结,注重细节,果断决策
3	人际交往能力	善于交际和公关,能够妥善处理好企业与各利益相关者(员工、合作伙伴、股东、用户、供应商、政府部门、竞争对手等)之间的关系
4	对市场的洞察能力	善于观察,对市场和环境变化敏感,善于发现问题和用户需求,能快速捕捉到市场机会和威胁
5	评价创业机会能力	能够理性地评价商业机会,决定是否进入或退出
6	创造性解决问题能力	思维开放,不受固有模式和习惯束缚,敢于突破创新,主动解决问题,提出创造性解决方案
7	建立企业发展愿景	能够制定企业发展规划,确定企业发展的目标,让员工和合伙人明确企业愿景并为之付出努力
8	应对模糊、不确定性的能力	能够容忍初创业的组织结构缺陷,灵活应对环境、市场、人员及竞争对手的变化,灵活快速调整解决方案
9	评估、防范和智力创业风险能力	能够预计创业可能发生的风险,对风险进行评估,寻求风险分摊方案,使风险最小化,承担可能发生的风险
10	团队合作和管理能力	组建初创业团队,合理分工,鼓舞他人,分享责任和财富
11	营销和销售创意的能力	具有营销能力,销售技巧,能够吸引潜在用户和投资者
12	资源整合能力	具有综合协调能力,整合能力,引进人才和资金等资源的能力

(资料来源:孙洪义. 创新创业基础[M]. 北京:机械工业出版社,2016.)

2.3.3 创业能力的培养方式和途径

大学生作为高等教育的主体,作为社会向前发展的源动力,必须与知识经济时代发展要求相适应，具有较强的创新创业能力。在新的形势下，加强大学生创新精神和创业能力的培养尤为重要，是高校人才培养的战略性问题。

（1）增强创新意识和创业精神

创业意识是创业精神和创业行为的必要准备，是人们从事创业活动的强大内驱力。对于每一个希望创业的大学生来说，都必须首先强化创业意识和创业精神。

（2）掌握好专业知识，提高开拓创新能力

大学生要创业，仅有良好的愿望是不够的。要真正实现创业目标还要有过硬的本领。专业知识就是对某一领域内发展规律的概括和总结。掌握的专业知识越多越深，创业活动就越能有效地开展。

（3）提高组织管理能力

在市场经济条件下，市场充满了竞争和风险，创业者要使自己的创业实践活动获得成功，必须重视经营管理。经营管理能力是创业者在管理上的体现。管理活动贯穿于组织运行过程的每一个环节，不仅是组织正常运行的前提，也是组织生存与发展的基本条件。

（4）培养社交能力

要想创业成功，大学生还需要培养自己的人际交往能力。因为包括创业在内的任何活动都离不开人与人之间的交往。因此，大学生在校期间有意识地培养社交能力是获得他人和社会支持的重要前提条件，对大学生创业者创业成功具有重要的作用。

（5）培养团队合作能力

大学生创业项目要获得成功，离不开一个好的创业团队。创业成功需要具备多方面的综合知识和经验，如管理知识、营销知识、财务知识、法律知识，甚至产品技术知识。而大部分青年大学生没有这方面的实践，经验更是匮乏，很难做到全才。

另外，高校要加强大学生创业人格心理的教育和训练，在课堂教学与课外社会实践中，培养大学生自信的心态。而大学生自己也要积极配合，排除心理障碍，转变心态观念，激发创业潜能。当代大学生要培养自己的自主学习能力，关键是培养自己对学习的兴趣爱好，做到自主学习，善于学习，乐于学习，把外在的学习变为内在生命的需求，把外在的科学文化知识内化为自我生命成长的养料，向书本学习，向市场学习，向前辈学习，向专家学习，向成功人士学习，向企业家学习，向社会学习，向大自然学习，使自己永远保持一种向上奋发进取的精神，一种快乐学习的心态。

学习笔记

2.4 创业自我能力评估

2.4.1 自我能力评估

创业能力是可以被培养的，但是，创业行为依旧是少数人的行为。一个人是否适合创业，需要个体结合自身的兴趣爱好、能力态度、以往经验以及所掌握的资源进行综合考量。对于所有人而言，认识自我可以从“我是谁，我知道什么，我认识谁”三个方面入手。“我是谁”包括个体自身拥有的特质、能力和个性；“我知道什么”包括个体的教育背景、经验和专业知识；“我认识谁”则意味着社会人际网络。一个人的资源综合（即个体所拥有的一切）等于上述三个方面的综合。

（1）我是谁：独特的竞争优势

人们通常不会将自身视为机会来源，或者独一无二的、难以被击败的竞争优势基础。但是，简单地反思一下，这是千真万确的，而且在绝大多数情况下都是如此。“我是谁”需要个体系统地评估和总结自己的如下特征。

①我拥有什么样的特质？

②我拥有什么样的能力？

③我的兴趣爱好是什么？

④我对创业这件事的态度是怎样的？

个体本身及个人特性不仅是创业的出发点，也是要建立的企业与市场的基础。我们要努力去尝试那些曾经被我们忽视的事情，尤其是致力于找出一些成功企业家都具备的必要条件时，我们会惊奇地发现，成功企业的创业者都拥有并且懂得如何用身边独特的环境，他们身上或多或少都具备一些不同凡响的人格魅力，因此造就了他们独一无二的人生。

（2）我知道什么：经验中的学习

“我知道什么”对于每个人而言都不尽相同。因为信息是通过每个人独特的生活经历而积累的，经验知识的储备根据每个人的特性而不同。这也解释了两个不同的人，即使出发点相同、环境相同，所创建的企业却有可能大不相同。

因为具有不同专业背景、不同行业经验的创业者会致力于根据他们在某一领域内独有的丰富知识来发展机遇。这不只限于科学或者技术信息，也包括对消费者需求、捆绑定价或者产品分销的了解。

“我知道什么”需要个体对如下问题进行评估和总结。

①我的专业背景是什么？

②我具有哪些专业领域的知识和技能？

③我从事过哪些工作？

④我具有怎样的工作和生活经验？

（3）我认识谁：六度分离原则

人拥有的最宝贵的财富之一就是自己的人际关系网。创业者通过与利益相关者建立关系网去拓展企业，把他人所拥有的资源和自己所拥有的资源结合起来。很多人与你拥有最直接密切的关系，可以为你提供及时的帮助，如朋友、家人、同事、用户等。

著名的六度分离理论告诉人们：“你和任何一个陌生人之间所间隔的人不会超过五个。也就是说，最多通过五个人你就能够认识任何一个陌生人，不管对方在哪个国家，属哪种人类，是哪种肤色。”你认识的人或许认识那些成为有力合作伙伴的人，称之为“弱连接”，你能够从给你不那么熟悉的人身上学到更多。这两点的结合能够让你与任何人建立联系，带给你大量所需要的资源。

通过对“我是谁，我知道什么，我认识谁”的分析和总计，个体会更加清晰地认识自己，了解自身具有的优势和劣势以及目前拥有的资源，如果希望达到期望目标，可以通过哪些资源进行路径设计。为了方便、直观地了解自己，可以把对自我的认识在表 2-4 中进行总结。

表 2-4 自我认识评估表

评估指标	二级指标	内容
我是谁	我拥有什么样的特质？	
	我拥有什么样的能力？	
	我的兴趣爱好是什么？	
	我对创业这件事的态度是怎样的？	
我知道什么	我的专业背景是什么？	
	我具有哪些专业领域的知识和技能？	
	我从事过哪些工作？	
	我具有怎样的工作和生活经验？	

学习笔记

续表2-4

评估指标	二级指标	内容
我认识谁	家人	
	朋友、同学	
	领导、同事	
	用户、合作伙伴	
	偶然认识的陌生人	

创业资源包括的范围极其广泛，如创业者拥有的有形资产、无形资产、技能、知识、社会关系等，还包括对这些有形和无形资源的整合。只要唤起强烈的创业意愿，点燃头脑中的创业火炬，就会发现“商机满地跑，只要你肯找”“身上一根草，创业是个宝”。因此，创业者要从创业资源角度对自身重新认识、分析和整合。

2.4.2 你适合创业吗

通过对自我能力的评估，相信你会对自我有一个更加清晰的认识。那么一个人到底适不适合创业，可以通过如表2-5所示的简单测试检查其是否已经准备好进行创业了。对于表中的13个问题，如果有10个以上的答案是“是”，就说明被测试者有可能适合创业。

表2-5 谁是创业者

测试问题	是/否
我有充分的信心迎接创业过程中的困难和挑战	
我想拥有财务方面的独立	
我一直想取得成就并因而受到嘉奖	
即便我知道失败的风险很大，我依然会尽力尝试新的事物	
我想获得独立以便掌握自己的命运	
成立一家新公司是我人生中最重要的一件事	
我相信成立新公司能够赚钱并获益	
近期我一直在考虑成立一家新公司	
我喜欢和其他人一起工作	
如果有人提出要求的话，我愿意做领导	
我的朋友和家人都支持我创业	
我在想要进入的行业中拥有很多的人脉	
我在想要进入的行业中拥有相应的技能	

学习笔记

即便测试结果表明你已经准备好了创业，这也只是一种可能性，并不保证你创业一定会成功，只不过是你决定未来创业与否的一个参考。创业需要很多知识和技能。“创新创业基础”只是创业的入门课程，千万不要误以为学习一门创业基础课就可以成为创业家。如果你真的计划未来创业，建议你首先学习创新创业基础课，系统地了解创新创业的过程和要素，然后踏踏实实地继续深入学习，认真学好专业课。在此基础上，参加创业辅修专业或者其他创业实训课程。

2.4.3 创业能力的测评

创业能力测试适合在学期结束时测试。

测评说明：

（1）当你想要拥有一个自己的公司的时候，有必要先进行这个测试，它可以帮助你判断自己是否适合创业？你具有多少创业者潜力？当然，这个测试结果，也是仅供参考，因为决定一个人创业能否成功要受到好多因素的制约。

（2）本测试由一系列疑问句组成。请认真阅读题目，根据你的实际情况来做出回答。

（3）在选择时，请根据你的第一印象来回答。不要做过多的考虑，并在结果栏里做出“是/否”回答，如表 2-6 所示。

表 2-6　创业能力测评表

序号	内　容	结果
1	你是否曾经为了某个理想而设下两年以上的长期计划，并且按照计划进行直到完成？	
2	在学校和家庭生活中，你是否在没有师长和亲友的督促下，就自动完成分派的任务？	
3	你是否喜欢独自完成工作，并做得很好？	
4	当你与朋友在一起时，你的朋友是否常寻求你的指导和建议？你是否曾被推举为领导者？	
5	在你以往的经历里，有没有赚钱的经验？你喜欢储蓄吗？	
6	你是否能够专注地做自己感兴趣的事连续 10 小时以上？	
7	你是否习惯保存重要资料，并且井井有条地整理，以备需要时可以随意提取查阅？	
8	在平时生活中，你是否热衷于社会服务工作？你关心别人的需要吗？	
9	你是否喜欢音乐、艺术、体育以及其他各种活动？	
10	在此之前，你是否带动其他人员，完成过一项由你领导的大型活动或任务？	
11	你喜欢在竞争中生存吗？	

学习笔记

续表2-6

序号	内容	结果
12	当你在别人管理下工作时，发现其管理方法不当，你是否会想出适当的管理方式并建议改进？	
13	当你需要别人的帮助时，是否能充满自信地提出要求，并且能说服别人来帮助你？	
14	在你筹款或者义卖时，是不是充满自信而不害羞？	
15	当你要完成一项重要工作时，是否总是给自己留出足够的时间仔细完成，而决不让时间虚度，在匆忙中草率完成？	
16	你参加重要聚会时，是否会准时赴约？	
17	是否有能力安排一个恰当的环境，使你在工作中能不受干扰，有效地专心工作？	
18	你交往的朋友中，是否有许多有成就、有智慧、有眼光、有远见、老成稳重型的人？	
19	你在学习或团体中，被认为是受欢迎的人吗？	
20	你自认是理财高手吗？	
21	你是否可以为了赚钱而牺牲自己的娱乐？	
22	你是否总是独自挑起责任的担子，彻底了解工作目标并认真地执行工作？	
23	你在工作中，是否有足够的信心和耐力？	
24	你能否在很短的时间内，结交许多新朋友？	

（4）评分标准。

评分标准：答“是”得1分；答“否”不得分。统计所得分数。

（5）测评结果分析。

0~5分：

目前不适合创业，应当训练自己为别人工作，并学习技术和专业。

6~10分：

需要在别人指导下去创业，才会有成功的机会。

11~15分：

适合自己创业，但必须在所有“否”的答案中，分析出自己的问题并加以纠正改进。

16~20分：

非常适合创业，足以使你从小事业开始，并从妥善处理中获得经验，成为成功的创业者。

21~24分：

有无限潜能，只要把握时机和运气，可能将是未来的商业巨子。

知识拓展

学习笔记

创业者自我评价

下面将从 10 个方面对你进行测评。

每个方面会有若干测试项目，每个项目分 A、B 两栏；

如果 A 栏里的表述更符合你的情况，请在 A 栏相应项目左侧的空格里填写 2；

如果 B 栏里的表述更符合你的情况，请在 B 栏相应项目右侧的空格里填写 2。

本测评旨在展示真实的自己，帮助你认识自己，因此请尽可能真实回答。

1. 创办企业的动机

A			B
	我有一份工作	我没有工作	
	在决定创办自己的企业之前，我有一份好工作	在决定创办自己的企业之前，我没有一份好工作	
	我从自己干过的每一份工作中都学到了一些东西，我发现工作很有意思	我工作只为赚钱。工作没有什么乐趣，我对工作兴趣不大	
	我想让我的企业成为我终身的事业	我想创业，是因为没有其他选择	
	我想拥有一家企业，这样我能够为我的家庭提供更好的生活方式	我想创办企业是因为想取得成功。富人都有自己的企业	
	我坚信，我的成功与否更多地取决于我的努力	一个人不论做什么，要想成功，都需要别人的许多帮助	
	总计	总计	

2. 风险承受能力

A			B
	我坚信，要在生活中前进必须冒风险	我不喜欢冒风险，即使有机会得到很大的回报也是这样	
	我认为风险中也蕴含机会	如果可以选择，我愿意以最稳妥的方式做事	
	我只有在权衡了利弊之后才会冒风险	如果我喜欢一个想法，我会不计利弊地去冒风险	
	即使投资于自己企业的资金亏掉了，我也愿意接受这样的现实	投资于自己企业的资金有可能会亏掉，我难以接受这样的现实	
	不论做任何事，就算我对这件事有足够的控制权，我也不会总是期待完全控制局面	我喜欢完全控制自己所做的事情	
	总计	总计	

学习笔记

3. 坚忍不拔和处理危机的能力

A			B
	即使面对极大的困难，我也不会放弃	如果存在很多困难，真的不值得为某些事去奋斗	
	我不会为挫折和失败沮丧太久	挫折和失败对我的影响很大	
	我相信自己可以扭转局势	一个人能自己做的事情是有限的，命运和运气起很大的作用	
	如果有人对我说不，我会泰然处之，并会尽最大的努力改变他们的看法	如果有人对我说不，我会感觉很糟糕并会放弃这件事	
	在危机情况下，我能保持冷静并找出最佳的应对方法	当危机升级时，我会感到慌乱和紧张	
	总计	总计	

4. 家庭支持

A			B
	我会让家人参与对他们产生影响的企业决定	我不会让家人参与对他们产生影响的企业决定	
	因为对企业的全心投入，使我不能花很多的时间和家人在一起，他们会理解我	因为对企业的全心投入，使我不能花很多的时间和家人在一起，他们会感到不快	
	如果我的企业最初不是很成功，并且给家人带来经济上的困难，他们愿意忍受	如果我的企业最初不是很成功，并且给家人带来经济上的困难，他们会十分生气	
	家人愿意帮助我克服企业中遇到的困难	家人可能不愿意或者没能力帮助我克服企业中遇到的困难	
	家人认为，我创办企业是一个好主意	家人为我创办企业感到担心	
	总计	总计	

5. 主动性

A			B
	我不惧怕问题，因为问题是生活的组成部分，我会想办法解决每一个问题	我发现解决问题很难。我害怕这些问题，或者干脆不去想他们	
	当我遇到困难时，我会尽全力去克服困难。困难是对我的挑战，我喜欢挑战	如果我遇到困难，我试图忘掉他们，或等待其自行消失	

学习笔记

续表

A			B
	我不会等待事情发生，而是努力促使事情发生	我喜欢随波逐流并等待好事降临	
	我总是尝试做一些与众不同的事情	我只喜欢做我擅长的事情	
	我认为所有的想法可能都会有用，因此，我会寻求尽可能多的想法，并看其是否可行	人会有很多的想法，但是一个人不可能做所有的事情。我愿意坚持自己的想法	
	总计	总计	

6. 协调家庭、社会和企业的能力

A			B
	在企业能够承受的范围内，我从企业拿出钱来供我和家人使用	我的家人需要多少钱，我就从企业拿出多少钱	
	如果我的朋友或家人有经济困难，我只会用预留给我个人的钱来帮助他们。我不会从我的企业拿钱	如果我的朋友或家人有经济困难，我将帮助他们，即使这样做可能会损害我的企业	
	我不能把大量的工作时间花在家人和社会关系上而忽略我的企业	我会优先考虑家人和社会关系，他们高于企业	
	家人和朋友必须像其他顾客一样，为使用我的产品、服务或企业的资产付钱	家人和朋友将从我的企业得到特殊的好处和帮助	
	我不会因为顾客是我的家人或朋友就可以赊账	我会常常让家人和朋友赊账	
	总计	总计	

7. 决策能力

A			B
	我能够轻松地做决定，我喜欢做出决定	我发现做决定很难	
	我能独立做出艰难的决定	在我做出艰难决定之前，我会征求很多人的意见	
	一旦需要做出决定，我常能尽快地决定做什么	我尽可能地推迟做出决定的时间	
	在做决定之前，我会认真思考并考虑所有可能的选择	我凭感觉和直觉做出决定，我只知道眼下要做什么	
	我不怕犯错误，因为我可以从错误中吸取教训	我经常担心会犯错误	
	总计	总计	

学习笔记

8. 适应企业需要的能力

A			B
	我只提供顾客需要的产品或服务	我只提供自己喜欢的产品或服务	
	如果我的顾客想要更便宜的产品或服务，我将想办法满足他们的需求	如果我的顾客想要更便宜的产品或服务，他们只得找其他的企业	
	如果我的顾客想赊购，我会想办法用最低的风险为他们提供赊购服务	我不会向任何人赊销我的产品或服务	
	如果将企业迁到其他地方生意更好，我将这样做	我不准备重新选择企业地点	
	我将研究市场趋势，并力图改变工作态度和方法，以跟上时代的发展	最好按照我已经知道的方法去工作，跟上时代的发展太难了	
	总计	总计	

9. 对企业的承诺

A			B
	我善于在压力下工作，我喜欢挑战	我不善于在压力下工作，我喜欢平静和轻松	
	我喜欢每天工作很长时间，我不介意占用业余时间	我认为工作以外的时间很重要。人不能长时间工作	
	我愿意为我的企业而减少与家人及朋友在一起的时间	我不愿意为我的企业而减少与家人及朋友在一起的时间	
	如果必要，我可以把社交活动、休闲娱乐和业余爱好放在一边	我认为在社交活动、休闲娱乐和业余爱好上花很多时间是很重要的	
	我愿意非常努力地工作	我愿意工作并做必须做的事情	
	总计	总计	

10. 谈判技巧

A			B
	我喜欢谈判，并且经常在不冒犯任何人的情况下达到目的	我不喜欢谈判。按照别人的建议去做更容易	
	我与别人沟通得很好	我与别人沟通有困难	
	我喜欢倾听别人的观点和选择	我对别人的观点和选择一般不感兴趣	
	谈判时，我会考虑什么对自己有利，什么对别人有利	如果参加谈判，我更愿意作为一个听众并旁观事态的发展	

学习笔记

续表

A			B
	我认为，在谈判中达到目的的最好方法，是努力寻找一个使双方都受益的方案	因为企业是我的，所以我的意见最重要。谈判中总有一方会失败	
	总计	总计	

测评结果说明

1. 对每个测评项目而言：

A 栏得分越高，表明你在这个方面能力越强。如果你的分数在 6~10 分，说明你在这个方面能力较强。

B 栏得分越高，表明你在这个方面能力越弱。如果你的分数在 6~10 分，说明你在这个方面能力较弱，应努力提高自己。

2. 对总分而言：

A 栏总分≥50 分的，表明你越具备做一个好企业主所需的素质：分数越高，表明你的素质越强。

B 栏总分≥50 分的，表明你需要对自己进行提高：分数越高，表明你目前的素质越弱。

（资料来源：自我评价练习［EB/OL］.（2014-09-22）https：//wenku. baidu. com/view/9ddf1d40fc4ffe473268ab11. html xiaohua5217）

思考与练习

1. 你适合创业吗？理由是什么？请根据本章所学知识，写一份分析报告。

2. 回顾你的人生，你获得或拥有哪些资源？尽可能地拓展自己的思维，将所有的信息描述在一张纸上，以“规划你的个人资源”。

3. 完成知识拓展的“创业者自我评价”测试，你每项的得分分别是多少？哪一项得分最高？哪一项得分最低？如果你准备创业，你还需要做好哪些方面的准备？

参考文献：

1. 陈国华. 试论高等学校的创业教育［J］. 科技与教育，2006（10）：101-103.

2. 周君国. 谈大学生应具备的创业素质与创业能力［J］. 襄阳职业技术

学习笔记

学院学报，2008（6）：85-87.

3. 张帆，张帏. 美国大学创业教育发展及对中国的启示［J］. 中国人才，2003，（8）：7-10.

4. 陆瑞新，曹会勇. 如何培养大学生的创业素质［J］. 高教研究，2007，（2）：33-34.

5. 彭钢. 创业教育学［M］. 南京：江苏教育出版社，1995：85.

6. 吴金秋. 创业教育的目标与功能［J］. 黑龙江高教研究，2004，（11）：14-15.

7. 陈艳，雷育胜，曹然然. 大学生创业素质调查与思考［J］. 高教探索，2006，（4）：80-83.

8. 刘道玉. 大学生自我设计与创业［M］. 武汉：武汉大学出版社，2009：54.

9. 刘晓春，张宇立. 谈大学生创业素质的培养［J］. 社会科学战线，2006，（2）：325-327.

10. 牟顺海，王海军，马秋林. 大学生创业指导［M］. 北京：现代教育出版社，2014.

第 3 章 如何寻找创业伙伴

学习笔记

本章导入

创业如同拔河，人心齐，泰山移。创业浪潮中，团队的力量逐渐被越来越多的人所看好。尤其是创业的起步阶段，如果没有一个高素质的团队，再美好的创业计划也会胎死腹中。美国著名风险投资家，被誉为硅谷创投教父约翰·多尔说——当今的世界充斥着丰富的技术、大量的创业者和充裕的风险资本，而真正缺乏的是出色的团队。如何创建一个优秀的团队将会是创业者面临的最大的挑战。

通过本章学习，你将能够：

1. 了解创业团队的内涵；
2. 明确创业团队的要素；
3. 掌握创业团队的组建过程和原则；
4. 掌握创业团队的管理技巧和策略。

知识储备

3.1 创业团队概述

一般来说，创业者将创意转变成真正意义上的产品，使其进入市场并获得盈利，要从人、财、物等角度考虑公司的建设。人才的支持对于创业者来说不仅仅是创业资源，而且是创业成功的助推器。创业者在创业之初，就需要建设一支有凝聚力、有工作效率的团队来为自己的新企业服务。

3.1.1 创业团队含义

(1) 团队的内涵

团队一词是从印欧语系中的“deuk”演变而来的，意思是“牵引到一

学习笔记

起”。最初的团队被视为与正常的活动相分离，且未与其他组织体系进行整合。随着竞争的发展，团队已经演变为一个更广泛的概念，但就其定义而言，往往强调的是不同的方面。团队的内涵主要有以下几方面内容。

①团队是由两人或两人以上构成的目标群体。

②团队中成员具有共同的奋斗目标和相似或相互认可的价值取向。

③团队是发展的、动态的、有责任的群体。

④团队成员间拥有可利用的互补性资源，彼此动态适应。

综上所述，团队就是指由两个或两个以上才能互补、团结和谐并为负有共同责任的统一目标和标准而奉献的群体。团队不仅强调个人的工作成果，更强调团队的整体业绩。团队所依赖的不仅是集体讨论和决策以及信息共享和标准强化，它强调通过成员的共同贡献，能够得到实实在在的集体成果，这个集体成果超过成员个人业绩的总和，即团队大于个体之和。

（2）创业团队的内涵

创业团队是一个由较少的企业创始人组成的为实现某一个目标，共同创建，共同投资，分享决策权的一个紧密合作的团队。也就是说，共同投资、共同创建、分享决策权是组织创业团队的三项要件。一般情况下，只要符合上述三项要件中的其中两项即可被认定为创业团队。创业团队不是创业者简单地汇聚，创业团队的总体素质与每个创业者单独的素质有关，还在很大程度上取决于创业团队的团队文化、团队人员结构和具体的运行情况等。

3.1.2 创业团队的5P要素

5P，即目标（Purpose）、人（People）、定位（Place）、权限（Power）、计划（Plan）。创业团队对于初创企业的成功非常重要。据对20世纪60年代的美国高科技企业的一项研究报告所述，年销售额超过500万美元的高速成长企业中，由创业团队建立的比例高达83.3%。

创业者在创业过程中的压力是来自方方面面的，因而寻求“联合创始人”或“合伙人”的帮助有助于提升创业成功概率。一般而言，创业团队需要具备以下五个重要的组成要素。

（1）目标（Purpose）

目标是指团队应该有一个共同的既定目标，为团队成员导航，知道要向何处去。没有目标，这个团队就没有存在的价值。作为创业团队，应将目标分为长期和短期，长期目标即公司的愿景，短期目标（子目标）则是长期目标的分解。目标的完成过程，应当是所有团队成员共同努力的过程，而不能成为创业者自己奋斗的心酸史。

(2) 人 (People)

人是构成团队最核心的力量，两个（包含两个）以上的人就可以构成团队。目标是通过人员具体实现的，所以人员的选择是团队中非常重要的一部分。一般来说，创业者都愿意选择那些技能最优、经验丰富的人员作为创业团队成员。当这些人员进入团队时，如何留住他们就成为摆在创业者面前的一个难题，如果处理不得当，就会造成人才的流失，这是创业过程中的普遍现象之一。在创业团队中，不同的成员通过分工来共同完成创业团队的目标，所以团队的规模不宜过大，因为冗余人员有可能会令整个团队的高效运转变成一纸空谈。此外，规模过大还会导致团队内可能会产生小团体，这势必削弱团队的凝聚力。但是，团队的成员也不宜过少，不然团队应有的功能与优势就无法实现。

(3) 定位 (Place)

创业团队的定位通常包含两层意思：一是创业团队的定位，是指创业团队在初始企业中处于什么位置，创业团队最终应对谁负责等；二是创业团队成员在团队中的定位，包括个体作为成员在创业团队中扮演什么角色等。

(4) 权限 (Power)

权限是指新企业中职、责、权的划分与管理。创业团队内部的权限需要正确划分。这样做的目的是保证创业计划的顺利进行和各项工作的有效进展。在权限划分中，创业团队应该明确每个成员在企业运营中所拥有的权利和要承担的职责。所谓的明确，是指权限划分不能重叠，也不能空缺。一般来说，团队的权限与企业的大小、正规程度相关。创业团队越成熟，主导人物所拥有的权限相应越小，在创业团队发展的初期阶段，领导权相对比较集中。

(5) 计划 (Plan)

计划有两层含义：一方面是为保证目标的实现而制订的具体实施方案；另一方面计划在实施中又会分解出细节性的计划，需要创业团队共同努力完成。

以上是团队构成的要素，但是创业之初，创业者往往会面临很多困难，团队的建设并不像想象中的那样简单，这需要创业者有心理准备。有时创业过程会与团队组建一起完成，由于创业活动的特殊性，创业团队不必具备每一个要素。随着企业发展逐步成熟，团队建设也应该逐步完善，创业者应当时刻记得一句俗话“三个臭皮匠，顶个诸葛亮”，这正说明创业团队在创业过程中的重要性。

创业团队通常是在创业初期通过不断地寻找得到的，团队成员共同参与

学习笔记

从新企业的创建到发展的整个过程并做出贡献。作为创业团队成员，共同参与创业过程，他们的思路会影响创业者的战略决策，在经济上占有一定的股权，因此也承担一定的风险。虽然每个创业者的创业过程各不相同且具有不可复制性，但是学者们在研究了中外众多的创业活动后仍然得出了以下结论：一个人单打独斗的创业要比团队创业的成功率低得多。

对于创业者来说，寻找创业合作伙伴、组建创业团队是非常重要的。创业者在选择创业合作伙伴时，必须从多方面考虑自己的真正需要，充分考虑到创业的环境和自己的切身利益，一个理想的创业合作伙伴不仅是一个能为企业提供资金、技术、安全感和其他方面帮助的人，更重要的是它应该是一个能让创业者信任、尊敬并同甘共苦的人，是一个能与创业者的才能、性格等方面形成互补的人，这才是创业者合作的理想对象。

能力训练

报纸搭建

时间：20 分钟

人数：4~5 人一组

道具：每组 10 张报纸，一卷双面胶，一个橘子。

活动目的：激发团队的创新意识和团队成员的参与意识，以及团队活动中的工作分配与责任承担。

活动程序：

1. 发给每个小组材料，并说明每组要在 15 分钟之内用这些材料建一座好看又稳固的塔，塔顶放置一个橘子。

2. 做完之后，大家进行评比，看看哪一组的最美、最高、最稳固。

提示：团队意识来源于别人做了什么，应当从点滴培养。

活动总结：在活动过程中，你所在小组的每个人是否都有参与？当别人参与程度不够时你有什么感受？活动中你的创意是怎样得来的？你对你们小组的合作有什么看法？

3.1.3 团队成员的角色分工

在每一个团队中，每个成员所扮演的角色各有不同，就是说，一个团队总是由不同的角色组成的。公司作为一个团队，更是由不同的角色组成。一

学习笔记

般而言，团队中一般有八种不同的角色，分别是实干者、协调者、推进者、创新者、信息者、监督者、凝聚者、完美者。对八种不同的角色的研究表明，每一种角色的作用是不同的，但他们的工作推动着团队走向完美。

(1) 实干者

实干者对于社会上出现的新生事物从来不感兴趣，甚至对新生事物存在着一种本能的抗拒心理。他们对喜欢接受新生事物的人很是看不惯，常常是水火不容，他们对自己生活的环境很是满足，并不主动去寻找什么改变，给人一种逆来顺受的感觉。当上司交给他们工作任务时，他们会按照上司的意图兢兢业业、踏踏实实地把事情做好。他们常常会给别人特别是领导留下一种务实可靠的印象。实干者优缺点比较如下。

实干者的优点：

①他们有一定的组织能力，并具有较丰富的实践经验。

②他们对工作总是勤勤恳恳，吃苦耐劳，有一种“老黄牛”的精神。

③他们对自己的工作有比较严格的要求，表现出很强的自我约束力。

实干者的缺点：

①他们往往对生活中遇到的事情缺乏灵活性。

②他们对自己没有把握的意见和建议没有太大的兴趣。

③缺乏激情和想象力。

(2) 协调者

当协调者遇到突如其来的事情时，他们表现得沉着、冷静，遇事不慌；对事物具有判断是非曲直的能力；对自己把握事态发展的能力有充分的自信；处理问题时能够控制自己的情绪和态度，具有较强的抑制力。协调者优缺点比较如下。

协调者的优点：

①比较愿意虚心听取来自各方的对工作有价值的意见和建议。

②能够做到对来自其他人的意见，不带任何偏见地兼收并蓄。

③对待事情、看问题都能站在比较公正的立场上，保持客观、公正的态度。

协调者的缺点：

①一般情况下，协调者并不具备太多的非凡的创造力和想象力。

②注重人际关系，容易忽略组织目标。

(3) 推进者

推进者常常表现得思维比较敏捷，对事物具有举一反三的能力。看问题思路比较开阔，能从多方面考虑解决问题的方法。这种人往往性格比较开朗，

学习笔记

容易与人接触，能很快适应新的环境；能利用各种资源，善于克服困难和改进工作流程。推进者优缺点比较如下。

推进者的优点：

①在工作中不论做什么事情，总是表现得充满活力，有使不完的劲。

②勇于向来自各方面的、落后的、保守的传统势力发出挑战。

③永远不会满足于现在所处的环境，勇于向低效率挑战。

④对自己的现状永远不满足，并敢于向自满自足情绪发出挑战。

推进者的缺点：

①在团队中往往表现得有些好激起争端，遇到事情表现得比较冲动，容易产生急躁情绪。

②瞧不起别人。

（4）创新者

创新者具有鲜明的个性特征，思想比较深刻，对许多问题的看法与众不同，有自己独到的见解，考虑问题不拘一格，思维比较活跃。创新者优缺点比较如下。

创新者的优点：

①在团队中表现得才华横溢。

②具有超出常人的非凡想象力。

③头脑中充满了聪明和智慧。

④具有丰富而渊博的知识。

创新者的缺点：

①往往给人一种高高在上、像一个救世主的印象。

②不太注重一些细节问题上的处理方式。

③给人的印象总是随随便便，不拘礼节。

④往往使别人感到与他们不好相处。

（5）信息者

信息者的性格往往比较外向，对人、对事总是充满热情，表现出很强的好奇心，与外界联系比较广泛，各方面的消息都很灵通。信息者优缺点比较如下。

信息者的优点：

①喜爱交际，具有广泛的与人联系沟通的能力。

②对新生事物比其他人显得敏感。

③他们求知欲很强，并且很愿意去不断地探索新的事物。

④勇于迎接各种新的挑战。

学习笔记

信息者的缺点：

①常常给人留下一种时过境迁、兴趣马上转移的印象。

②说话不太讲究艺术，喜欢直言不讳。

(6) 监督者

监督者的头脑比较清醒，处理问题比较理智，对人、对事表现得言行谨慎，公平客观。他们喜欢比较团队成员的行为，喜欢观察团队的各种活动过程。监督者优缺点比较如下。

监督者的优点：

①在工作中对人、对事表现出极强的判断是非的能力。

②对事物具有极强的分辨力。

③总是讲求实际，对人、对事都抱着实事求是的态度。

监督者的缺点：

①他们比较缺乏对团队中其他成员的鼓动力、煽动力。

②缺乏激发团队中其他成员活力的能力。

(7) 凝聚者

凝聚者比较擅长日常生活中的人际交往，能与人保持和善友好的关系，为人处事都比较温和，对人、对事都表现得比较敏感。凝聚者优缺点比较如下。

凝聚者的优点：

①对周围环境和人群具有极快的适应能力。

②具有以团队为导向的倾向，能够促进团队成员之间的相互合作。

凝聚者的缺点：

他们常常在危急时刻表现得优柔寡断，不能当机立断。

(8) 完美者

完美者做事情很勤奋努力，并且很有秩序，为人处事都很认真，对待事情力求完美。完美者的优缺点比较如下。

完美者的优点：

①总是持之以恒，而绝不会半途而废。

②他们在工作中表现得勤劳。

③他们对工作认认真真，一丝不苟，是一个理想主义者，追求尽善尽美。

完美者的缺点：

他们在工作中，处理问题时过于注重细节问题，为人处事不够洒脱。

从以上的描述可知：实干者善于行动；协调者善于寻找到合适的成员；推进者善于让想法立即变成行动；创新者善于出主意；信息者善于发掘最新

学习笔记

“情报”；监督者善于发现问题；凝聚者善于化解矛盾；完美者强调细节。例如，对于某个软件项目工作团队，实干者适合做模块设计、编写程序等工作；协调者适合做项目管理工作；推进者适合做对项目进度影响较大的工作；创新者适合做系统架构设计的工作；信息者善于做需求调研工作；监督者适合做软件质量保证和测试工作；凝聚者适合做团队建设工作；完美者适合做需求、设计等一些重要产出物的评审工作。

拓展阅读

《西游记》的团队分工

《西游记》是一部经典的著作，经典在其内容，也经典在其阐释的团队协作，本文介绍《西游记》成功的团队组成和分工。

唐三藏：作为团队的精神领袖，在他的思想里只有一个信念，去西方的极乐世界取得真经，造福大唐，普度众生，实现人生的价值。他可能不具备面对前方一些困难的处理能力，但他有坚定的信念。之所以他能带领这个团队，是因为他自始至终的使命感和他佛家之人特有的胸怀，使这个团队在西去的路上经历千辛万苦，战胜九九八十一难，最终完成大任。

孙悟空：创新勇敢的前线战士，他头脑灵活，七十二般变法，再加上手中的利器，和经历过一次次失败被天庭否认贬做一个小小的弼马温，又压山下五百年的经历，让他深知要珍惜这次机会，只有努力协助师父取得真经，他才能够真正取得正果，使其坚定不移地以团队最终目标为己任。企业需要这样的面对任何困难都不会被吓倒，不会逃避任何危险的人。

猪八戒：开朗乐观的助攻手，正因为有了他，在枯燥无味、无数艰辛的路上，我们看到了快乐，他可以犯一些小小的非原则性错误，也不一定有太强的能力，可能会有一些时候动不动就要放弃回高老庄，但他善良、他乐观、他不争名利、他重感情，这样的人使我们艰辛的创业路上充满快乐，使我们的团队更有凝聚力。

沙悟净：稳固可信的后卫，他没有太强的能力，忠厚老实、无欲无求、执着，有的时候甚至不懂得生活，但他是我们团队可以依赖的忠诚卫士。正因为团队有了这样的人，悟空、八戒才可以放心地在外面斩妖除魔，开拓前路。

白龙马：踏实坚定的执行者，在取经的路上，他甚至没有露过面，但他存在的意义，在于一个企业、一个创业路上的团队绝对不能少的任劳任怨、

学习笔记

不计得失的成员，他与唐僧有着同样的信念。

所以，《西游记》中正是有这样完美的团队组合，才达成目标。就是这样一个团队，使得西天取经的路上，多了一份快乐、一份执着、一份面对困难的无畏，这是其中任何一个能力超强的角色所不能替代的。

（资料来源：《西游记》的团队精神［EB/OL］.（2012-03-19）http：//wenku. baidu. com/link？url =rnREaU0uCOBTK6rXa9Z4TF_ obW6f0zlWbJB mBbq-fyUA6ldJN06ajs9 G3fbwS_ YET9DMSG9WH 254wVXurbDp6hTcxsXp6g75k8BaDXa）

3.1.4 创业团队的类型

创业团队并非一模一样，也不是一成不变的。依据创业团队的地位平等性和成员间依赖性的强弱，创业团队可以划分为不同类型。包括风铃形创业团队、环形创业团队、星形创业团队以及散点形创业团队，如图 3-1 所示。有些书中也将前三种类型分别称为领袖型创业团队、伙伴型创业团队和核心型创业团队。

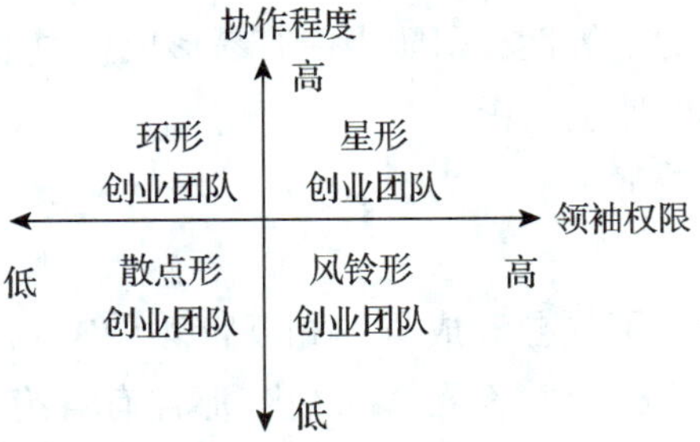

图 3-1　创业团队的类型

（1）风铃形创业团队

风铃形创业团队是指存在一个“领袖”式的主导人物，但成员相互间的独立性较强的团队。团队中的“领袖”往往是掌握了较强的技术或较好的创意之后，寻找合伙人加入该创业团队的人。而在选择合伙人的时候，“领袖”会根据自己的判断选择适合的人作为自己的“支持者”。风铃形创业团队的特点如下。

①“领袖”的话语权较大。

②做决策速度较快。

③权力集中，导致决策失败的可能性增加。

④在“领袖”和“支持者”的意见不统一时，“支持者”较为被动；但

学习笔记

是如果“支持者”离开团队，这种冲突对团队的影响相对较小。

⑤不易形成权力重叠。

⑥寻找团队目标的速度较快。

⑦团队的执行力非常强。

（2）环形创业团队

环形创业团队是由怀揣着共同的目标且相互依赖的成员组成的团队。这种创业团队没有一个明确的领导，而且它的形成常常是经过成员的共同协商后，将创业理念厘清，最终组合在一起的。对于初创企业而言，每一个“伙伴”都要认准自己在团队中的定位，并尽到自己作为“协作者”的职责。环形创业团队的特点如下。

①团队中各个成员的话语权较平等，没有特定的“领袖”。

②在做决策的时候，往往是大家相互讨论，因而做决策的速度较慢。

③做出错误决策的可能性较小。

④在各“协作者”的意见不统一时，成员倾向于采用协商的态度来解决冲突；不过，一旦冲突升级，有成员离开团队，那么将对整个团队的结构产生很大的影响。

⑤由于团队成员的平等性，团队当中容易形成权力重叠。

⑥寻找团队目标的速度较慢。

⑦团队的执行力较强。

（3）星形创业团队

星形创业团队集合了领导和成员的相互依赖的特点。这种类型的创业团队中存在一个核心人物，他并不像“领袖”那样有着绝对的权威，而是在做决策的时候要充分地考虑团队成员的意见。另外，团队成员之间是相互依赖的，成员的地位也是平等的。因此，核心人物更多的工作是负责协调和统筹等内部管理工作。星形创业团队的特点如下。

①核心人物的选择多数是由团队成员投票决定的，所以具有令人信服的领导地位。

②由于核心人物的存在，团队做决策的速度较慢。

③由于核心人物考虑成员的意见，决策失误的可能性较小。

④当核心人物和普通成员发生意见冲突的时候，普通成员较为被动；且冲突升级的时候，普通成员可能会离队。

⑤不易形成权力重叠。

⑥寻找团队目标的速度比较快。

⑦团队的执行力非常强。

学习笔记

（4）散点形创业团队

散点形创业团队是指团队中不存在权威的领导，同时成员之间相互独立，工作中并不相互依赖的团队。这种创业团队的内部存在较严格的规则以约束和聚合团队成员。这种类型的创业团队往往出现在创业初期，而且团队中仅仅有一个模糊的创业目标。也就是说，这种团队提出的创业概念是笼统的、有待讨论的。随着理念日渐清晰，散点形创业团队往往会向其他类型发展。一个创业团队如果一直保持着松散的状态，对企业的长期发展是很不利的。散点形创业团队的特点如下。

①各成员的话语权较为平等。

②团队做决策的速度较慢。

③做出错误决策的可能性较小。

④成员之间发生意见冲突的时候，往往会平等讨论，通过协商解决问题。

⑤有可能形成权力重叠。

⑥寻找团队目标的速度较慢。

⑦团队的执行力较弱。

创业团队的划分不是绝对的。由于领袖权限和协作程度不同，创业团队在图 3-1 中的坐标可以落在任何位置。因此，一个创业团队的类型有可能介于两种类型之间。另外，就像散点形创业团队会向其他类型演化一样，其他三种类型的创业团队也有可能相互演变。在企业发展的特定阶段，创业团队在不同类型之间演变对企业来说是非常有利的。例如，在营销中有一种策略是将企业打造成“狼团队”，而有些人将其套用到创业团队中后发现也同样适用，虽然“狼团队”是星形创业团队。所以，对于初创企业，尤其是大学生创办的企业而言，属于“狼团队”是不利于寻找企业目标的。实际中，大学生在创业时往往会选择风铃形或环形创业团队，待企业越来越成熟，才将团队转变成星形创业团队。这个时候，“狼团队”的主动出击和永不言败的优势才慢慢展现出来。

3.1.5 团队发展过程理论

团队最适合处理复杂、不确定、量大、超越个人能力的任务。一群人走到一起还不能算是一个团队，团队成功的前提是其成员积极承担任务，为此需要把任务目标分散放置在团队各个个体的目标之上。要组建团队，了解团队的过程和任务是非常必要的，这有助于一个群体成长为一个有效的团队。

学习笔记

塔克曼（Tuclanan）将团队发展描述成由四个部分组成的一个过程，这四个部分是建立（Forming）、动荡（Storming）、规范（Norming）和行动（Performing）。这是团队发展必经的道路，否则任何未完事项、对立和个人隐藏的目的都会妨碍团队效益。

（1）建立阶段

即形成阶段，在这个阶段中，成员讨论目标、判别团队该如何运行、人员组合是否合适、何时完成任务等。

开始的时候，团队的各个成员聚集到一起，每个人都迫切想知道他们的工作任务是什么。他们会思考一些问题，如我们到这里做什么，怎么做？当他们面对突发的情况时，有的十分焦虑，有的矜持。在这一时期，成员之间的信任一般处于低谷阶段（除非原来就相互认识）。本阶段团队进行的主要活动应该是交流思想和搜集信息。

在建立阶段，个人的需要摆在首要位置，他们需要确定各自的工作任务是什么，未来将迈向何方。团队领导必须做很多的沟通，增进其本人与每个成员的了解和信任，并就未来的打算和他们沟通，向团队成员介绍自己的观点，回答“我们要做什么”的问题，并努力促成个人目的与未来事业目标的结合。团队的需要则被摆在中间位置，团队还要探索发展方式和操作方式，团队领导需要设法促进团队成员的相互了解，增进共识。在这个阶段，尽管任务的需要还很低，也要努力推动工作进展。

（2）动荡阶段

动荡阶段的特征是意见分歧。此时成员发现其他人带有自己的隐藏目的，在团队目标上也许尚未真正达成一致。这个时候，成员开始变得非常活跃，但当团队试图寻求拥有共同目标时，成员之间可能会出现意见不合和冲突。如果处理得当，本阶段将富有创造性。

在这个阶段，个人需要仍保持较高水平，因此必须继续满足个人的需要并使全体成员安心。随着成员提出不同的观点（如群体应如何协作、群体应该做什么等），团队的需要也逐渐提高。这时要注意所出现的问题信号，并避免某一两个人在群体中占据优势而压制其他成员的需要或意见。随着冲突的产生，正视冲突并同时有针对性地帮助团队成员解决冲突变得越来越重要。团队仍旧处于发展过程中，团队领导需要把任务看作推动团队发展并解决动荡问题的工具。塔克曼认为，如果这一冲突解决得好，那么群体的有效运转就有了基础。

学习笔记

（3）规范阶段

在规范阶段，人们找到了一起工作的真正基础，其关键就是共识、信任、计划和合理分工。成员们了解彼此的优点和弱点，了解在哪些方面可以互相帮助以及如何真正作为一个团队一起工作。他们在团队目标、标准和任务上达成更坚定的一致，他们制定出决策方法和切合实际的时间表。在这一阶段，团队、个人可以得心应手地处理在团队中遇到的事情，他们的个人需要在某种程度上降低了而团队需要很高，团队致力于在行动准则和工作程序上达成一致；任务需要的重要性开始凸显，团队领袖应该注重目标的制定并激励团队成员为目标做出贡献，督促每个团队成员全力以赴并加强合作。

（4）行动阶段

前面各阶段顺利完成后就到了最后的行动阶段。这标志着该群体现在已经成长为一个成熟的团队，大家共同努力，按照标准和规定的时间执行任务。团队成员相互支持，努力达成团队目标，并从中获得自豪和满足感。这个时候的个人和团队需要处于中等水平，团队领导的精力主要放在任务需要上，帮助团队制订并监控计划，时刻谨记团队目标。这个阶段要小心团队退回到前一阶段。例如，当有新成员加入时，团队经常会恢复到规范化阶段，如发生了这种情况，要尽快修正行动，回到成熟阶段。

上述各个阶段需要多长时间，取决于这些因素：任务对团队成员的重要程度、任务性质、群体规模、成员是否习惯于一同共事、个人优先考虑的事情、成员忠于谁，等等。一个已经存在较长时间的团队并不一定意味着它就在行动阶段运行。

3.2　创业团队组建

3.2.1　创业团队的组建过程

创业团队的组建是一个相当复杂的过程，不同类型的创业项目所需的团队不一样，创建步骤也不完全相同。概括来讲，大致的组建程序如图 3-2 所示。

学习笔记

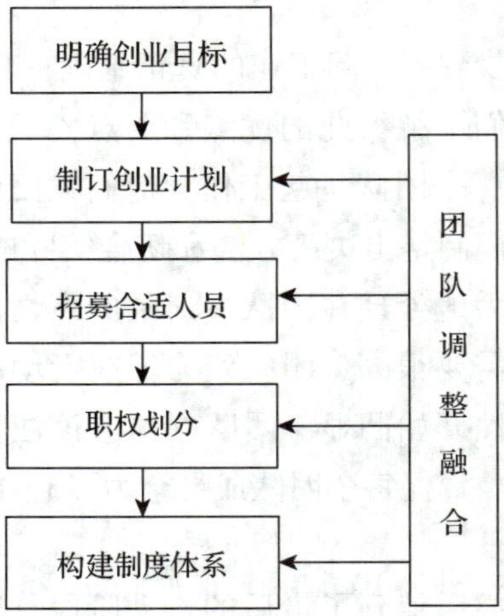

图 3-2 创业团队组建程序图

（资料来源：黄海燕. 浅析创业团队的组建［J］. 商场现代化，2008（9）：65-66.）

（1）明确创业目标

创业团队的总目标就是要通过完成创业阶段的技术、市场、规划、组织、管理等各项工作，实现企业从无到有，从起步到成熟。总目标确定之后，为了推动团队最终实现创业目标，再将总目标加以分解，设定若干可行的、阶段性的子目标。

（2）制订创业计划

在确定了一个个阶段性总目标及子目标之后，紧接着就要研究如何实现这些目标，这就需要制订周密的创业计划。创业计划是在创业项目进行具体分解的基础上，以团队为整体来考虑的计划，创业计划确定了在不同的创业阶段需要完成的阶段性任务，通过逐步实现这些阶段性目标来最终实现创业目标。

（3）招募合适的人员

招募合适的人员也是创业团队组建最关键的一步。关于创业团队成员的招募，主要应考虑两个方面：一是考虑其能否与其他成员在能力或技术上形成互补。这种互补性形成既有助于强化团队成员间彼此的合作，又能保证整个团队的战斗力，更好地发挥团队的作用。一般而言，创业团队至少需要管理、技术和营销三个方面的人才。只有这三个方面的人才形成良好的沟通协作关系后，创业团队才能实现稳定高效；二是考虑适度规模。适度的团队规模是保证团队高效运转的重要条件。团队成员太少则无法实现团队的功能和优势，而过多又可能会产生交流的障碍，团队很可能会分裂成许多较小的团体，进而大大削弱团队的凝聚力。一般认为，创业团队的规模控制在 3~12 人之间最佳。

（4）职权划分

为了保证团队成员执行创业计划、顺利开展各项工作，必须预先在团队内部进行职权的划分。创业团队的职权划分就是根据执行创业计划的需要，具体确定每个团队成员所要担负的职责以及相应所享有的权限。团队成员间职权的划分必须明确，既要避免职权的重叠和交叉，也要避免无人承担造成工作上的疏漏。此外，由于还处于创业过程中，面临的创业环境又是动态复杂的，不断会出现新的问题，团队成员可能不断更换，因此，创业团队成员的职权也应根据需要不断地进行调整。

（5）构建创业团队制度体系

创业团队制度体系体现了创业团队成员的控制和激励能力，主要包括团队的各种约束制度和激励制度。一方面，创业团队通过各种约束机制（主要包括纪律条例、组织条例、财务条例、保密条例等）指导其成员避免做出不利于团队发展的行为，实现对其行为进行有效的约束、保证团队的稳定秩序；另一方面，创业团队实现高效运作要有激励机制（主要包括利益分配方案、奖惩制度、考核标准、激励措施等），使团队成员能看到随着创业目标的实现，其自身利益将会得到怎样的改变，从而达到充分调动成员的积极性、最大限度发挥团队成员作用的目的。要实现有效的激励首先就必须把成员的收益模式界定清楚，尤其是关于股权、奖惩等与团队成员利益密切相关的事宜。需要注意的是，创业团队的制度体系应以规范化的书面形式确定下来，以免带来不必要的混乱。

（6）团队的调整融合

完美组合的创业团队并非创业一开始就能建立起来，很多时候是在企业创立一定时间以后随着企业的发展逐步形成的。随着团队的运作，团队组建时在人员匹配、制度设计、职权划分等方面的不合理之处会逐渐暴露出来，这时就需要对团队进行调整融合。由于问题的暴露需要一个过程，因此，团队调整融合应是一个动态持续的过程。如图 3-2 所示，在完成了前面的工作步骤之后，团队调整融合工作专门针对运行中出现的问题，不断地对前面的步骤进行调整直至满足实践需要为止。在进行团队调整融合的过程中，最为重要的是要保证团队成员间经常进行有效的沟通与协调，培养团队精神，提升团队士气。

学习笔记

拓展阅读

大学生创业团队组建过程中出现的问题

1. 创业团队组织认同差异化

在大学生创业团队组建过程中出现的一个最大的问题是创业团队组织认同差异化。大学生创业过程中，创业团队主要合作伙伴的来源是同学、亲属、年龄相仿的朋友群体，由于大学生刚刚走出学校的大门，他们往往个性较强、具有叛逆性、储备较多理论性知识、缺乏实践性经验、缺少资金和人脉等，因此在组建团队时，缺乏对合作人的价值观判断。在创业团队组建的过程中，往往会出现合作人认同差异化的现象，价值观的差异化极有可能会导致团队合作关系的破裂，不利于创业的成功。

2. 缺少互补型的人才

缺少互补型的人才是大学生创业过程中出现的另一个问题。大学生在创业团队建设初期，总希望找自己志同道合的，但是对“志同道合”的理解却出现一定的偏差。大部分创业者寻找的组织人员是与自己性格方面相近的人，而不与和自己有差异的人一起组建。这种性格上的“趋同性”往往会让大家的意见和想法想到一起，在考虑问题的时候往往不够全面，这样就难以形成一支有力量的团队，不利于团队的壮大。

3. 团队管理不够科学

由于大学生的社交群体比较单纯，而企业中人际关系比较复杂，在管理时缺少经验，会导致组织逐渐出现分歧。大学生经验少，管理经验不够成熟，在创业团队组建的时候可能会出现各种棘手的问题难以解决，无法妥善地处理好。比如利益的分配、项目如何管理及运作等问题，如果管理不够科学，就很难做到让各方满意，这是影响大学生创业团队健康发展的另一大阻碍。

（资料来源：邢皓越，周杨，陈阳. 大学生创业团队的组建和培养［J］. 亚太教育，2015（18）：229.）

3.2.2 创业团队的组建原则

创业者在组建创业团队的时候，需要注意以下几个原则。

（1）诚实守信

重承诺，守信用，是对创业团队最起码的道德要求，也是最为基本的要求。创业合作伙伴将全面介入企业的经营管理，了解新创企业内部的所有情

学习笔记

况，如果道德有问题的话，企业的资金、人员、关系、精力等都可能遭受不必要的损失。此外，从经济学的角度来看，个人信用往往建立在一定的财产基础上，因此，作为资本匮乏的创业者寻找经济实力比较强的创业合作伙伴是可行的。

案例 3-1

同舟共济，才能成就梦想

在上海海洋大学里，有一个攻克了某种高级观赏鱼人工养殖课题的高材生，名叫王楠。王楠在毕业时，就用这个颇有技术含量和难度的科技项目开始了自己的创业之旅。

他首先攻克了这种鱼在人工海水下的养殖，紧接着又在老师的帮助下成功地解决了人工繁育课题。于是，他创业的企业里，从此就有了漂亮的观赏缸——类似我们常见的热带鱼缸一样，在清澈的水里，游动着彩色的观赏鱼，美丽而让人喜爱。

为了开办公司，他找到了一个与他性格不同但优势互补的搭档张玉。王楠是技术型的，可以负责公司的技术问题；而张玉是营销型的，可以负责公司的销售和外联工作。

公司在天使基金的帮助下顺利开张了，由于产品填补了市场空白，一时间生意兴隆，他俩好不开心。但是好景不长，渐渐地王楠发现公司的业务很好，可就是不盈利。他细心地观察和打探之后，发现张玉已经在外边又重新开了自己的公司。

是沟通不够？还是利益分配不均？还是其他原因？一心只顾技术改进的王楠，也确实缺乏企业管理知识。总之，在他们创业失败的诸多原因里，这个因为彼此优势互补而结合的团队，却因为彼此之间的诚信问题，导致团队合作失败了，也导致了创业失败。

由此可见，建立良好的诚信不仅是企业对外开展营销时应注意的问题，也是企业内部团队成功合作时必须遵守的前提。

（资料来源：李肖鸣，孙逸，宋柏红. 大学生创业基础 [M]. 北京：清华大学出版社，2016.）

（2）志同道合

创业团队一定要有碰撞后形成的一致的创业思路，成员要有共同的目标

学习笔记

愿景，认同团队将要努力的目标和方向，同时要有自己的行动纲领和行为准则。创业者在组建创业团队时一定要和创业合作伙伴事先沟通，了解对方的创业目的和动机。企业新创时期是非常脆弱的，需要创业者之间紧密团结，形成坚强的堡垒才能抵御外界的压力，否则等企业经营到一定阶段的时候，可能会由于创业合作伙伴的意见不一而导致企业停滞不前，甚至导致企业解体，创业失败。

案例 3-2

台湾华硕电脑股份有限公司成立于 1978 年 4 月，致力于主机的研发设计，至今已成为全世界最重要的主机生产厂商之一，业务涵盖笔记本电脑、光碟机等相关产品。

华硕人倡导“共好”的团队精神，所谓“共好”包括三个内容：一是松鼠的原则——做有价值的工作。松鼠每天在树林里很努力地寻找食物，并且储存食物，这就是团队每个人基本的工作精神——做正确的事，是团队成功的有力保证。二是海狸的方式——信任与合作。海狸很讲究团队合作，利用团队的默契来搭建水坝，它们之间相互信任，而且非常默契——协作与分享，是团队成功的晴雨表。三是大雁的天赋——相互鼓励。大雁从北方到南方要飞很长的一段距离，因为体力不支，任何大雁都可能会掉队，因此，它们在飞行中互相鼓励——激励、互助，是团队成功的助推器。

华硕人认为像松鼠、海狸、大雁的团队是有战斗力的团队。华硕正是通过这些启示，在不断的努力中摸索实践，最终才走向成功的。

（资料来源：毕结礼. 职业素质教育［M］. 北京：外语教学与研究出版社，2014.）

（3）取长补短

理想的合作者要求双方在能力、性格、资本上有较好的互补性。每个人都有自己的优势也有自己的不足，这是创业者要选择创业合作伙伴的重要原因。实现优势互补，合伙的各方都能真实感受到对方对于新创企业发展的重要作用，才会更加珍惜彼此的合作机会，再加上集体智慧的力量，创业成功的概率就要大得多。比如微软的创始人比尔·盖茨和保罗·艾伦，就在创业过程中起到了优势互补的作用，使两个人的优点都发挥到了极致。

（4）分工协作

创业团队必须有完全不同的性格，最完美的组合是内外分明。例如，负责设计、生产的人（主内）和负责销售的人（主外）配合。创业者一般是比较偏向主外的人，往往不容易找到主内的人选，主要原因是不知道该找什么样的人来合伙。理想的是聪明又野心不大的人。如果主外的创业者选择了既聪明又有活力的创业合作伙伴，那么这两位积极进取的创业者必定都会争取控制权，但控制权只能落在一方手上，所以就会发生冲突和争执。最合适的是主外的人拥有控制权。苹果电脑最初的合伙形态便是如此，瓦兹尼克主内而杰伯主外，成为最佳拍档。

（5）权责明晰

创业团队成员要以法律文本的形式确定一个清晰的利润分配方案。要把最基本的责权利界定清楚，尤其是股权、期权和分工权，此外还包括增资、扩股、融资、撤资、人事安排、解散等与团队成员利益紧密相关的事宜。其中，核心的条款是股权配置或投资比例问题。它不仅关系到各创业合作伙伴以后在企业中的地位、作用，还关系到创业合作伙伴的利益分配等实质性问题。因此，合作创业一定要做到账目清楚、手续齐全，签订好合作协议，把双方应尽的职责和应享的权益仔细协定下来，绝不能口头说说。总之，宁可“先小人后君子”，也不要日后闹得“兄弟”反目成仇。对于所有账目的进出情况、合作实体的经营状况和损益情况要定期在合作人间进行公开，合作人的利益分配要严格按照合作协议中的规定办理；合作人私人使用合作实体的财物的，要及时入账并在利益分配中予以扣除……总之，要做到“亲兄弟明算账”。

此外，值得一提的是，知心朋友并不等于创业合作伙伴。由于对社会事物的接触具有局限性，对创业合作者的选择往往会感情用事，比较容易单纯地把身边亲密的朋友等同于最理想的创业合作伙伴。当友情面对金钱的困惑、公司经营压力的时候，不是都经受得住考验的。默契的合作者有可能在长期的合作中成为知心朋友，但知心朋友并不一定都能成为最好的创业合作伙伴，所以在选择合作人的时候，千万不能感情用事。

总之，创业者在选择与自己共事的合作伙伴和组建创业团队的时候，要倾向于选择那些背景、教育和经历都与他们自己更加相似的合作创业者。由于团队中广泛的知识、技术和经验有利于新企业，因此，在互补性而不是相似性的基础上选择合作创业者通常是一种更有利的策略。一种经验说法是，团队成员在价值观上的相似有利于志同道合，而在能力构成方面最好是优势互补。

学习笔记

3.2.3 创业团队的人员选择

创业团队必须在创业前慎重选择成员。

(1) 加入目的

团队成员基于哪个层次需要的目的而加入团队，对其在组织中的行为方式起着决定性作用。因此，在组建团队时，要选择那些有志于创业、关注企业未来发展、目标远大的合作伙伴。

(2) 知识结构

在一支创业团队中，成员的知识结构越合理，创业的成功概率越大。纯粹由技术人员组成的创业团队容易形成技术为主、产品为主的状况，从而使产品的研发和生产与市场脱节；全部由市场营销人员组成的创业团队则会缺乏对技术的领悟力和敏感性，容易迷失发展方向。因此，创业团队在成员选择上一定要充分注意人员的知识结构，兼容技术开发、企业管理、市场营销等不同方面。

(3) 兴趣爱好

创业团队在形成时，往往会被美好的创业前景所吸引，而忽略成员的个性特征。创业初期，大家同甘苦、共患难，怀着满腔的创业热情而工作，团队成员在性格上的差异和处理问题的不同态度就容易被掩盖。一旦企业发展到某个阶段的时候，由于个性冲突而导致的矛盾就会激化，使创业团队出现裂痕。所以，在选择创业伙伴时应该仔细判断，慎重选择。

(4) 价值观念

创业团队成员的价值观念和道德品质决定了企业文化的形成。企业文化的源头是企业创始人自身价值观念的体现。创业团队形成之前，成员之间必须通过深入交流和充分的了解。只有价值观相近的人在一起组成的团队，企业才能发展得更好。

3.3 创业团队管理

3.3.1 创业团队的管理技巧和策略

创业团队管理的重点是在维持团队稳定的前提下发挥团队多样性的优势。

学习笔记

人才的选、育、留、用都是有一定管理技巧的。

(1) 让合适的人做合适的事

从人类资源管理上“人岗匹配”的原则来说，让合适的人做合适的事，是科学的用人原则。这样做的结果对个人来说，可以调动团队成员的潜能。把人才的优势发挥得淋漓尽致；对团队来说，扬长避短无疑是提高效率的最佳配置。

①团队成员有一个共同的目标。人们互相吸引的因素不外乎外貌、接近、相似、互补、报偿。一个团队的成员，有相同的价值观也相当重要。

②团队成员之间合作既有原则又有风度。因每个人所处的角度不同，要有自己的原则，说出自己的见解，但意见不同时，又要有风度，站在他人的角度再考虑一下。

③团队成员要能力互补，各有所长。结构决定属性，属性决定功能，功能决定绩效。能力互补，各有所长，独当一面，优化结构很重要。

(2) 团队合作成败直接影响企业成败

这是一个铸就团队的时代，同舟共济就是需要创业者用心搞好团队建设。企业的管理活动都是围绕企业的目标展开的，而企业的目标需要通过许多人的集体活动才能实现。即使企业制定了明确的目标，但是由于企业中的成员对目标的理解、技术的掌握以及对客观情况的认识不同，或者因为他们个体在知识、能力、信念上的差异而表现各有不同。如果大家在思想认识上有分歧，就会出现在行动上有偏差的现象。所以，创业者要懂得团队建设，让团队成员都树立同舟共济的意识，才能成就梦想。

温馨提示

有资料分析近年来大学生创业的个案，因为财务问题导致经营失败的占48%，居于第一位；因为信息匮乏而过高估计自己产品的市场需求而导致失败的占29%，居于第二位；因为团队不和而导致企业失败的占23%，居于第三位。可见，铸就一个配合默契的团队多么重要！

(3) 营造相互信任的团队氛围

在情感上相互信任，是一个团队最坚实的合作基础。只有这样，才能给团队成员一种安全感，只有信任他，他才会把公司当成自己的公司，并以之作为施展个人才华的舞台。

学习笔记

案例 3-3

与合作伙伴的共赢才是长久之道

有一次，李嘉诚应邀到中山大学演讲，大学生们请教他有关经商的秘诀。

李嘉诚说，他经商其实并没有掌握什么秘诀，如果非说有什么秘诀的话，那就是“我与人合作，如果赚10%是正常的，赚11%也是应该的，那我只取9%，所以我的合作伙伴就越来越多，遍布全世界”。

与此相反，我们看到过许多曾经一起艰苦创业、“同甘苦”的伙伴，却在创业刚刚取得一点成绩时，做不到“共富贵”。创业者队伍中也有些“吃独食”的老板，而这样的老板最后必将导致合作伙伴的流失。

（资料来源：李肖鸣，孙逸，宋柏红. 大学生创业基础［M］. 北京：清华大学出版社，2016.）

温馨提示

作为创业团队中的一分子，我们必须明白，只有共赢才是赢，只有互惠互利的关系才会长久，我们只有在“情感”和“利益”上实现自我超越，懂得和学会将更多的利益与人分享，才有可能成就更伟大的事业。

（4）有良好的约束机制

建立一个良好的约束机制对团队的后续发展至关重要。通常一个团队的生命周期也不是很长，随时处于变化之中，所以团队的组合也有其随机性：为了创业而组合，或者为了一个项目而组合。因此，在团队里除了分工明确之外，每个成员还应该跟团队签署一个协议，明确每个人的权利和义务，制定好要达到的目标和必要的奖惩条例。

（5）团队领导需要有宽阔的胸怀

刘备是个非常注重别人对他态度的人，三顾茅庐请来了诸葛亮，但是，这个团队最后还是没有逃脱失败的结局。曹操不管这些，唯才是用，最后成就大业。

创业是使一个企业从无到有的过程，这个过程既是对个人意志力的考验，也是对创业者胸怀的考验，看你能不能听取不同的意见者的建议，看你能不能正确看待手下人的顶撞，因为一个企业要获得利润，依靠的不仅仅是顺从的人，更需要有才能的人。

学习笔记

案例 3-4

一个人的成就大小取决于他的度量

林肯是一位深受美国人民爱戴和怀念的总统，但其貌不扬，没有显赫的出身，于是在他刚刚入主白宫担任总统时，有很多官员并不买账。

陆军部长斯坦东声称：“我不愿意同一个笨蛋、老憨、长臂猿为伍。”他甚至公开对林肯冷嘲热讽：“人们为什么要去非洲寻找大猩猩，现在坐在白宫中抓耳挠腮决定命运的不就是吗？”林肯听后说：“我决心牺牲一部分自尊，要委派斯坦东继续担任陆军部长。因为他绝对忠于国家，富有力量和知识，像电动机一样工作不息。”

（资料来源：李肖鸣，孙逸，宋柏红. 大学生创业基础［M］. 北京：清华大学出版社，2016.）

温馨提示

一个人的度量决定了他成就的高度，尤其是团队的带头人，一个胸怀宽广的人，一定可以得到有才能的人相助，所以创业者应该时刻牢记要以大局为重，不计较眼前的利益，高瞻远瞩。

（6）建立有效的沟通机制

信任和理解不是一句空话，而交流和沟通可以消除一切误会。有时，员工的人心不齐，或者对公司的信息不足，都是上下沟通不畅造成的，创业者要不断地把企业的愿景描述给员工，同时要让员工理解要实现这个美好的愿景，就需要大家每天踏踏实实地工作，一点点地为未来添砖加瓦。

拓展阅读

浙大管理学院吴晓波：初创企业管理如何管？

一个初创企业如何才能成功？有好的技术，给力的资本支持可能还远远不够，事实上，绝大多数投资人在看项目的时候实则是在“看人”。在企业管理方面，初创企业又该如何管理创始核心团队，管理职能部门，提高办事效率，鼓舞创业士气？

传统管理科学与初创企业管理的矛盾

吴晓波教授表示，“目前我们的管理学院、商学院在讲授企业管理这门

学习笔记

学科时隐含的研究对象都是成熟的企业、大型的企业，因而是以基于功能的管理为基础的，而针对初创企业管理的研究才刚刚起来”。而之所以关于初创企业的研究存量少、不系统也是由其研究对象本身的复杂性所决定，吴晓波教授对初创企业的核心元素的概括是：变动中成长（人员的变动、企业发展方向的变动、产品内容的变动）。因此，矛盾之一，研究对象的动态性太大。

矛盾之二，研究规则。相比传统管理学，初创企业管理运用的是动态管理哲学。“如果规则变得非常动态化，我们也可以认为初创企业管理是没有现成规则可循的。”吴晓波表示。

矛盾之三，初创企业没有精细的分工。“传统企业成熟的标志是分工的出现，分工决定了企业的工作效率。而初创企业里，分工往往是不明确的，你也不能指望只有少数几个员工的初创企业进行精细的职责划分，他们往往是身兼数职。”吴晓波教授认为。这是一件有意思的事情，初创企业的员工会因为分工太明确，而无法适应变化，适应挑战性的工作内容，反之亦然。

吴晓波教授认为：“初创企业不需要、也并不适合严格科层制的管理，但初创企业可能更需要强大的领导力。”

初创企业的管理工具：领导力

吴晓波教授首先提出，精细分工在初创企业中并不能起到重大影响，反而会拖累和掣肘初创企业的快速发展。但是，初创企业十分依赖创始人、创始团队的领导力。所谓领导力，就是管理者利用职权、威信、魅力去影响企业员工，从而可以激励员工、主动制定工作内容、处理内部纠纷、提高内部沟通效力等等。

“我们经常看到，投资人投项目，除了技术不外乎就是投人，一个好的创始人不仅应该是一个有着战略眼光的人，还应该是一个能引导企业积极向上，形成强大向心力的人。”

当一个企业实行扁平化管理时，如大量初创企业，实行二级管理（即除了管理层，就是职能层），这就非常考验创始人的领导力。“因为，你的员工直接向你汇报，直接从你这里获取信息，无论是你的个人魅力、战略眼光还是处理事务的技巧都直接关乎你的领导力。”吴晓波表示。

其他工具：如股权激励

很多初创企业，在早期的时候无法提供高额的薪资、福利体系，往往会使用股权激励作为形成“事业合伙人”的工具。“现在很多初创企业已经开始意识到，要留住人无非就是靠情怀和期权薪酬结构，而大多创业企业资产不大、经营收入少，这便决定了初创企业更需要注重对员工的激励制度设计。”

学习笔记

吴晓波教授认为，初创企业用股权激励抓取骨干员工，可以让员工形成“劳动者+所有人”的创业者心态进行到企业的生产经营环节，从而，在时间维度上，延长企业与员工的雇用关系；在企业忠诚度上，让员工成为企业的利益共同体；在人才管理上，避免优秀人才流失。

吴晓波教授建议：“尽管股权激励是个好法子，但是由于大多数企业创始人并不知道如何合理使用这套工具，又或者是企业内部财务不够公开、透明，具体进行股权分配、激励还是会遇到很多问题。首先，拿出多少股份给员工持有？企业领导人必须要考虑企业未来的发展路径和目标，如引入PE、新员工加入又或者是上市等等，因此要做好未来股权稀释中对各利益相关方的布局。”

对于初创企业而言，股权是创业者的产权证，更是奋斗者的期权证，因此每一股的分配都应该起到其应有的激励作用，在有限的情况下，要起到激励最大化的作用，用在最核心、最有贡献的员工身上。

（资料来源：吴晓波：初创企业管理如何管？-组建团队-创业邦［EB/OL］. http：//www.cyzone.cn/a/20151029/282149.html.）

3.4 创业团队股权分配

创业过程无疑是艰难的，只有创业团队齐心协力、同舟共济，团队才能稳步向前发展。股权分配是创业团队建立中重要的一环，不仅要明确团队价值观，还要建立明确的规则，最终让各股东达成共识。

随着社会经济日益发展和法制逐渐完善，创业者对创业团队内部利益分配的态度也在慢慢转变。因此，旧时的观念现如今已经被“股权+期权”的合约观念所取代了。无论是家族企业还是朋友合作创办的企业，能够发展壮大的并不在多数。因此，无论创业团队成员的关系是何种形式，在进行组合的时候，利益分配的问题都需要提前做好详细的约定。对于初创企业来说，创业团队需要扮演管理层和股东两种角色。因此，初创企业无须考虑股东与管理层之间的权益平衡。

在创业团队的股权分配的研究中，诺姆·瓦瑟曼（Noam Wasserman）提出了由团队成员角色（Roles）、成员关系（Relationships）和权益（Rewards）三个要素构成的“3R 系统”理论，如图 3-3 所示。“3R 系统”理论详细阐明了创业团队成员之间的关系、角色和权益之间如何联系并互相影响，最终形

学习笔记

成一个动态平衡。这里重点介绍“关系”和“角色”是如何影响“权益”分配的。

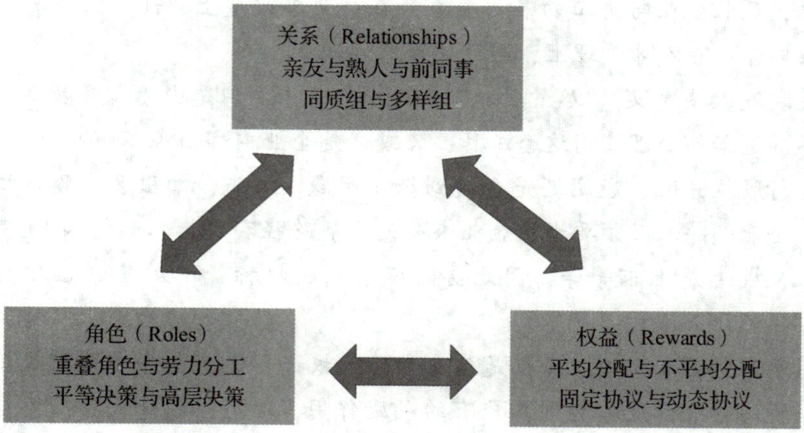

图 3-3　创业团队的“3R 系统”

3.4.1 成员关系对股权分配的影响

团队成员之间的关系不但会影响成员在团队内的职务，还会影响初创企业的股权分配这一常常引起争议的决定。联合创始人在创办企业之前的差异如果低于一个特定的标准，那么成员之间就会平均分配股权；而这种差异一旦高于这个标准，那么成员之间的股权分配就将是不平均的。然而，决定这个差异的一个重要因素就是联合创始人在创业之前的关系。股权理论认为，社会因素（即关系）和经济因素（即权益）之间是有着紧密联系的。根据团队成员在创业前关系的不同，创业团队可以分为社会关系取向和商业利益取向两种类型。社会关系取向的团队更注重维系成员之间的关系，而不把商业利益放在首位；而商业利益取向的团队更注重商业利益，而不是个人关系。在谈及股权分配问题的时候，即便成员们对团队的贡献不尽相同，前一种类型的团队依然会根据社会关系的逻辑来平均分配股权，而后一种类型的团队会依据个人对团队贡献的大小来分配股权——即他们将分配的优先权给予个人贡献和商业表现突出的成员。由此可见，某种股权分配方式在一个创业团队内非常合理，可是在另一个创业团队内却可能非常糟糕。这是创业团队的取向所决定的。

对于创业前是亲友关系的团队而言，他们倾向于遵循社会关系的原则，因此，平均分配股权才能保证团队的稳定性；对于创业前是工作关系的团队

学习笔记

而言，他们倾向于遵循商业利益取向的原则，因此，按照个人贡献和商业表现来分配股权才能保证团队的稳定性，如表 3-1 所示。

表 3-1　创业前关系、股权分配和团队稳定性之间的关系

股权分配 \ 创业前关系	亲友	前同事
平均分配原则	稳定	不稳定 违反商业利益取向
公平分配原则	不稳定 违反社会关系取向	最稳定

3.4.2 成员角色对股权分配的影响

在“角色”不明确（即成员分工不明确）的创业团队中，联合创始人往往很难确定成员对团队贡献的大小。因此，团队的股权分配很可能是遵循平均分配。然而，在团队梯级和“角色”很明确的创业团队中，股权分配不平均的可能性便大大增加。例如，创业团队中的 CEO、联合创始人通常比初创企业中的其他人获得股权多。对于后者来说，对名与利的权衡一定是很审慎的。股权分配也会对成员角色起反作用，也就是说，获得较多股权的人可能会对创业团队施加较大的影响。

成员角色和股权分配之间还存在着另一个重要且长期的相互影响。股权是一项稀缺资源，因此，当成员角色分配较为明确的时候，股权分配也会更加合理。而为了避免将稀缺的股权交给权力重叠的创始人，初创企业可以用股权去吸引企业缺乏的人才。如此一来，企业的权益架构就会与成员角色的匹配度更高。因此，创业团队内早期的股权不合理分配会为企业日后寻求人才制造掣肘。

初创企业在股权分配问题上不应举步维艰，因为只要创业团队足够重视这个问题，分析自身情况，那么就会发现合理分配股权并非难事。

创业企业的股权分配本质上并不复杂，但创业者确实应该给予相当的重视。若能在前期花费少量时间把相关问题理顺，能起到事半功倍的效果，助力企业的良性发展。

学习笔记

案例 3-5

万通六君子

万通集团的历史是由团队创造的，万通六雄，缺一不可。最初6个人股权均等，没有哪个人有决定权。6个人具有不同的性格和价值观，产生分歧不可避免，分手也是不可避免，但在商业意识远未成熟的20世纪90年代初，他们以“江湖方式进入，商人方式退出”远比他们的财富更为后人称道。

1991年冯仑离开南德集团，当时万通六君子中有4人都在南德集团任职，只有易小迪与潘石屹在外打拼。冯仑离开时，其他3人也一起离开。6月“万通六君子”在海南成立了海南农业高科技投资联合开发总公司。公司成立之初，王功权是法人代表、总经理，冯仑和刘军是副董事长，王启富是办公室主任，易小迪则是总经理助理。在第一次界定合伙人利益关系时，冯仑等人采用的是水泊梁山的模式——“座有序，利无别”。大家的职务虽然有差别，但利益是平均分配的，权利是均等的。这也为万通集团以后分家埋下了隐患。为创办公司，六人一共凑了3万多块钱，冯仑等人就开始了在海南的“淘金”之旅。半年后，易小迪找来了潘石屹，负责第一单房地产业务的销售，通过运作海口“九都别墅”项目，该公司赚得了第一桶金。

（资料来源：李家华. 创业基础［M］. 北京：清华大学出版社，2015.）

思考与练习

1. 创业团队的含义是什么？
2. 创业团队的5P要素包括哪些？
3. 假如你要创业，如何选择合作伙伴？
4. 创业团队管理的策略有哪些？

参考文献：

1. 谢敏. 管理能力训练教程［M］. 北京：清华大学出版社，2012.

2. 黄海燕. 浅析创业团队的组建［M］. 商场现代化，2008（9）：65-66.

3. 吴晓波：初创企业管理如何管？- 组建团队 - 创业邦［EB/OL］. http：//www. cyzone. cn/a/20151029/282149. html.

4. 邢皓越，周杨，陈阳. 大学生创业团队的组建和培养［J］. 亚太教育，2015（18）：229.

学习笔记

5. 毕结礼. 职业素质教育 [M]. 北京：外语教学与研究出版社，2014.

6. 牟顺海，王海军，马秋林. 大学生创新创业指导 [M]. 北京：现代教育出版社，2014.

7. 李家华. 创业基础 [M]. 北京：清华大学出版社，2015.

8. 孙洪义. 创新创业基础 [M]. 北京：机械工业出版社，2016.

9. 陈永奎. 大学生创新创业基础教程 [M]. 北京：经济管理出版社，2015.

10. 李肖鸣，孙逸，宋柏红. 大学生创业基础 [M]. 北京：清华大学出版社，2017.

学习笔记

第4章 如何识别创业机会

本章导入

对创业过程来说，真正的创业过程开始于商业机会的发现。识别创业机会也是创业活动的根本驱动力，创业过程是从寻找创业机会开始的。商业机会存在何处，如何从繁多复杂的市场环境中找到富有潜在价值的商业机会，进而开发并最终转化为新创企业，是创业研究的重要内容。因为创业的本质就是通过解决客户的问题来满足客户的需求，机会就是客户面临的不能解决的问题，有问题就有需求。

因此，对于大学生创业来说，发现问题、识别机会是创业过程中的第一步。

通过本章学习，你将能够：

1. 识别什么是创业机会；
2. 对创业机会进行评估；
3. 学会识别与防范创业风险。

知识储备

4.1 创业机会的内涵

4.1.1 创业机会的定义

什么是创业机会？真正的创业家在于发现，最主要发现的问题就是创业机会。创业机会主要是指具有较强吸引力的、较为持久的有利于创业的商业机会，创业者据此可以为客户提供有价值的产品或服务，并同时使创业者自身获益。以下是从不同角度对创业机会的定义。

学习笔记

(1) 从机会的产出角度出发

Kirzner 认为，创业机会代表着一种通过资源整合、满足市场需求以实现市场价值的可能性。Hulber 等认为创业机会实际上是一种亟待满足的市场需求，这种潜在的市场需求如此旺盛，因而对于创业者来说，实现该需求的商业活动相当有利可图。Ardichvili 等认为，从获取预期消费者的角度来看，机会事实上意味着创业者探寻到的潜在价值。

(2) 从机会的来源角度入手

自从 Shane 和 Venkataraman 建构了以创业机会为核心的创业研究框架以来，创业机会是创业领域的核心问题就逐渐成为一种共识，创业领域的合法地位也随之得以承认。打开创业机会的“黑匣子”，发现它里面散落着创业机会的概念、来源、识别、评价和开发等主要问题。Eckhardt 和 Shane 把创业机会定义为一种情境，其中，新产品、服务、原材料、市场组织方法能够以创新的方式来重新整合。Venkataraman 指出创业机会实际上是新产品、新服务、新材料，甚至是一种新组织形式，能够被引入生产并且以高于成本的方式实现销售。我国学者蔡壮华等人认为创业机会是市场需求与企业家精神的一个交集，是企业家所能识别的有效需求，指出创业机会也称商业机会或市场机会，是指有吸引力的、较为持久的和适时的一种商务活动的空间，并最终表现在能够为消费者或者客户创造价值或增加价值的产品或服务之中，同时它能够支撑一个新创企业或风险项目。

(3) 从机会实现价值的角度来看

Schumpeter 认为，创业机会是通过把资源创造性地结合起来，迎合市场需求（或兴趣、愿望）并传递价值的可能性。Sarasvathy 认为创业机会是通过创业来实现资源增值的一种可能性，由新的创意、促进实现有价值目标的信念和达到这种目标的行动等三方面组成。Timmons 认为一个创业机会的特征是“具有吸引力强、持久、适时的特性，它根植于可以为客户或最终用户创造或增加价值的产品或服务中”。刘萌芽等人认为将创业机会定义为通过各种创新满足市场需求并对创业者和社会均有利的机会。

从上面各观点来看，创业机会的两个核心要素为需求和产品。所以笔者把创业机会定义为可以开发的市场需求和满足这个需求的产品（或服务）。

4.1.2 创业机会的特征

《21 世纪创业》的作者杰夫里·A·第莫斯教授提出，好的商业机会有四

学习笔记

个特征：第一，它很能吸引顾客；第二，它能在你的商业环境中行得通；第三，它必须在机会之窗存在的期间被实施（注：机会之窗是指商业想法推广到市场上去所花的时间，若竞争者已经有了同样的思想，并把产品已推向市场，那么机会之窗也就关闭了）；第四，你必须有资源（人、财、物、信息、时间）和技能才能创立业务。

这里把创业机会的特征分为五个方面：普遍性、偶然性、消逝性、隐蔽性与时代性。

（1）普遍性

凡是有市场、有经营的地方，客观上就存在着创业机会。创业机会普遍存在于各种经营活动过程之中。很多创业机会就在我们的身边，生活中很多平常的现象在有心人眼里就是创业机会，此谓："处处留心皆学问"。

案例 4-1

法国人贝利利用自己独特的想法改变了旧报纸的命运。在贝利看来，每个人对自己的生日都很敏感，希望收到特别的礼物，而鲜花、蛋糕等传统礼物，由于其短暂性和普遍性，无法很好地体现生日的特殊性。于是，他创立了一家"历史报纸档案公司"，把旧报纸当成礼品，出售给生日日期与报纸出版日期相同者。从表面上看，贝利卖的只是一个"日子"，但却抓住人们追求个性化的心理，同时也抓住了独特的商机。如今，贝利每年可卖出 25 万份旧报纸。

（资料来源：https：//tieba. baidu. com/p/3690619027? red_ tag=0015670730）

上述案例告诉我们，市场中不是没有机会，而是缺少发现。

（2）偶然性

对一个企业来说，创业机会的发展和捕捉带有很大的不确定性，创业机会并不是每时每刻都显露，任何创业机会的产生都有意外因素。只要去努力寻找，从市场环境变化的必然规律中预测和寻找市场机会。这就是常说的，要对创业机会保持警觉，时刻做个有心人，去发现身边的机会。

案例 4-2

马利特从事消毒牛奶瓶生意，他的创业灵感来自一次郊游。马利特夫妇带孩子出游，给孩子喂食时发现没带奶瓶。他们从附近商店买了一只奶瓶，

学习笔记

却无法对奶瓶进行消毒，制造消毒奶瓶的念头由此闪现。经过艰难的研发，马利特于 2000 年推出一种可回收的消毒奶瓶。产品一上市便大受欢迎，仅英国和美国两地，年销售量就超过 400 万个。

（资料来源：http：//www. nbdpx. com/420986894. html）

（3）消逝性

创业机会存在于一定的时空范围之内，随着产生创业机会的客观条件的变化，创业机会就会相应地消逝和流失。正所谓机不可失，失不再来，机会并非永久存在，需要创业人去及时把握。同时，由于机会往往是被社会所共有的，创业者只要稍一迟疑，机会就会被别人抢走。

30 年前，美国人弗雷德·史密斯凭着一个想法——隔夜传递，被风险投资家看中，创办了联邦快递。如今，联邦快递已是全球最大的快递运输公司，在全球 211 个国家开展业务。当许多人还在为没资金、没技术而大伤脑筋时，有那么一群梦想家，凭着敏锐的市场嗅觉和新奇的商业创意，牢牢抓住了稍纵即逝的机会，从普通创业者摇身变成了日进斗金的创业家：第一家网络书店、第一个搜索引擎网站 Yahoo、第一个拍卖网站 e-bay……这些成功案例使“概念创业”浮出水面，让越来越多的创业者意识到，一个一闪即逝的灵感，也能成为梦开始的地方。

（4）隐蔽性

机会总是隐藏在社会现象的背后，其真相往往被掩盖着，通常很难找到它的踪影。也正因为机会的这种隐蔽性特征，才使它在人们的心目中显得如此神秘和可贵。人们要靠自己的感觉去意识到机会，而无法用视觉去看到它。

很多机会蕴藏在社会现象背后，例如，飞机的发明源于莱特兄弟“人类也能像鸟一样飞翔”的想法，于是从 1900 年至 1902 年他们兄弟进行 1000 多次滑翔试飞，终于在 1903 年制造出了第一架依靠自身动力进行载人飞行的飞机“飞行者”1 号，并且获得试飞成功。他们因此于 1909 年获得美国国会荣誉奖。同年，两兄弟创办了“莱特飞机公司”。

大卫·H·克罗克的离奇想法则造就了“会飞的邮件”——电子邮件。创业也是如此，隐蔽中的机会也能成为一种创业资本，有着剑走偏锋的神奇作用。当然，与众不同的创意，在创业初始会受到怀疑甚至嘲弄，禁不起考验的创意就会如昙花一现，而那些坚持下来并积极把想法转化成实际者，往往有着抢占先机的优势。

（5）时代性

机会总是与时代紧密联系在一起的，具有鲜明的时代特征。时代是机会

学习笔记

的土壤，好的时代能培养出大量的机会，为人们的成功提供条件。

案例 4-3

在这个网络飞速发展的时代，广州东利行公司看准时机与腾讯公司签署了为期 7 年的 QQ 形象标志有偿使用协议。当时许多人都怀疑，一只戴着红领巾的小企鹅能带来多大的利润？东利行总经理贺志军却从美国迪斯尼公司的成功中看出了商机，米老鼠、唐老鸭、白雪公主等卡通形象，已成为迪斯尼公司取之不尽的财源。“东利行”正是看中了迪斯尼的创业思路和时代特色。在他眼里 QQ 的注册用户超过 8600 万，用户以年轻人为主，他们对时尚产品的购买力极强。于是，东利行提出“Q 人类 Q 生活”的卡通时尚生活概念，开发漫画、精品玩具、手表、服饰、包袋等 10 大类约 1000 种带 QQ 企鹅标志的产品，并在全国各地开设了 100 多家连锁店。

（资料来源：http：//baijiahao. baidu. com/s？id = 1576799963558563321&wfr = spider&for=pc）

不管机会具有什么样的特征，总是属于有准备的人。创业者应当对机会有深刻的领悟和把握，理性地分析和识别机会是否存在，在机会没有出现的时候，“深挖沟、广积粮、缓称王”；在机会出现的时候，迅速捕捉，闻“机”起舞。

4. 1. 3 创业机会的类型

我们正处于一个充满机会的时代。机会对于每一位创业者都是均等的，每个创业者都不可缺少机会。不同的是，当机会来了，有的人牢抓不放，创出了一番事业；有的人面对机会无动于衷，错失良机，最终一事无成。其中的关键就是对机会的识别和把握。

当我们通过观察和提问发现问题并确定一个潜在的创业机会之后，需要进一步明确这个创业机会的类型。常见的创业类型包括生存型创业（Necessity-push Entrepreneurship）和机遇型创业（Opportunity-pull Entrepreneurship）。

生存型创业是指因为找不到工作或者工作发展不顺利而迫不得已进行创业的类型，这样的创业也叫自我就业型创业；而另一种机遇型创业是看到了市场上的某个能创业的机会，为抓住这个机遇而创业的类型，也被称为机遇型创业。

根据创业机会的不同来源，以市场需求和产品对创业机会进行以下四种分类，以便更清楚地阐明创业机会的实质。

(1) 解决问题型创业机会

解决问题型创业机会，是指由现实中存在的未被解决的问题所产生的一类创业机会。每个人在日常生活中都会碰到或大或小的恼人问题，有人埋怨几声就息事宁人，有人则从自身经历或朋友的困境中发现商机。例如，晚上遛狗时狗差点被车撞了，由此抓住机会推出了宠物反光衣；发现孩子不会用大人的吸管，就开始生产弯曲吸管等。这一类型的创业者如能一针见血抓到问题所在，并且脑筋急转弯，想出解决问题的妙方，成功概率就会极高。

(2) 复制模仿型创业机会

很多生存型创业机会都属于复制模仿型创业，参照成功的创业有规可循地进行复制，这样的创业机会比较容易识别，比如开饭店、网店、各种类型的学生补习班、培训中心。也有高科技的复制创业，比如计算机、汽车、手机等。单一的复制创业因为门槛较低，竞争很激烈，所以很多企业在前期的复制期后也进行了一系列改进和完善。比如腾讯公司的聊天工具 QQ 最初模仿了国外的 ICQ，然后结合中国人的习惯与市场需求进行了一次次的改进和完善，把自己的产品衍生壮大，有了后面的腾讯聊天工具、腾讯个人空间、腾讯视频、腾讯音乐、腾讯游戏，以及现在家喻户晓的微信软件。

所以无论是商业模式的复制模仿还是技术的移植，本质上都是满足用户的需求，解决新市场用户面临的问题或潜在问题。那么，了解本地市场的需求和问题，了解先进的技术和成功模式，就成为识别这类创业机会的重要因素。

(3) 增值型创业机会

增值型创业机会是通过提供一种全新的或者大幅度改进的产品来满足已知的用户需求的创业方式。创新的产品会比原有的旧产品提供更高价值或更高的性价比，所以称为增值型机会。

增值型创业主要依靠新产品的开发。以教学来说，白板替代了传统的黑板，PPT 配合投影仪的多媒体形式替代了白板，而后来出现的慕课（MOOC，即大型开放式网络教程）这样的形式大有可能替代现有的 PPT 加投影仪的多媒体教学形式。

而市场上出现的手机打车软件更是另一个典型的增值型创业的例子。出租车行业虽然是有较长历史的传统行业，但也有很多实际问题凸显出来，比如高峰期或者较为偏僻的地方都很难坐到出租车，手机打车软件解决了这个

学习笔记

问题来满足客户的需求，在提供方便快捷的手机打车服务的同时提供了网上支付车费的方式，很大程度方便了用车的客户。所以增值型创业既需要坚实的专业技术知识和创新能力，更需要敏锐的观察力和发现所在市场的各种问题和需求的能力。

（4）风险型创业机会

风险型创业机会往往是利用某种技术或社会发展趋势带来的创业机遇而创造出全新的产品、全新的市场或者全新的行业。因为市场和产品都是不确定的而且高度创新，所以风险很高，失败的概率也很大，因此称之为风险型创业。

例如，半导体技术的出现给人们带来了很多的机会，也带来了意想不到的产品；手机、个人计算机、卫星通信在研发出来之前，不管是产品还是使用客户都是不存在的，所以一个新型产品问世所带来的风险是很高的，需要我们去创造机会而不是发现机会。

4.1.4 创意、商业机会、创业机会的区别

创意是具有一定创造性的想法或概念，创意的产生是机会识别的源头，在创意没有产生之前，机会的存在与否意义并不大。

商业机会是指存在于某种特定的经营环境条件下，企业可以通过一定的商业活动发现、分析、选择、利用，并为企业创造利润和价值的市场需求。

创业机会属于商业机会的范畴，是一种特殊的商业机会。创业机会和商业机会之间存在着紧密联系，创业机会能够带来超额经济利润，是孕育一般商业机会的源泉，而一般商业机会则注重改善现有利润水平。

创意、商业机会、创业机会三者之间有着特定关系的组合，也有着不同意义的区别。

4.2 创业机会的来源

抓住创业机会是成功创业的关键之一，而创业机会来源于一定的市场需求和变化，创业者需要对市场有彻底的了解和敏锐的觉察能力，根据市场而诞生出一个较为完美的创意进行创业。

现在大学生创业就需要在日常生活中去发现问题，衣食住行、柴米油盐、

生活学习等各方面都可能存在着各种各样的问题，这些问题都可以提炼成创业的商机。将这些问题进行新的诠释，用创新的方式去创业，管理学大师德鲁克将创新的来源归纳为这样七个方面：①意外之事，引起创新的意外之事包括意外的成功、意外的失败和意外的外在事件。②不协调，这种不协调包括：一是内部因素之间不协调；二是内部与外部因素之间不协调；三是各因素之间程序或逻辑不协调等。③程序需要，就是那些存在于一个企业、一个产业或服务领域中，能够引发创新的环节和程序。④产业和市场结构，产业和市场结构看似稳定，实际上也是动态的，只要受到一点点的冲击，就会发生变化甚至瓦解，这种变化和瓦解会带来创新的机会。⑤人口的变化改变了市场结构、各种需求关系，这些变化是可能引发创新的一个重要因素。⑥价值观与认知的变化。⑦由新知识的产生来发掘创业机会。

再综合国内一些学者的研究成果，我们将创业机会的具体来源归纳为以下五个方面。

4.2.1 科技进步带来的变革

科技的不断突破和进步带来了一系列新的创业机会，具体表现在新旧技术的更替、新技术的出现、新技术带来的新问题三个方面。技术的更新和变革蕴藏着巨大的商业价值和创业机会。

随着人们科学研究的程度日益复杂，需要利用电子产品来进行更深一层的数据分析，于是研发出第一台电子计算机，并于 1939 年 10 月开始运转试验样机。这台试运转的计算机帮助爱阿华大学的教授和研究生们解算了若干复杂的数学方程，促进了科技的发展。还有随着信息化时代的来临，手机生产行业也与时俱进，在 1973 年 4 月，美国著名的摩托罗拉公司工程技术员马丁·库帕发明世界上第一部推向民用的手机，到现在随着时代进步而使用的 4G 智能手机，技术革新要求创业者必须时时与时代同步，具有超前创新的思维模式。

4.2.2 政策与法规的调整变化

政策与法规的调整变化是人们产生经济行为的指南针，在影响一个国家的未来发展的同时，也能产生出巨大的商机。因为在常规体制下有些创业者是被禁止进入的，但是随着体制的调整变化，这部分创业者能提出更多不同的想法并付诸实践。四川希望集团的刘氏兄弟就是受益于农村改革开放政策的典型。

学习笔记

案例 4-4

四川希望集团的刘氏兄弟本都是 20 世纪 70 年代考入大学的优秀学子，并且毕业后都捧上了当时令人非常羡慕的“铁饭碗”。1982 年，中国改革为知识分子创业提供了可能，改革开放的春风吹到了成都平原这块富饶的土地，政策的变化激起了他们的创业激情。刘永好四兄弟为摆脱贫困，以过人的胆识相继辞职自主创业。当时改革开放，农村的改革先于城市，农民中出现了很多养鸡、养猪专业户，农村已经率先呈现出了蓬勃发展的姿态。于是他们决定就从最熟悉的农村入手，开始从事生态养殖和饲料生产，加入了改革开放的大潮。1988 年，刘永好兄弟成功地开发出“希望”牌高档猪饲料，并很快占领成都市场。1992 年，刘永好兄弟开始将希望成功模式向全国复制，在全国各地办厂并取得成功。1995 年，刘永好四兄弟明晰产权，进行资产重组，分别成立了大陆希望集团、东方希望集团、新希望集团、华西希望集团，各自在相关领域发展。1999 年底，希望集团已发展成为以饲料为主，涉足食品、高科技、金融、房地产、生物化工等行业，拥有 140 多个工厂的全国性集团公司，是国内最大民营企业之一。在 2001 年度的《福布斯》个人财富排行榜上，刘氏四兄弟以 80 亿人民币个人财富位居排行榜榜首。

（资料来源：刘永好创业史［EB/OL］. http://www.cyegushi.com/2804.html）

政策与法规的调整变化可以促进一个新企业的产生，也可以为已有的企业带来新的机会，所以政策与法规的调整变化带来的机会要求创业者对变化要十分了解，才能把握住每次政策变动所带来的创业机会。

4.2.3 社会和人口结构的变化

不同时期的社会和人口结构的变化会产生出不同的产品需求和服务需求，随着现代社会发展的加快，这种变化中的需求更加明显，社会和人口是紧密联系在一起的，所以不同人口的消费偏好的差异，会影响到整体社会的生产结构、消费结构和社会结构。也就是说，社会人口的结构决定着人们的消费、储蓄和投资行为方式，影响商品与资产的价格，进而会影响一个国家的经济格局。

随着人口与社会年龄结构的变化，相关年龄时期的人们会体现出特有的社会需求。“二战”后美国出现的“婴儿潮”是美国历史上的一个人口高峰。伴随着这次“婴儿潮”带来的人口高峰，20 世界五六十年代针对婴儿产品而

学习笔记

创办的美国强生公司迅速崛起，成为全球婴幼儿用品的领头羊，而当这个“婴儿潮”的人口整体成长到了青少年时代的时候，专门针对青少年口味的麦当劳也应运而生。再例如，我国在 2016 年 1 月 1 日起，新《人口与计划生育法》正式施行“两孩生育政策”，随着人口年龄的变化，社会上开始有了更多针对小孩产品生产及小孩教育方面的新创业机会。还有随着现代年轻人日趋忙碌的工作状态，引发了外卖食品、新鲜蔬菜水果送货上门等服务方面的创业机会。

4.2.4 产业和市场需求的变化

随着不同产业水平的提高，人们生活状态的变化，随之会产生相应的需求，这个市场需求会表明在某个行业里目标客户群体对产品或服务的偏好特性。市场需求变化将这些偏好特征变得突出和明显，从而产生出新的创业机会。

案例 4–5

马云创业的历程

20 世纪 90 年代初的杭州乃至全国都欠缺英语人才，英语人才可谓供不应求，这就呼唤英语人才输出机构或翻译机构的出现。当时请马云做翻译的人很多，以至于他一个人根本忙不过来，于是就萌生了成立翻译社的主观愿望。成立一家专业的翻译机构，不仅可以减轻自己的负担，而且可以让同事赚点外快，这实际上是在描述一种通过整合资源来满足市场需求从而创造价值的可能性。创业机会的原初形态和可能事件在此得以清晰呈现。1995 年马云在西雅图的意外触网，本想借助 Internet 推广海博翻译社，不想却招来了生意，这一事件触发了马云的创业思考，企业有通过 Internet 获取生意的潜在需求，自己所要做的就是将企业搬上 Internet，创业机会表现为某种潜在的市场需求。1995 年 5 月 9 日，马云创建的中国黄页正式上线，它以在线工商企业名录的形式运营，它是中国互联网历史上的第一家商业网站。1999 年 11 月 15 日，中美双方就中国加入世贸组织达成协议，马云觉察到中国将会成为世界工厂，随即推出“中国供应商”服务，即通过线上的推广和线下的服务为中国出口商赢得签单，创业机会表现为当时环境因素导致的市场需求变化。随后，阿里巴巴又推出了“竞价排名”服务，并于 2001 年 12 月正式实现当月盈利，创业机会表现为可能事件的发生。创业机会原初形态的市场需求维度、环境因素、可能事件在此得以清晰呈现，原初形态的资源能力维度并不明显。

学习笔记

2003年5月10日，淘宝网成功上线，它现在已经发展成为亚洲最大的网络零售商圈，并致力于成为全球领先的网络零售商圈。随着电子商务的频繁交易，又出现了随着产业发展而带来的市场需求变化，于是2003年10月，作为淘宝网推荐使用的支付手段，支付宝以第三方支付平台的形式面世，并于2004年12月独立为支付宝网络技术有限公司，致力于为中国电子商务提供“简单、安全、快捷”的在线支付解决方案。2014年9月19日，阿里巴巴集团在纽约证券交易所正式挂牌上市，股票代码“BABA”，创始人和董事局主席为马云。2014年全年，阿里巴巴总营收762.04亿元人民币，净利润243.20亿元人民币，实现了创业的成功。

（资料来源：http：//www.360doc.com/content/14/0207/21/9354101_350560998.shtml）

4.2.5 发现并解决问题

创业的根本目的是满足顾客的要求，而顾客需求在没有满足前就是问题。当今国际社会依然面临很多超越国家和地区界限的各种问题，也有关系到整个人类生存发展的严峻问题。

生态失衡、环境污染、资源短缺、战争以及贫困等。全世界有28亿人每天仅靠不足2美元来维持生计；在全球范围内，有超过10亿人缺乏足够的食物；有2亿多儿童每天不是去上学而是去做童工；每年还有350万名儿童死于饥饿。在过去的10年中，自然灾害给世界造成的损失达6080亿美元，人类赖以生存的环境和气候以及空气都日益恶化。更有专家预测，到2025年，全世界2/3的人口用水再无安全可言。精神问题同样不容乐观，全世界估计有1.3亿名不同程度的抑郁症患者。作为一个发展中国家，中国农村“留守儿童”数量接近902万人（截至2016年3月底），很多地区的“留守儿童”衣食住行和教育都得不到保障。目前，我国逐渐迈入老龄化社会，老龄人口约有2亿人。诸如此类的问题不胜枚举，这些社会问题都有可能是创业机会，寻找创业机会的一个重要途径就是善于发现和体会自己及他人在需求方面的问题或生活中的难处。

拓展训练

根据所处的环境去发现至少三种不同方面的创业机会。

4.3 识别创业机会的方法

如何识别创业机会是创业领域的关键问题之一。从创业过程角度来说，识别机会是创业的起点。作为创业者，最难能可贵的地方就在于能发现其他人所看不到的机会，并迅速采取行动来把握机会、实现创业机会的价值。正确地识别创业机会是创业者应当具备的重要技能。德·波诺认为，发现问题和解决问题一样重要，但是前者比后者更加重要，就道出了识别创业机会的重要性。创业过程就是围绕着机会进行识别、开发、利用的过程，识别正确的创业机会是创业者应当具备的重要技能。

4.3.1 识别创业机会的一般过程

Lindsay 和 Craig 将创业机会识别的过程分成三个阶段。

(1) 搜寻机会

创业者对整个经济体系中可能存在的创意进行有针对性的搜索，在搜索过程中找出具有潜在发展价值的机会。

(2) 机会识别

这个过程首先是通过对整体的市场环境及一般的行业进行分析，从而判断第一步搜寻出来的机会是否存在有利的商业机会；其次是考察对于特定的创业者和投资者来说，这个机会是否有投资的价值。

(3) 机会评价

实际上这里的机会评级已经带有部分“尽职调查”的含义，创业者对某个创业机会进行各种指标的测评，如财务、创业团队的结构等，只有通过对创业机会的评价，创业者才能决定是否利用创业机会，才能决定正式启动此次的创业活动。

综上所述三个阶段，可以看到创业机会识别是创业者对创业机会进行反复衡量的过程。不同的创业者关注到的创业机会是不一样的，可以根据自己的实际情况来识别创业机会。

4.3.2 识别创业机会的方法

机遇总喜欢光顾有准备的人。机会识别是创业的开端，也是创业的前提。围绕创业机会，有些基本的问题是所有想创业的人都关心的，比如，为什么

学习笔记

是他而不是别人看到了机会？未经系统论证调查的（甚至可以说偶然发现的）机会，为什么可以或者怎样成为创业机会的？机会识别要进行哪些可行性论证？等等。所以识别创业机会是一种思考和探索的互动反复，并将创意进行转变的过程。纽约大学柯兹纳教授认为机会就是未明确的市场需求或未充分使用的资源或能力。大多数机会都不是显而易见的，需要去发现和挖掘。如果显而易见，总会有人开发，有利因素很快就不存在了。随着创业者的增多，学术研究的深入，我们逐渐总结出了一些识别创业机会的技巧和方法。这些方法能帮助大家看到创业机会，也能给人们的创业行动提供思路和指导。

（1）信息搜集调查法

可以从已有的数据或从第二手资料中搜集信息。例如，图书馆、咨询机构、互联网、报纸、杂志等渠道，找出一些关于行业、竞争者、目标客户偏好取向、产品创新等方面的信息。这样的信息获得一般都是免费的，或者成本较低。也可以去找寻一手资料，搜集第一手资料包括一个数据搜集过程，如搜集准备市场研究所需要的信息清单，如谁是目标顾客，有多少潜在顾客、潜在顾客的购买意向、消费者预期会在哪里得到该产品的信息等；采取通过与顾客、供应商、销售商直接交谈和采访，或通过集中小组试验、问卷调查和互动的方法，了解正在发生什么以及将要发生什么。这种信息的获取成本偏高，但是却能够获得更有意义的信息，帮助创业者更好地识别出创业机会。

案例 4-6

2012 年，在阿里巴巴工作了 8 年的程维，看到很多创业者正在拼搏，也想寻找属于自己的机会。准备创业而毅然辞职后，程维用了 9 个月的时间来思考到底要做什么。这个阶段，程维到处搜寻能够创业的机会。直到有一天，他在媒体上看到有关国外租车软件的报道，但却在中国没有搜索到打车软件。程维受到这则报道的启发，心想如果有软件能帮用户叫到出租车，不是就可以解决叫车慢、等车时间长的问题吗？虽然，他对这件事的判断只有 20%～30%的把握，但感觉这是一个机会。如果等机会已经能 100%清晰了，那么这可能已经没有机会了。于是，在 2012 年，“滴滴打车”用 80 万元起步，聚齐阿里巴巴的人员、百度的技术、腾讯的资金以后，这一打车软件一上市，就攻城略地，在市场上所向披靡，备受风投机构的追捧。2014 年 12 月，“滴滴打车”完成了 F 轮 7 亿美元的融资，这也是中国移动互联网史上最大的融资之一。2015 年初，中国最大的两个打车软件“滴滴打车”和“快的打车”宣布合并，完成了一次互联网历史上最成功的合并。2016 年 8 月，滴滴又收购了优步中国。现在，“滴滴打车”的估值已经上升到 200 亿美元。

（资料来源：孙洪义. 创新创业基础［M］. 北京：机械工业出版社，2016.）

（2）通过系统分析发现机会法

通过研究发现，大多数的机会都能够通过系统分析得到发现。人们可以从企业的宏观环境和微观环境的变化中发现机会。借助市场调研，从环境变化中发现机会。

从宏观环境来讲，PEST 分析法是基本工具。P（politics），政治环境。E（economic），经济环境。S（society），社会环境。T（technology），技术环境。这种分析法通过政治、经济、社会和技术的角度从四个方面的因素分析，总体上把握宏观环境，并评估这些因素对创业机会的影响。

从微观环境来讲，创业者可以采用美国哈佛大学迈克尔·波特（Michael E. Porter）教授的五力模型分析一个行业内的竞争状态与市场前景，来分析自己是否判断正确这个创业机会，从而决定能否参加这个行业的市场竞争。迈克尔·波特提出的这个结构化的行业竞争能力分析方法认为，一个行业中的竞争，存在五种基本的竞争力量，即潜在的进入者、替代品的威胁、购买者议价的能力、供应商议价的能力以及现有竞争对手之间的抗衡。供应商和购买者讨价还价可视为来自“纵向”的竞争，其他三种竞争力量可视为“横向”的竞争。因此，该方法有时也被称为“五力模型”或“五因素模型”。从机会形成的角度看，五种竞争力量共同决定行业的竞争强度和获利能力。创业者能借助“五力模型”决定是否进入某一行业主要体现在两个方面。第一，通过识别每种力量对行业盈利水平侵蚀的程度，五力模型能够用于评估行业吸引力或分析行业内的具体定位。第二，能利用该模型回答一些关键问题。这样，创业者就可以评估在特定行业获得成功所需要面对的壁垒的高低。

（3）通过发现问题和客户建议发现机会法

无论什么类型的创业活动，发现问题都是寻找创业机会的第一步，其实每一个问题都是一个被精巧掩饰着的机会。我们的日常生活、工作和学习中都存在很多问题，从发现问题来寻找创业机会也是国际创业教育和创业实践的最新趋势。集中盯住某些顾客的需要就会有机会。机会不能从全部顾客身上去找，因为共同需要容易认识，基本上已很难再找到突破口。而实际上每个人的需求都是有差异的，如果我们时常关注某些人的日常生活和工作，就

学习笔记

会从中发现某些机会。因此，在寻找机会时，应习惯把顾客分类，认真研究各类人员的需求特点，机会自见。

案例 4-7

1958 年，日本日清食品株式会社创业者安藤百福（本名吴百福）发明了方便面。方便面又称即食面、泡面、快餐面、快熟面、公仔面，是一种可在一段时间之内用热水泡熟食用的面制食品。这项发明的起源，按安藤百福自己的话说，方便面的发明是“被饥饿催生的灵感”。“二战”前后，日本面临严重的食品不足情况，人们饿得连薯秧都吃。就在这一时期，安藤开始深信“有了充足的食物，世界才会和平”。有一天早上，安藤路过一个拉面摊。时间虽然还早，但是摊前却已经排起了二三十米的长队，人们在寒风中眼巴巴地等待着拉面出锅。站在拉面摊对面，安藤心里想，要是有一种面，只要用开水冲一下就能吃，估计大家都会喜欢。为了解决这个问题，1958 年春天，安藤在大阪池田市自家住宅的后院建了一个不足 10 平方米的简陋小屋，当作方便面研究室。研发成功后很快申请了方便面制法的专利。现在方便面已经传遍世界家喻户晓，安藤百福和他发明的方便面不仅成就了他，更开创了一项全新的产业，也成就了很多知名的大企业。2003 年，全世界消费方便面 652.5 亿份，产值达 140 亿美元，折合人民币 1000 多亿元。仅中国市场 2015 年一年的销售额就高达 490 亿元。

（资料来源：孙洪义. 创新创业基础［M］. 北京：机械工业出版社，2016.）

因此，找寻到问题后，要全面分析和思考，从而寻求到一个有效并有回报的解决方法，这对创业者来说才是识别机会的基础，留意身边的问题，有助于创业者发现创业机会。

（4）通过创新创造获得机会法

这种方法在新技术行业中最为常见，也就是现在政府也极力提倡的创新创业，在没有出现的行业中去寻找机会，或者在已经满足的市场中，去积极探索相应的新技术和新知识，也可能始于一项新技术发明。通过这样的方式所产生的创新创业居于压倒性的主导地位。

学习笔记

案例 4-8

100 多年以前，为生计发愁的李维·史特劳斯（Levi Strauss）随着成群结队的人从美国的东部地区涌到加利福尼亚州加入西部淘金。李维来到矿区以后发现金矿在沙漠附近，气候很干旱，人们需要每天去很远的地方取水。矿工能挣很多钱，却不能随意也不愿意离开矿区，饮水自然就成了最大的问题。于是，李维没有参与淘金，他看好了这个庞大的消费人群，准备了一辆水车，开始卖水。果然，卖水的生意如李维预想的一样好。但是，好景不长，很快卖水的摊位多了起来，并且开始为摊位起了争执。李维的水车被无赖们砸烂了，并被强迫退出了卖水的行业。李维并没有因此离开矿区，他看到了这个偌大的市场，他开始寻求这里新的需求。于是李维又开始推销从纽约运过来的帆布，他把帆布做成了帐篷和车棚进行租售，可是出乎意料的是，这样的产品很少有人问津。这时李维又看到一个新的机会，因为矿工下矿工作，很多时候需要跪着作业，只下井几次，膝盖的地方很快就磨破了，裤子很不耐穿。李维很快意识到，为什么不拿做帐篷的帆布来做成耐磨的长裤呢？虽然当时从没有人这样做过，但是李维决定按照矿工们的要求去设计，用经过漂洗的帆布把裤子做成紧身、裤裆短平、有利于下井工作的耐磨样式。由于这种裤子比棉布裤更结实耐磨而大受欢迎。于是，李维索性开了一家专门生产帆布工装裤的公司，并以自己的名字“Levi's”作为品牌，Levi's（李维斯）的神话也由此展开。这就是我们现在的牛仔裤。牛仔裤的诞生不仅在矿区受到很大的欢迎，以后更是风靡了整个世界，并成为美国的象征之一。Levi's 作为牛仔裤的“鼻祖”，象征着美国野性、刚毅、叛逆与开拓者的精神。它历经一个半世纪的风雨，从美国流行到全世界，并成为全球各地男女老少都能接受的时装。李维·史特劳斯更是被誉为“牛仔裤大王”。李维·史特劳斯的牛仔裤故事向我们诠释了创业者最需要具备的素质和创新能力。

（资料来源：https：//wenku. baidu. com/view/c9e215c8ed630b1c59eeb5eb. html）

学习笔记

4.4 评估创业机会

通过信息的搜集、机会的分析，创业者已经对机会有了一定的认识，掌握了一定的数据。一个真正的创业问题应该反映市场的需求，市场需求也是创业机会的核心之一。但是，需求各式各样、千变万化。因此，并不是所有的机会都必须抓住去进行投资，而是需要对这个问题或需求进一步筛选和评估，从而有效地降低风险和减少失败。评估过程包括审查机会的创造和延伸、机会的真正价值和认知价值、机会的风险和回报、机会与创业者个人技能和目标是否匹配、在竞争环境中机会的独特优势等。

4.4.1 蒂蒙斯的创业机会评估模型

蒂蒙斯提出了一个被广泛应用的机会筛选模型。这一模型包含的评估标准有市场和财务分析、风险评估以及管理团队的品质。蒂蒙斯的创业机会评估模型是目前国际比较流行的风险投资家、创业者所普遍使用的创业机会评估方法，有以下三点。

（1）商业机会是创业过程的核心驱动力。创始人或工作团队是创业过程的主导者，资源是创业成功的必要保证。创业过程始于创业机会，而不是钱、战略、网络、团队或商业计划。开始创业时，商业机会比资金、团队的才干和能力及适应的资源更重要。

（2）创业过程是商业机会、创业者和资源三个要素匹配和平衡的结果。处于模型底部的创始人或工作团队要善于配置和平衡，借此推进创业过程，他们必须做的核心过程是：对商机的理性分析和把握，对风险的认识和规避，对资源的最合理的利用和配置，对工作团队适应性的分析和认识。

（3）创业过程是一个连续不断地寻求平衡的行为组合。在三个要素中绝对的平衡是不存在的，但企业要保持发展，必须追求一种动态的平衡。国外创业的研究进行了大量的案例研究和实证分析，理论较为成熟，对我们具有重要的参考和借鉴作用。但是蒂蒙斯机会评估模型是基于美国的经验总结，与我国有很大的文化背景差异，所以不能将国外的一整套体系照搬使用，而是根据国外好的经验来结合我国国情建立一套评估标准，总结出更符合我们的科学评估体系。

学习笔记

4.4.2 评估创业机会的准则

评估一个创业机会，其实就是摸底这个目标市场是否存在，有多大规模，作为主体企业或者创业者是否适合这个市场的问题，创业评估一般有如下几条衡量准则。

（1）用市场来评估创业机会价值的准则

①市场定位。一个好的创业机会，必然具有特定市场定位。专注于满足顾客需求，同时能为顾客带来增值的效果。因此，评估创业机会的时候，可由市场定位是否明确、顾客需求分析是否清晰、顾客接触通道是否流畅、产品是否持续衍生等，来判断创业机会可能创造的市场价值。创业带给顾客的价值越高，创业成功的机会也会越大。

②针对创业机会的市场结构进行以下分析。包括进入障碍、供货商、顾客、经销商的谈判力量、替代性竞争产品的威胁，以及市场内部竞争的激烈程度。由市场结构分析可以得知新企业未来在市场中的地位，以及可能遭遇竞争对手反击的程度。

③需要分析市场规模。市场规模大小与成长速度，也是影响新企业成败的重要因素。一般而言，市场规模大者，进入障碍相对较低，市场竞争激烈程度也会略为下降。如果要进入的是一个十分成熟的市场，那么纵然市场规模很大，由于已经不再成长，利润空间必然很小，因此这项新企业恐怕就不值得再投入。反之，一个正在成长中的市场，通常也会是一个充满商机的市场，所谓水涨船高，只要进入时机正确，必然会有获利的空间。

④市场渗透力。对于一个具有巨大市场潜力的创业机会，市场渗透力（市场机会实现的过程）评估将会是一项非常重要的影响因素。聪明的创业家知道选择在最佳时机进入市场，也就是在市场需求正要大幅成长之际做好准备。

⑤市场占有率。从创业机会预期可取得的市场占有率目标，可以显示这家新创公司未来的市场竞争力。一般而言，成为市场的领导者，最少需要拥有 20%以上的市场占有率。但如果低于 5%的市场占有率，则这个新企业的市场竞争力不高，自然也会影响未来企业上市的价值。尤其处在具有赢家通吃特点的高科技产业，新企业必须拥有成为市场前几名的能力，才比较具有投资价值。

⑥产品的成本结构。产品的成本结构，也可以反映新企业的前景是否光明。例如，从物料与人工成本所占比重之高低、变动成本与固定成本的比重，

学习笔记

以及经济规模产量大小，可以判断企业创造附加价值的幅度与未来可能的获利空间。

（2）通过投入后效益评估准则

①合理的税后净利。一般而言，具有吸引力的创业机会，至少需要能够创造15%以上税后净利。如果创业预期的税后净利是在5%以下，那么这就不是一个好的投资机会。

②达到损益平衡所需的时间。合理的损益平衡时间应该能在两年以内达到，但如果三年还达不到，恐怕就不是一个值得投入的创业机会。不过有的创业机会确实需要经过比较长的耕耘时间，通过这些前期投入，创造进入障碍，保证后期的持续获利。在这种情况下，可以将前期投入视为一种投资，才能容忍较长的损益平衡时间。

③投资回报率。考虑到创业可能面临的各项风险，合理的投资回报率应该在25%以上。一般而言，15%以下的投资回报率，是不值得考虑的创业机会。

④资本需求。资金需求量较低的创业机会，投资者一般会比较欢迎。事实上，许多个案显示，资本额过高其实并不利于创业成功，有时还会带来稀释投资回报率的负面效果。通常，知识越密集的创业机会，对资金的需求量越低，投资回报反而会越高。因此，在创业开始的时候，不需要募集太多资金，最好通过盈余积累的方式来创造资金。而比较低的资本额，将有利于提高每股盈余，并且还可以进一步提高未来上市的价格。

⑤毛利率。毛利率高的创业机会，相对风险较低，也比较容易取得损益平衡。反之，毛利率低的创业机会，风险则较高，遇到决策失误或市场产生较大变化的时候，企业很容易就遭受损失。一般而言，理想的毛利率是40%。当毛利率低于20%的时候，这个创业机会就不值得再予以考虑。软件业的毛利率通常都很高，所以只要能找到足够的业务量，从事软件创业在财务上遭受严重损失的风险相对会比较低。

⑥策略性价值。能否创造新企业在市场上的策略性价值，也是一项重要的评价指标。一般而言，策略性价值与产业网络规模、利益机制、竞争程度密切相关，而创业机会对于产业价值链所能创造的价值效果，也与它所采取的经营策略与经营模式密切相关。

⑦资本市场活力。当新企业处于一个具有高度活力的资本市场时，它的获利回收机会相对也比较高。不过资本市场的变化幅度极大，在市场高点时投入，资金成本较低，筹资相对容易。但在资本市场低点时，投资新企业开发的诱因则较低，好的创业机会也相对较少。不过，对投资者而言，市场低

学习笔记

点的成本较低，有的时候反而投资回报会更高。一般而言，新创企业的活跃的资本市场比较容易创造增值效果，因此，资本市场活力也是一项可以被用来评价创业机会的外部环境指标。

⑧退出机制与策略。所有投资的目的都在于回收，因此，退出机制与策略就成为一项评估创业机会的重要指标。企业的价值一般也要由交易市场来决定，而这种交易机制的完善程度也会影响新企业退出机制的弹性。由于退出的难度普遍要高于进入，所以一个具有吸引力的创业机会应该要为所有投资者考虑退出机制，以及退出的策略规划。

（3）竞争优势

①可变成本和固定成本。成本优势是竞争优势的主要来源之一。成本可分为固定成本和可变成本，又可分为生产成本、营销成本和销售成本等。较低的成本给企业带来较大的竞争优势，从而使得相应的投资机会较有吸引力。一个新企业如果不能取得和维持一个低成本生产者的地位，它的预期寿命就会大大缩短。

②控制程度。如果能够对价格、成本和销售渠道等实施较强有力的控制，这样的机会就比较有吸引力。这种控制的可能性与市场势力有关。例如，一个对其产品的原材料来源或者销售渠道拥有独占性控制的企业，即使在其他领域较为薄弱，它也仍能够取得较大的市场优势。占有市场份额 40%、50%或者 60%的一个主要竞争者，通常对供应商、客户和价格的制订都拥有足够的控制力，从而能够对一个新企业形成重大的障碍，在这样一个市场上新创办的企业将几乎没有自由空间。

③进入障碍。如果不能把其他竞争者挡在市场之外，新创业的欢乐就可能迅速消逝。例如，在 20 世纪 80 年代早期到中期的美国，硬盘驱动器制造业未能建立起进入市场的障碍，到了 1983 年底，就有约 90 家硬盘驱动器公司成立，激烈的价格竞争导致该行业出现剧烈震荡。因此，如果一家企业不能阻止其他公司顺利进入市场，或者它面临着现有的进入市场的障碍，就会失去吸引力。

（4）管理班子

企业管理队伍的强大对于机会的吸引力是相当重要的。这支队伍里一般应该具有互补性的专业技能，以及在统一的技术、市场和服务领域有不同的经历来充实整个队伍的经验。

学习笔记

案例 4-9

日本本田汽车的创始人本田宗一郎，在公司担任总工程师，而实际经营者则是他的亲密合作伙伴藤泽武夫，因为本田虽然在技术上本事过硬，但是为人个性好强，经常在技术问题上训斥技术人员，有时候甚至动手。类似这样的“善后”工作都由藤泽武夫来处理，并且藤泽不仅管理公司内部井井有条，更是为公司打开了销路。本田宗一郎的继任者曾经说过，如果没有藤泽的加盟，本田公司也许撑不了十年。藤泽与本田的配合可以称得上企业史上的珠联璧合。

（资料来源：https：//baike. baidu. com/item/% E6% 9C% AC% E7% 94% B0%E5%AE%97%E4%B8%80%E9%83%8E/3636707）

在其他知名企业中，我们也能够看到相似的组合，例如索尼公司的创始人井深大与盛田昭夫。反之，若是没有一个称职的管理班子或者压根儿就没有管理班子，这样的机会也会失去吸引力。

4.4.3 个人与创业机会的匹配

创业过程中遭遇的困难与风险极大，因此有必要了解创业者的创业动机，以利于判断创业者能为创业活动付出的代价。新创业机会与个人目标的契合程度越高，创业者投入意愿与风险承受意愿自然也会越大，新创业目标到后期获得实现的概率也相对较高。因为一方面创业者在识别并开发创业机会，另一方面创业机会也在选择创业者，对任何人而言，有些机会只能看见，并不能为自己所把握。那么如何判断创业机会是否属于自己呢？主要归结为以下方面。

（1）个人经验层面

通过自己以前从事过的工作和生活的经验来考察是否能够支撑这样一个创业机会，以及对创业机会后续的开发是否有必需的知识技能和管理能力。

（2）社会网络层面

不管是开发一个产品还是一项服务，最重要的就是要有目标顾客成为消费群体，一个创业机会最初拓展市场的时候是需要自己开发的，所以要根据自身周围的朋友圈及社交圈来考虑是否能支撑后续开发创业机会所必需的资源和渠道。

（3）经济状况层面

很多项目在最初起步时期也是很困难的，这个时候需要有力的经济支撑

学习笔记

去渡过开发的难关，如果这个创业机会不能引起风投机构的青睐，就要考虑自己能否承受从事这份创业工作带来的机会成本。

(4) 个人素质层面

成功的创业和创业者个人品行息息相关，特别是在企业初期开发难和中期开发遇到瓶颈的时候，都需要创业者来抉择。一个成功的抉择直接决定了企业的后期生存。所以需要看个人是否具有优良的知识结构、诚实守信的品德、乐观的心态、敏锐的洞察力以及优秀的管理能力等。

案例 4-10

1940 年，11 岁的李嘉诚为了逃避日军侵略战火随着家人辗转迁徙到香港。李嘉诚父亲早逝，为了帮助母亲养家糊口，他辍学求职。李嘉诚先在舅父庄静庵的中南钟表公司当泡茶扫地的小学徒。逆境是改变命运的机会，李嘉诚不愿意受别人太多的荫庇和恩惠，他认为这样会失去了自我的进取。17 岁时，李嘉诚便离开舅父家去了一家五金厂负责推销镀锌铁桶。根据当时的生活环境，他看好了塑料行业的发展前景，毅然决定加盟塑料公司，工作两年成为公司经理后，李嘉诚选择了离职，自己创办一家塑料厂。把握机会，就要敢于挑战，果断迈出创业第一步。1950 年 22 岁的李嘉诚用之前做销售员积蓄的 5 万港元创立了长江塑胶厂，其寓意为“长江不择细流，故能浩荡万里”，足见李嘉诚的胸襟与抱负。机会总是属于有准备的人，李嘉诚将目光看向全球，一次从《塑胶》英语杂志上看到欧美市场已经出现塑胶原料制成塑料花的消息，凭着敏锐的嗅觉他立刻意识到机会的到来。他推想，欧美家庭都喜爱在室内户外装饰花卉，但是快节奏的生活使人们无暇种植娇贵的新鲜花卉，而塑胶花正好弥补这个缺陷。1957 年，善于捕捉机会的李嘉诚迅速出动前往意大利学习制造塑胶花的技术。返回香港后，他全力投入到当时在香港尚属“冷门”的塑胶花，并大力进行广告宣传。李嘉诚的塑胶花产品很快打入香港和东南亚市场。同年底，欧美市场对塑胶花的需求也越来越大，订单成倍地增长。世界塑胶花市场的这种旺势一直持续到 1964 年。这样前后 7 年时间里，李嘉诚的长江公司成为世界上最大的塑胶花生产基地，李嘉诚也以“塑胶花大王”的美誉而名声大噪。但当塑胶花生产仍炙手可热的时候，李嘉诚长远地看到，欧美人天性崇尚自然，塑胶花热潮势必不会持久。于是，他急流勇退，及早收手。善于观察的李嘉诚又将生产重点重新转移到了已逐渐被人们冷落了的塑胶玩具上面，并很快跻身国际市场，一两年后，当所有塑胶花厂商为产品严重滞销而苦不堪言的时候，曾经的世界最大塑胶花生产

学习笔记

基地长江公司，却正在国际玩具市场上大显身手，每年出口额高达1000万美元，又成为香港"塑胶玩具大王"。时势造英雄，机会来源于对宏观环境的把握，李嘉诚又较早地意识到了香港地产将要开始的繁荣。1958年，李嘉诚在香港北部购置了第一块土地，正式向房地产业进军；1967年，地价暴跌，李氏以低价购入大批土地储备；1972年，"长江实业"上市，其股票被超额认购65倍；到1970年代末期，他在同辈大亨中已排众而出。在房产兴旺的同时，李嘉诚连创佳绩。在这之后，已经是华人首富的李嘉诚还涉足能源、海外投资、电讯传媒等行业。2015年福布斯香港富豪榜出炉，李嘉诚以313亿美元身家连续第17年登上香港首富榜单。

（资料来源：https：//baike. baidu. com/item/%E6%9D%8E%E5%98%89%E8%AF%9A/1044？fr=aladdin）

李嘉诚作为一位成功的创业者，他坚持学习、用自己敏锐的洞察力和勤劳的双手去发现机会，实现机会，缔造了属于自己的商业王国。

4.5 创业风险识别与防范

创业的过程是一个充满激情和喜悦的过程，成功的创业能给人带来莫大的成就感。但是创业的过程也不会是一帆风顺的，这是一个充满风险、艰辛和坎坷的过程。一提起风险，很多人马上和失败、亏损联系在一起。其实，这是不全面甚至是错误的看法。对于风险的理解，一般有两个角度，一个角度强调了风险表现为结果的不确定性，另一个角度则强调了损失的不确定性。前者属于广义上的风险，说明未来利润多寡的不确定性，可能是获利（正利润）、损失（负利润）或者无损失也无获利（零利润）；后者属于狭义上的风险，只能表现为损失，没有获利的可能性。所以，在创业前期，就应该全方位了解创业会面临的风险有哪些，创业者应该如何识别这些创业风险，怎样才能尽量避免与防范可能出现的创业风险，让创业过程能够更加顺利一些，这些都是创业者应该十分关注的问题。

4.5.1 创业风险的来源

创业风险是指在企业创业过程中存在的风险，是指由于创业环境的不确

学习笔记

定性、创业机会与创业企业的复杂性，创业者、创业团队与创业投资者的能力与实力的有限性而导致创业活动偏离预期目标的可能性。研究表明，由于创业的过程往往是将某一构想或技术转化为具体的产品或服务的过程，在这一过程中，存在着几个基本的、相互联系的缺口，它们是上述不确定性、复杂性和有限性的主要来源，也就是说，创业风险在给定的宏观条件下，往往就直接来源于这些缺口。

（1）融资缺口

融资缺口存在于学术支持和商业支持之间，是研究基金和投资基金之间存在的断层。其中，研究基金通常来自个人、政府机构或公司研究机构，它既支持概念的创建，还支持概念可行性的最初证实；投资基金则将概念转化为有市场的产品原型（这种产品原型有令人满意的性能，对其生产成本有足够的了解并且能够识别其是否有足够的市场）。创业者可以证明其构想的可行性，但往往没有足够的资金将其实现商品化，从而给创业带来一定的风险。

（2）研究缺口

研究缺口主要存在于仅凭个人兴趣所做的研究判断和基于市场潜力的商业判断之间。当一个创业者最初证明一个特定的科学突破或技术突破可能成为商业产品基础时，他仅仅停留在自己满意的论证程度上。然而，这种程度的论证后来不可行了，在将预想的产品真正转化为商业化产品（大量生产的产品）的过程中，即具备有效的性能、低廉的成本和高质量的产品，在能从市场竞争中生存下来的过程中，需要大量复杂而且可能耗资巨大的研究工作（有时需要几年时间），从而形成创业风险。

（3）信息和信任缺口

信息和信任缺口存在于技术专家和管理者（投资者）之间。也就是说，在创业中，存在两种不同类型的人：一是技术专家，二是管理者（投资者）。这两种人接受不同的教育，对创业有不同的预期、信息来源和表达方式。技术专家知道哪些内容在科学上是有趣的，哪些内容在技术层上是可行的，哪些内容根本就是无法实现的。在失败类案例中，技术专家要承担的风险一般表现在学术上、声誉上受到影响，以及没有金钱上的回报。管理者（投资者）通常比较了解将新产品引进市场的程序，但当涉及具体项目的技术部分时，他们不得不相信技术专家，可以说管理者（投资者）是在拿别人的钱冒险。如果技术专家和管理者（投资者）不能充分信任对方，或者不能够进行有效的交流，那么这一缺口将会变得更深，带来更大的风险。

（4）资源缺口

资源与创业者之间的关系就如颜料和画笔与艺术家之间的关系。没有

学习笔记

了颜料和画笔，艺术家即使有了构思也无从实现。创业也是如此。没有所需的资源，创业者将一筹莫展，创业也就无从谈起。在大多数情况下，创业者不一定也不可能拥有所需的全部资源，这就形成了资源缺口。如果创业者没有能力弥补相应的资源缺口，要么创业无法起步，要么在创业中受制于人。

（5）管理缺口

管理缺口是指创业者并不一定是出色的企业家，不一定具备出色的管理才能。进行创业活动主要有两种：一是创业者利用某一新技术进行创业，他可能是技术方面的专业人才，但却不一定具备专业的管理才能，从而形成管理缺口；二是创业者往往有某种奇思妙想，可能是新的商业点子，但在战略规划上不具备出色的才能，或不擅长管理具体的事务，从而形成管理缺口。

4.5.2 创业风险的分类

（1）按照风险来源的主、客观性划分

按照风险来源的主、客观性划分，可分为主观创业风险和客观创业风险。主观创业风险，是指在创业阶段，由于创业者的身体与心理素质等主观方面的因素导致创业失败的可能性。客观创业风险，是指在创业阶段，由于客观因素导致创业失败的可能性，如市场的变动、政策的变化、竞争对手的出现、创业资金缺乏等。

（2）按照创业风险的内容划分

按照创业风险的内容划分，可分为技术风险、市场风险、政治风险、管理及生产风险和经济风险。

①技术风险。是指由于技术方面的因素及其变化的不确定性而导致创业失败的可能性。例如，在交通行业里的先行者 Fisker 2013 年宣布倒闭，而特斯拉的市场表现有目共睹。可再生能源领域，Solyndra 和成百上千的太阳能企业被淘汰了，而 SolarCity 在获得 4 亿 5 千万美元投资后稳步地扩张着，SunPower 也进入了利润健康增长的阶段。这就是技术变革带来的虽然残酷但典型的产业升级，优胜劣汰。

②市场风险。是指由于市场情况的不确定性导致创业者或创业企业损失的可能性。

学习笔记

案例 4-11

摩托罗拉一直是引领尖端技术和卓越典范的代表。然而，后期对来自市场的风险预见性很低，迷失了产品开发方向，3 年时间仅依赖摩托罗拉 V3 一个机型。赛迪顾问研究显示，2005 年以前是明星机型的天下，一款明星手机平均可以畅销 2~3 年，而过了 2005 年以后，手机市场已经成了细分市场的天下，手机行业已经朝着智能化、专业化拍照、娱乐等方向极度细分，而摩托罗拉对市场的变化视而不见。以 V3 为例，从刚上市时的 6 000 多元的高端时尚机型，直到停产前降价到 1 200 元。短期的大幅度降价让不少高端用户无法接受，在对 V3 的定位产生质疑的同时，也对摩托罗拉的品牌彻底失去信任。北京时间 2011 年 8 月 15 日晚间谷歌公司宣告将以每股 40 美元，总额约 125 亿美元的价钱收购摩托罗拉移动。联想在 2014 年 1 月 29 日于美国宣布，将以 29 亿美元价格从谷歌手中收购摩托罗拉的智能手机业务。对市场的评估失败，直接导致了企业的举步维艰。

（资料来源：http：//blog. chinaceot. com/blog – htm – do – showone – uid – 1156028-type-blog-itemid-610384. htmlk）

③政治风险。是指由于战争、国际关系变化或有关国家政权更迭、政策改变而导致创业者或企业蒙受损失的可能性。例如，2011 年 2 月利比亚爆发内部动乱并很快演变成大规模的武装冲突。持续 8 个月的动乱给中国在利比亚企业造成巨大冲击和损失。中国在利比亚 50 余个大型承包项目受到战火波及，涉及合同金额高达 188 亿美元。

④管理及生产风险。管理风险是指因创业企业管理不善产生的风险；生产风险，是指创业企业提供的产品或服务从小批试制到大批生产的风险。例如，有些创业企业到了发展阶段，一味的追求利润，降低成本不顾后果，铤而走险，最终在政府、法律严打中受到“致命打击”，企业也就陷入了万劫不复之地。就如当年借助马家军体坛神话而销售火爆的中华鳖精。后来《焦点访谈》记者暗访发现，偌大一个鳖精厂竟然只有一只鳖，并且还是养在后院水池中的。那些成箱成箱运到市场上的中华鳖精竟然只是红糖加水而制作的。这些都是管理者经营不当带来的风险。

⑤经济风险。是指由于宏观经济环境发生大幅度波动或调整而使创业者或创业投资者蒙受损失的风险。资金短缺是创业里最普遍的问题，如果创业者不能及时解决，非常容易造成企业夭折。

学习笔记

案例 4-12

辉煌一时的新疆德隆集团，短短几年时间进入了十几个产业，总负债高达 570 亿，酝酿了巨大的资金风险。德隆系在股市上蒸发的市值超过 200 亿元之巨。而兑付委托理财，三年下来累计也达百亿元以上，就此支付的利息和营销费用至少是 80 亿元。况且，德隆还不断斥重金用于金融机构的股权收购，这部分资金至少也有 50 多亿元。仅仅三年，以上几大资金黑洞合计高达 400 多亿元，德隆何堪如此重负？2004 年初，德隆系资金链开始断裂，建造在沙滩上的堡垒顷刻间分崩离析。

（资料来源：吴晓波. 大败局 [M]. 杭州：浙江大学出版社，2013.）

（3）按照风险对所投入资金即创业投资的影响程度划分

按照风险对所投入资金即创业投资的影响程度划分，可分为安全性风险、收益性风险和流动性风险。创业投资的投资方包括专业投资者与投入自身财产的创业者。安全性风险，是指从创业投资的安全性角度来看，不仅预期实际收益有损失的可能，而且专业投资者与创业者自身投入的其他财产也可能蒙受损失，即投资方财产的安全存在危险。收益性风险，是指创业投资的投资方的资本和其他财产不会蒙受损失，但预期实际收益有损失的可能性。流动性风险，是指投资方的资本、其他财产以及预期实际收益不会蒙受损失，但资金有可能不能按期转移或支付，造成资金运营的停滞，使投资方蒙受损失的可能性。

（4）按照创业过程划分

按照创业过程划分，可分为机会的识别与评估风险、准备与撰写创业计划风险、确定并获取创业资源风险和新创企业管理风险。新创企业管理机会的识别与评估风险，指在机会的识别与评估过程中，由于各种主客观因素，如信息获取量不足，把握不准确或推理偏误等使创业一开始就面临方向错误的风险。准备与撰写创业计划风险，指创业计划的准备与撰写过程带来的风险。创业计划往往是创业投资者决定是否投资的依据，因此，创业计划是否合适将对具体的创业产生影响。创业计划制定过程中各种不确定性因素与制定者自身能力的限制，也会给创业活动带来风险。确定并获取资源风险，指由于存在资源缺口，无法获得所需的关键资源，或即使可获得，但获得的成本较高，从而给创业活动带来一定风险。新创企业管理风险，主要包括管理方式，企业文化的选取与创建，发展战略的制定、组织、技术、营销等各方面的管理中存在的风险。

(5) 按照创业与市场和技术的关系划分

按照创业与市场和技术的关系划分，可分为改良型风险、杠杆型风险、跨越型风险和激进型风险。改良型风险，是指利用现有的市场、现有的技术进行创业所存在的风险。这种创业风险最低，经济回报有限，即风险虽低，但要想生存和发展，获取较高的经济回报也比较困难，一方面会遭遇已有市场竞争者的排斥或进入壁垒的限制；另一方面即便进入想要占有一定的市场份额非常困难。杠杆型风险，是指利用新的市场、现有的技术进行创业存在的风险。该风险稍高，对一个全球性公司来说，这种风险往往是地理上的，常见于挖掘未开辟的市场，例如彩电行业，利用原有技术进入农村市场。跨越型风险，是指利用现有市场、新的技术进行创业存在的风险。该风险稍高，主要体现在创新技术的应用方面，往往反映了技术的替代，是一种较常见的情况，常见于企业的再次创业，领先者可以获得一定的竞争优势，但模仿者很快就会跟上。激进型风险，是指利用新的市场、新的技术进行创业存在的风险。该风险最大，如果市场很大，可能会带来巨大的机会，对于第一个行动者而言，其优势在于竞争风险较低，但是知识产权保护力度很弱，市场需求不确定，确定产品性能有很大的风险。

(6) 按照创业中技术因素、市场因素与管理因素的关系划分

按照创业中技术因素、市场因素与管理因素的关系划分，可分为技术风险、市场风险和代理风险。其中，技术风险和市场风险在前面已经提到。代理风险，是指高级经营管理人才、组织结构以及生产管理等能否适应创业的快速增长或战胜创业企业危机阶段的动态不确定性因素的风险。这三类风险之间相互作用，使得创业企业运作的各个层面上的诸多因素的不确定性更加复杂，并且在创业企业不同的发展阶段上，各因素的风险性质也将产生一定的变化。

4.5.3 创业风险的控制与防范

在市场经济下，要创业始终有风险要承担，所以在风险和收益之间就要有一个抉择和权衡，既不能为了收益而不顾风险的大小，也不能因为害怕承担风险从而错失良机。因此，这需要创业者树立良好的风险意识，在创业的经营过程中尽可能预防风险、降低风险、规避风险。

(1) 创业前期的主要风险与防范

万事开头难，创业前期这个阶段特别是对第一次创业的人来说，任何低

学习笔记

估创业风险都可能使创业计划夭折在摇篮中，所以对初期的预防尤其重要。

①创业资源的风险。俗话说：巧妇难为无米之炊，资源在创业中就起到“米”的作用。创业必须要有资源。创业资源包括人才、资金、市场等。错误估计市场使很多初创企业面临巨大的风险，如果一个企业的主打产品没有足够的市场，其失败几乎是必然的。缺少资金也会使很多创业者遭受挫折，事实上，只有企业在经营到一定程度以后，才会有资金的回流。所以，创业者必须充分估计到资金的需求量，而且一定要有相当的资金余地。努力降低创业成本，但是风险也意味着机会，例如浙商大都出身寒微，起初也是一穷二白，“无资金、无技术、无市场”，但最终草根成林。浙江是人均资源综合指数居全国倒数第三的“资源小省”，但现在却成了中国最大的“内资”（主要是民间资金）输出省份。市场上流传一句话：哪里有市场，哪里就有浙商。也有人说：哪里有浙商，哪里就有市场。这说明作为一个创业者不仅要善于追逐市场，而且要善于创造市场。

②面对挫折的风险。卡尔·马克思说：“自暴自弃，这是一条永远腐蚀和啃噬着心灵的毒蛇，它吸走心灵的新鲜血液，并在其中注入厌世和绝望的毒汁。”可以说自暴自弃是创业成功的头号天敌。其实大部分创业者在创业过程中都难免遇到大大小小的挫折，真正一帆风顺的创业者微乎其微。在失败和挫折面前，积极的态度还是消极的态度直接决定了创业者未来的命运。向挫折和失败投降的人，永远失去了成功的可能性；而乐观的态度对于一个创业者和企业来说是至关重要的，跌倒了，可以重新站起来。

案例 4-13

稀饭网 CEO 孙剑波创业的头两年，曾经和好友做过出版、广告、媒体代理等多个行当，但很少有人知道他刚出校门的第一个项目其实是设计一种“卫比斯心情 T 恤”，幻想能打造一个个性 T 恤衫的品牌。其实，这并非是一个很差的创意，个性 T 恤在美国流行文化的带动下确实开创了很大的市场，而两个年轻小伙子也确实具备打造一个品牌的创意能力和设计能力。但是，他们忽略了国内消费者的成熟程度和服饰市场渠道的复杂局面，更关键的是，忽略了盗版服装这一吞噬人的力量。起步的时候，未能看透形势，这就注定了，从创业第一天起，这个项目就无法避免失败的命运。雪上加霜的是：从 2003 年 5 月份开始，非典袭击北京城，孙剑波和他的伙伴不得不从小小的办公间搬到家里办公。口罩盛行，北京城的街道人影寥落，开店卖 T 恤的打算彻底破产了。他们只得先开了一个电子商务网站来贩售 T 恤。正是这样的无

学习笔记

奈让他们节约了部分资金，接下来的两年时间他们转而从事出版和广告行业取得了成功，用孙剑波的话来说：“我创业三年多，从来不知道什么叫一帆风顺。挫折和磨难甚至让我丧失尊严和自信，但而今回头去看，全是财富。”

（资料来源：https：//baike. baidu. com/item/% E7% A8% 80% E9% A5% AD%E7%BD%91/6272673？fr=aladdin）

③创业计划不明确的风险。机遇从来都是垂青有明确目标的人，同样，失败之神也很少放过那些没有明确目标的人。创业的道路上充满着荆棘和艰辛，不能光凭满腔热情和雄心壮志，还需要明确的目标和实现这些目标的周详计划。如果一个盲目的人成功了，那么只能说是歪打正着，是一种偶然的幸运，而绝不能作为成功的经验尊奉。计划是创业过程中指导性、方向性的东西，计划如果是错误的，或者是不明确的，尤其是关键的地方与步骤不明确，那么失败几乎是不可避免的。

（2）创业过程中的主要风险与防范

①是否能坚守创业目标的风险。进行一项创业工作，一定要坚持不懈，切记不可朝三暮四、见异思迁。一个企业在发展中是做大还是做强，这是每一个创业者都会遇到的两难问题。当你刚开始经商或者创业的时候，首先要将企业做强，而做强就需要专心做一件事情，不要盲目地做一些看来似乎有发展的项目，而分散精力，废弃主业，这样的结果往往是主业无法做强，做大也只是一个空壳子。每一个行业都有强劲的对手，都面临着严峻的竞争。如果不抓住自己的主业，盲目涉足一个自己不熟悉的领域，势必分散精力、资金，不但新的行业难有所建树，还会牵连自己的主业。所以，打算创业的人在最初时就应该耐得住寂寞，守得住目标。企业发展最重要的是企业自我定位的问题。在创业的道路上，往往有很多诱惑。当你遇到一项新的投资时，安心做自己的事情，才会把这件事情做好。就像马云所说：“像坚持初恋一样坚持梦想。”我们可以看到，即使在阿里巴巴最困难的时候，马云依然坚持自己的梦想不动摇，勇往直前。最终，阿里巴巴熬住了，活了下来，并且成为全球最大的企业电子商务网站。

②应对技术的风险。当企业发展到一定的阶段，为防范和降低技术风险，创业企业除了要加大研发投入，缩短研发周期以外，还要加强市场研究，迅速获得现有与潜在市场的产品信息，引领所在领域的产品潮流。一是综合考虑企业自身技术能力、资金量和所需时间，选择技术获得途径；若选择引进技术，则要在引进技术前对所引进技术的先进性、经济性和适用性进行评价；加强对职工的技术培训，提高员工对高科技设备的操作熟练度，减少不必要

学习笔记

的风险损失。二是在技术开发的过程中应加强技术管理，保证技术资料的机密性；要注意申请技术专利保护，防止技术的扩散给企业带来的损失。

③应对管理的风险。

A. 构建法人治理结构。建立科学的决策和监督机制是企业控制管理风险的前提，而这些又离不开合理的产权制度与健全的企业内部治理结构。所以，为减少企业管理风险，创业企业必须按照现代企业制度的要求，建立起真正的完善的法人治理结构。

B. 完善企业的内部控制制度。完善企业的内部控制制度的一个重要手段就是建立健全严密的内部控制系统。

C. 提高决策者、管理者的素质。对企业中高层管理人员的使用必须坚持德才兼备的用人标准，在人员甄选过程中两方面的素质都应该列入考核内容，同时还应加强员工的职业道德教育和业务培训工作。

（3）创业后期的主要风险与防范

创业者把创业构想变成现实，并使企业开始盈利或具备盈利前景的时候，我们可以说创业获得了成功。俗话说，创业容易守业难，创业成功以后，创业者和企业仍然面临着各种各样的风险，有的风险甚至会导致创业者功败垂成。创业成功以后，不管创业者选择让渡所有权或经营权，或者继续发展和开拓事业，保留企业的所有者和经营者的双重身份，企业都要经历一个休整期，这是不可逾越的阶段，在这个阶段，许多风险会迎面扑来，如果不及时化解这些风险，就会直接影响到企业的继续生存和发展。

①创业者心理失衡带来的风险。做企业的人要保持一个良好的心态，因为思想决定行动。心态不对，行动就容易错误，最后毁人毁己。但是企业家要保持一个良好的心态不容易，尤其是涉及利益格局和利益分配的时候。中国有句古话“富不过三代”，但如今有不少靠创业致富的人，在短短几年里就失去了辛苦积累而来的财富。这究竟是什么原因呢？据有关专家对这部分创业者失败原因的分析，其中有许多共同的地方，也就是创业成功以后心理失衡。

A. 好高骛远。务实的态度是创业的基础，好大喜功、好高骛远者最后只能落得“竹篮打水一场空”。

B. 忘乎所以。比如禹作敏成功后派头十足，用封建帝王的那一套来“统治”大邱庄，俨然成了割据一方的诸侯，到最后甚至公然对抗国家司法机构。为商先为人，如果丢失了做人之本，也就失去了发展之本。

C. 投机取巧。曾有“中国大陆首富”之称的牟其中，最后因犯外汇诈骗罪而被判无期徒刑。此类事件并非偶然事件，然而，靠欺骗手段建起来的基

学习笔记

业最后只能是空中楼阁。一分辛苦，一分成果。创业靠的就是实打实的苦干，而不是坑蒙拐骗、投机取巧。

②创业者不能随着市场发展而变化所带来的风险。创业者所处的原有行业，由于某些原因正处于没落之中，需要创业者去开拓陌生的、具有潜力的领域，这需要随时了解、学习和实践，才能把握好新的市场。除了企业本身，还包括产品创新、技术创新和制度创新。缺乏创新而只会模仿自己或别人过去成功的经验，是人类一直以来的弱点。有的创业者急功近利，只顾追求市场和产量，不主动要求创新，管理工作流于形式，自然看不见创新成果。这种只顾眼前利益，管理放松的做法最终结果就是技术放松，技术创新能力慢慢衰竭，核心竞争力无法形成。

③盲目扩张带来的风险。创业成功后，企业越是成功，创业者越是感到志得意满，有时甚至觉得无所不能，扩大经营和多元化便在所难免。摊子太大和对新业务不甚了解，难免会出现失误，从而侵蚀企业的利润，最终拖累之前的项目而导致失败。

思考与练习

1. 创业机会的特征分别有哪些？
2. 创业类型有哪几种？找出对应的创业成功事件。
3. 从社会老龄化、中国新城镇建设发展、新能源技术等方面看到了哪些有可能带来的新创业机会？
4. 分组讨论校园里有哪些创新创业机会。
5. 大学生创业存在哪些风险，如何防范？
6. 生活中有哪些问题能演变成创新创业的机会？

参考文献：

1. 陈震红，董俊武. 创业风险的来源和分类［J］. 经济与管理，2003（12）：55-58.

2. 孙洪义. 创新创业基础［M］. 北京：机械工业出版社，2016.

3. 吴晓波. 大败局［M］. 杭州：浙江大学出版社，2013.

4. 黄海燕. 大学生创业教育［M］. 长沙：湖南师范大学出版社，2013.

学习笔记

第5章 如何设计商业模式

本章导入

思路决定出路，布局决定格局，商业模式决定企业成败。著名管理学大师彼得·德鲁克说，当今企业之间的竞争，不是产品之间的竞争，而是商业模式之间的竞争。好的商业模式可以在赢得顾客、吸引投资者和创造利润等方面形成良性循环，使企业经营达到事半功倍的效果。商业模式已经成为当前理论界与实践界最为流行的词汇之一。在互联网经济时代，设计一个富有特色又切实可行的商业模式被许多企业视为竞争制胜的法宝。然而，不少企业往往只会看到京东、腾讯等成功商业模式的表象，很少认真思考“这些企业为何会设计这种商业模式”“这些企业又是如何能够保证商业模式成功”等更深层次的问题。

通过本章学习，你将能够：

1. 认识商业模式的本质；
2. 明确商业模式的构成要素；
3. 了解商业模式的基本类型；
4. 掌握商业模式的设计方法和工具。

知识储备

5.1 商业模式概述

在经济日益信息化和全球化的今天，商业模式的重要作用已经得到社会各界的高度重视。如果有一个好的商业模式，成功就有了一半的保证。饮料公司通过卖饮料来赚钱；快递公司通过送快递来赚钱；网络公司通过点击率来赚钱；通讯公司通过收话费赚钱；超市通过平台和仓储来赚钱，等等。只要有赚钱的地儿，就有商业模式存在。

学习笔记

案例 5-1

一位美国大学生，在清扫宿舍卫生时，从大家的床底下扫出很多硬币，归还给室友们，但是室友们都不要，说硬币装着麻烦。此后他积攒的硬币越来越多。于是他就思索，硬币会给人带来麻烦，麻烦意味着商业价值，麻烦越大，蕴含的商业价值和机会就越大。因为超市的硬币流通量最大，他就在超市安装了一台硬币交换机，投进去硬币可以兑换出相应的纸币，他在中间赚取高达 9%的手续费；手续费和超市按一定的比例分成。这就是一个很简单的商业模式。这个生意并不需要人力成本，不需要高科技，这种商业模式成功的关键是签订了一份排他性的独占协议，即超市只能和他一家签，不能和别的企业签。

（资料来源：http：//3y. uu456. com/bp_ 4uvz59l8sz4n25q6n2d5_ 2. html）

案例 5-2

携程旅行网现已发展成为中国最大的集宾馆预订、机票预订、度假产品预订、旅游信息查询及特约商户服务为一体的综合性旅行服务网络公司，是目前中国最大的宾馆分销商，提供可供预订的国内外星级酒店多达 2100 多家，遍布国内外 200 多个城市；建成了目前中国最大的机票预订服务网络，覆盖中国的 35 个大中城市，推出了以“机票加酒店”为主的度假游业务，为中国旅游行业的发展开辟了新的思路。然而，携程不是经销商，而是信息服务供给商——所提供的信息中介服务，一方面使全国的旅行者能及时找到所需要的酒店，并获得最低的客房价格；另一方面又能使遍布全国各地的宾馆、酒店提高入住率，获得应有的消费者，携程公司由此获得了巨大的经济效益。携程的商业模式是提供旅游、机票和酒店的一站式服务，其业务是最传统的旅游服务业，靠收代理费作为经济增长点。许多商业实践证明，那些愿意花时间和精力创新商业模式的企业，最终都得到了巨大的回报。

（资料来源：http：//www. doc88. com/p-9059472702337. html）

5. 1. 1 商业模式的定义

商业模式的兴起有深刻的社会背景，20 世纪末互联网的出现使得商业模式引起主流社会的关注。虽然商业模式这一名词在今天出现的频度极高，然

学习笔记

而关于它的定义仍然没有一个权威的版本。

最初的定义：保罗·泰莫斯（Paul Timmers）把商业模式定义为一个完整的产品、服务和信息流体系，包括每一个参与者和他在其中起到的作用，以及每一个参与者的潜在利益和相应的收益来源与方式。在分析商业模式过程中，主要关注一类企业在市场中与用户、供应商、其他合作办的关系，尤其是彼此间的物流、信息流和资金流。

专家学者的定义：清华大学雷家骕教授概括出的商业模式定义为：一个企业如何利用自身资源，在一个特定的包含了物流、信息流和资金流的商业流程中，将最终的商品和服务提供给客户，并收回投资获取利润的解决方案。

通俗的定义：商业模式就是描述企业如何通过运作实现其生存与发展的“故事”。简单地讲，商业模式就是企业的动态盈利战略组合。

由以上对商业模式的定义可知，商业模式是为了满足客户需求或实现客户价值，而采取整体解决方案和一切方式方案的整合，也就是实现客户价值的逻辑。把它再展开，你会发现企业如何获得资本，用资本做什么，为谁做，用什么做，怎么做，用什么方式提供给需求者，最终获得利润的整体解决方案，而这个整体解决方案就是商业模式。

因此，我们不妨将商业模式定义为：为了实现客户价值最大化，把能使企业运行的内外各要素整合起来，形成一个完整的、高效率的、具有独特核心竞争力的运行系统，并通过提供产品和服务，使系统达成持续赢利目标的整体解决方案。

以上的概念都过于生硬和学术化，实际上，作为初创者而言，要设计好自己的商业模式，只需回答清楚四个最基本的问题：

（1）谁是企业的顾客？

（2）顾客需要什么？

（3）企业如何从这项业务中获取利润？

（4）企业以适当的成本为顾客提供价值的经济逻辑是什么？

5.1.2 商业模式的构成要素

由于研究者对商业模式构成要素的认识是基于其对商业模式概念的认识衍生而来，这也就导致了研究者对商业模式构成要素存在一定的分歧。

博兹艾伦汉密尔顿公司的管理咨询顾问 Viseio 和 Patemark 认为，好的商业模式应该由核心观点、经营单元、治理模式、服务项目以及系统联系这五个部分构成，两人从绩效管理的角度来强调整个系统不应该仅仅产生五个组

学习笔记

成部分的个别价值，还必须产生其他的系统价值[1]。

亚历山大·奥斯特瓦德（Alexander Osterwalder）把商业模式框架划分成四个部分九个子元素，分别是：产品（价值主张）、客户界面（分销渠道、目标顾客、顾客关系）、基础设施管理（核心能力、价值结构、伙伴网络）和财务状况（收入模式、成本结构）[2]。

魏炜、朱武祥认为，商业模式由定位、业务系统、关键资源能力、盈利模式、自由现金流结构、企业价值等构成[3]。罗珉通过对国内外研究进行分析，认为商业模式有八个构成维度，即价值主张、价值网络、核心战略、组织设计、产品与服务设计、资源配置、经营收入机制以及盈利潜力[4]。

综上所述，尽管国内外学者关于商业模式组成要素的研究角度不同，但都在不同程度上体现了对客户、市场、资源等要素的重视。尽管商业模式的构成要素也繁多，但并不是杂乱无章的。不管怎样，商业模式是一个由各种要素组成的整体，必须是一个结构，而不仅仅是某个单一的组成因素；商业模式各组成要素之间必须有内在逻辑关系，这个内在逻辑关系把各组成部分有机地联系起来，使它们互相支持、共同作用，形成一个良性的循环，建立了一个从商业战略到行动的内在逻辑。

5.2 商业模式的类型

5.2.1 多边平台式商业模式

传统的农贸市场就是一个典型的多边平台式商业模式。在农贸市场里，你要同时招揽多个买方和卖方。如果只有卖方来加盟，但却没有买家来买，卖家会转移到别的地方；同理，如果只有买方，没有卖方，买家无货可买，买方也会散去。所以要同时把多个买家和卖家同时集中到你的平台上面，平台才能不断成长。

多边平台被经济学称为多边市场，作为一种重要的商业现象，随着信息技术的发展，该平台得以迅速兴起，特别是基于互联网的交易平台。如，百度、微信、淘宝、京东商城、大众点评、亚马逊、当当网等都是利用现代技术发展成功的多边平台经典案例。

所谓的多边平台，是将两个或者多个有明显区别但又相互依赖的客户群

学习笔记

体集合在一起，通过促进各方客户群体共同互动来为参与各方创造价值。其中，平台是连接客户群体的中介，其成功的关键是必须同时吸引和服务所有客户群体并以此来创造价值。

事实上，多边平台对于某个特定用户群体的价值基本上依赖于这个平台“其他边”的客户数量。平台运营商通常会通过为一个群体提供低价甚至免费的服务来吸引他们，并依靠这个群体来吸引与之相对的另一个群体。比如谷歌，提供免费的业务（如搜索、谷歌地图）吸引更多的用户，提升了对广告主的吸引力，从广告主这挣了钱。再比如腾讯的 QQ 是免费的，但巨大的用户群，使得无论开发什么业务，都能找到收入来源。所以，多边平台需要不断吸引更多用户的参与以使平台价值得到提升，从而吸引更多参与者加入，提升平台价值。

案例 5-3

Google 商业模式的核心价值主张是其在全球网络提供极具针对性的文字广告。通过这个被称作 AdWords 的服务，广告主可以在 Google 搜索页面上发布广告和赞助商链接。当人们使用 Google 的搜索引擎时，这些广告会显示在搜索结果的旁边。Google 确保仅与搜索关键字相关的广告被显示。该服务对于广告客户非常有吸引力，这允许广告主针对具体的搜索和特定人口统计目标定制在线广告营销活动。但是该模式只有在很多人使用 Google 的搜索引擎时才能运转起来。使用 Google 搜索引擎的人越多，Google 就能显示更多的广告并为广告主创造更大的价值。

作为一个多边平台，Google 有非常独特的收入模式。它从广告商客户那一边赚钱，而同时免费补贴另外两边的客户群体：网民和内容所有者（站长）。这是合乎逻辑的，因为 Google 显示给网民的广告越多，它从广告主那里赚得就越多。反过来，已增加的广告收入，愈加刺激了更多内容拥有者（站长）成为 AdSense 的合作伙伴。广告主不会直接从 Google 购买广告位，而是竞标与关键字有关的广告关键字，无论关键字是与搜索关键字关联还是与第三方网站内容关联。竞标是通过 AdWords 拍卖服务进行的：越受欢迎的关键词，广告客户就要为它付出越高的价格。Google 从 AdWords 赚取的可观收入允许它持续改进自己针对搜索引擎用户和 AdSense 用户提供的免费（服务）。

（资料来源：http：//www. doc88. com/p-9793337322337. html）

学习笔记

5.2.2 长尾式商业模式

“长尾”一词最初由美国《连线》杂志编辑克里斯·安德森（Chris Anderson）在 2004 年十月刊登的《长尾》一文中提出，用来描述诸如亚马逊、Netflix 和 Google 之类网站的商业和经济模式。是指那些原来不受到重视的销量小、种类多的产品或服务由于总量巨大，累计起来的总收益超过主流产品的现象。形象地说，长尾市场就是指在商业经济市场发展中，一个大的热门商业市场后面由无数的非热门小市场跟着，就像一条长长的尾巴，虽然看起来没啥用，但如果全结合起来，那就是一个超过热门市场的超大市场。

长尾效应颠覆了传统的商业观念，那种“企业只能面向大众大批量提供少数几种产品，通过规模效应降低成本和价格，以大批量的销售获得利润”的观点，已经被“现在为利基市场（即长尾市场）提供种类多而数量少的产品，也能够取得与追求规模化销售、为大众市场服务的企业一样的盈利水平，甚至更高”的现状所替代。在互联网领域，长尾效应尤为显著。互联网的存在使得商品的存储、流通、展示和渠道变得更加宽广，商品的销售成本急剧降低，而且生产成本也急剧下降以至于个人都可以进行生产。几乎任何以前看似需求极低的产品，只要有的卖，就会有人买。这些小众的、需求和销量不高的产品所占据的市场份额，可以和主流产品的市场份额相当。如唯品会、当当网、亚马逊等一大批经营或涉足经营产品的网络企业的迅猛发展，都是长尾理论的优秀案例。

长尾理论的基本原理是，只要存储和流通的渠道足够大，需求不旺或销量不佳的产品共同占据的市场（长尾市场）份额就可以和那些数量不多的热卖品所占据的市场（大头市场）份额相匹敌甚至更大。它告诉我们，98%的产品都有机会被销售，我们不能忽视冷门商品，无数个冷门商品汇聚起来，完全可以得到与热门商品相匹敌的巨大利润空间，即众多小市场汇聚成可与主流大市场匹敌的市场能量。它强调的是在后面那些被认为不能带来盈利的尾巴里寻找盈利点。长尾理论实现的条件：

（1）尽量齐全的商品种类，并合理地推荐“冷门商品”；

（2）以低价降低门槛，制造小额消费者；

（3）控制成本，包括库存成本、物流成本、客服成本。

长尾式商业模式是基于强大的平台和低成本的物流和供应链，向注重个性化消费的市场提供种类繁多而数量很少的产品和服务而形成的一种新型商业模式。[5]

学习笔记

案例 5-4

亚马逊网上书店成立于1995年，是全球电子商务的成功代表，读者可以在亚马逊网站上买到近150万种英文图书、音像和影视产品。在亚马逊网络书店销售的图书，有大量来自排名10万名以后的书籍。这些“冷门”书籍随时可能在网络上被“挖掘”出来，经网络迅速传播，销售高速增长。

亚马逊创始人一开始就预言这类书籍将会占到整个图书市场的一半。这意味着消费者在面对网络所提供的无限选择时，多样的需求都能得到满足，也意味着商品品种将越来越分散。事实上，亚马逊的壮大正是得益于对长尾市场的发掘和满足。亚马逊投入了巨资建立自己的仓储物流系统，凭借先进高效的物流体系、超大的商品容量及集散能力，提供了品种最为齐全的商品。

1999年，亚马逊网站开始扩大销售的产品门类。现在，除了图书和音像影视产品，亚马逊同时在网上销售服装、礼品、儿童玩具、家用电器等商品。亚马逊的销售模式其实与大多数其他大型网上零售商没有什么不同，只是所售商品的种类非常多：有美容产品、服装、珠宝、美食、体育用品、宠物用品、书籍、CD、DVD、电脑、家具、玩具、园艺用品和床上用品等。消费者几乎可以在这里买到所有商品。成为电子商务巨头的秘密在于细节，亚马逊除了提供品种齐全的商品外，还尽可能为顾客提供个性化的购物体验，比如送货上门，货到付款。

亚马逊已经是世界上销售量最大的书店，可以提供310万册图书目录，比全球任何一家书店的存书要多15倍以上。实现这一切既不需要庞大的建筑，也不需要众多的工作人员，2009年亚马逊在全球范围内上线了21个新的品类，其中包括在日本售卖汽车，在法国上线母婴产品，以及在中国销售服装和鞋子。

（资料来源：http：//www. wendangxiazai. com/b - 67e8c525941ea76e58fa04eb. html）

5.2.3 免费式商业模式

20世纪初，吉列品牌创始人金·吉列发明了一次性刀片式剃须刀。他尝试了各种营销方式，但销量平平。20世纪70年代推出第二代剃须刀后，公司将一次性刀片作为赢利点，通过免费发放剃须刀来培养消费者的使用习惯，使他们对一次性刀片产生依赖。这是免费式商业模式最经典的案例。

如今，我们生活中随处可以看到免费报纸、免费食物、免费软件等各种免费产品或服务，我们也随时可以通过互联网免费收听广播、观看电视节目、聊天、通话……这些五花八门的免费产品、层出不穷的免费模式用传奇的发展速度吸引着众人的眼球，免费模式与产品已经无声无息地渗入生活的方方面面。

克里斯·安德森针对这些现象又提出免费式商业模式的概念，并得到了广泛认同。他认为，免费式商业模式是指将免费商品的成本进行转移（转移到另一个商品，或者后续服务上）；或者将免费商品的成本极大地降低，低到趋近于零。在实体市场中，边际成本趋于零是很难实现的，所以免费商业模式的应用主要是将免费商品的成本转移到另一种商品或服务上。

实质上免费式商业模式，是指商家利用大众乐于接受“天上掉馅饼”的心理，借助免费手段销售产品或服务建立庞大的消费群体，塑造品牌形象，然后再通过配套的增值服务、广告费等方式取得收益的一种商业模式。这种商业模式本身的成本很低，而“免费”的金字招牌对顾客有着无穷的吸引力，能在短时间内使企业迅速占领市场，扩大知名度。

免费式商业模式不是不赚钱，而是实现了“赢利点的偏移”，其本质是通过“交叉补贴”，即以其他细分客户付费的方式给免费客户提供补贴。用一句通俗的话来说，就是客户免费，第三方收费。对于消费者来说，免费意味着以后的付费，对于企业来说，免费是为吸引消费者实现成瘾消费，而更好地收费。

尽管现有的免费模式花样繁多，从免费到实现利润的路径也大相径庭，根据对各类免费式商业模式收入来源的分析，可以将免费式商业模式分为四大类[6]：

(1)“免费 + 广告”模式。免费向消费者提供产品或服务，有一定的用户基础后，通过广告商投放广告来实现盈利。视频网站就是一个典型案例，我们通过视频网站免费观看各类节目，但在观看正片前必须先收看广告。

(2)“免费 + 增值服务收费”模式。根据客户需求，为客户提供超出常规服务范围的服务，或采用超出常规的服务方法提供服务，如会员收费制等。仍以视频网站为例，普通用户只能收看免费视频，播放视频前必须收看广告，而付费会员则可以享受免广告、包月片库免费看、会员宽带加速、免费观影券等其他增值服务。

(3)“免费 + 隐性收费”模式。通过消费者不能觉察的方式收费，他们以为自己免费获得了某产品或服务，实际上费用已包括在其他产品或服务中，这一商业模式在很大程度上刺激了消费者非理性的消费情绪。True color 是一

学习笔记

家文化酒吧，消费者只需为酒水和饮食买单，无需为观看吧内演出或参与吧内其他活动买单。这就是典型的隐性收费模式。该酒吧的人均消费低则四五百，高则上千，其提供演出服务的成本都将在酒水、饮食收入中扣除。

（4）“免费 + 诱钓”模式。通过廉价、有吸引力甚至是免费的初始产品或服务，促进相关产品或服务未来的重复购买的商业模式。吉列公司的一次性刀片式剃须刀便是利用的诱钓原理。

5.2.4 非绑定式商业模式

非绑定式商业模式认为，企业由于受到经济因素、竞争因素和文化因素三种因素驱动而形成三种不同的基本业务类型，这些业务分别是客户关系型业务、产品创新型业务和基础设施型业务（见表 5-1）。客户关系型业务的职责是寻找和获取用户并与他们建立关系；产品创新型业务的职责是开发新的、有吸引力的产品和服务；基础设施型业务的职责是构建和管理平台，以支持大量重复性的工作。

表 5-1　非绑定式商业模式

驱动因素＼业务类型	产品创新型业务	客户关系型业务	基础设施型业务
经济因素	更早地进入市场可以保证索要溢价价格，并获取巨大的市场份额，速度是关键	获取用户的高昂成本决定了必须获取大规模的客户份额，范围经济是关键	高昂的固定成本决定了通过大规模生产达到单位成本降低的必要性，规模是关键
竞争因素	针对人才而竞争；门槛低；较多小公司繁荣兴旺	针对范围而竞争，快速巩固；寡头占领市场	针对规模而竞争，快速巩固；寡头占领市场
文化因素	以员工为中心；鼓励创新人才	高度服务；客户至上心态	关注成本；统一标准；可预测和有效性

非绑定式商业模式概念认为，客户关系型业务、产品创新型业务和基础设施型业务这三种业务类型受不同因素驱动，同一组织中这些业务类型彼此之间会发生冲突，或导致不利的权衡妥协，因而主张企业应该分离这三种业务，并在企业内部聚焦到这三种业务类型之一。

非绑定式理论对于综合型业务公司和为大企业服务的中小型企业的商业模式设计具有很好的参考意义。例如，电信一般都同时经营三种业务：基站、电信网络等设施建设是属于基础设施型业务；动感地带、神州行等品牌，客户区隔和服务是属于用户运营型业务；而地图、游戏、视频、音乐等内容的开发提供则属于产品创新型业务。2014 年电信行业进行了两大尝试，一是铁塔公司的成立，二是虚拟运营商牌照的发放。此举正是为纠正过去将电信行业的基础设施业务和用户运营业务混合经营带来的基础设施重复建设问题，以便实现基础设施的规模经济，是一次非绑定的商业模式变革。

5.3 商业模式设计的思路和方法

每个企业都有各自的特点，其商业模式也不尽相同。成功的商业模式能够产生具有自我强化能力的良性循环，能不断增强企业的竞争优势和战略定位，这是商业模式最具影响力的一个方面。每一个企业或者创业者都想为自己设计一个独特的、全新的商业模式来超越其他企业。

5.3.1 商业模式设计的思路

商业模式指的是企业如何创造价值、传递价值和获取价值的基本原理，它由业务系统和盈利模式两个核心部分构成。商业模式设计就是企业基本盈利假设和实现方式，以及由此产生的不同价值链和不同资源配置的模式，其目的是为了最大化企业价值。

一个优秀的商业模式既不是一蹴而就的，也不是一成不变的。一是企业自身发展的变化，商业模式需要不断地得到修正、完善；二是产业环境和竞争态势的变化，商业模式需要进行新的设计和调整。因此，商业模式设计既是创业机会开发环节的一个不断试错、修正和反复的过程；又是分解企业价值链条和价值要素的过程，涉及要素的新组合关系或新要素的增加。商业模式设计，必须要基于企业现有的资源以及市场竞争的现实。

案例 5-5

20 世纪 50 年代中期，静电复印术面世了。这种技术复印出来的复印件是干的，既干净又整洁；复印速度也非常快，每天可达数千张，远远高于当时主流的复印机。然而，与主流复印机 300 美元的售价相比，采用静电复印术的机器制造成本是 2000 美元。

当时，复印机厂家盛行的做法是采用“剃须刀—刀片”模式：对复印机

学习笔记

设备用成本加上一个适当的利润卖出，目的是为了吸引更多的客户购买；而对配件和耗材则是单独收费，并且通常会在其成本之上加很高的溢价，以获取高额利润。显然，由于设备的成本过高，静电复印术很难照搬这种商业模式。

在经受各种质疑之后，施乐 Xerox 最终采取了一种新的商业模式，并于 1959 年推向市场：消费者每个月只需支付 95 美元，就能租到一台复印机，如果每月复印的张数不超过2 000 张，则不需要再支付任何其他费用；超过 2 000 张以后，每张再支付 4 美分。如果客户希望中止租约，只需提前 15 天通知公司即可。

结果，效果好得出奇：由于复印质量很高，而且使用方便，用户的办公室一旦安装了这种复印机，每天、而不是每个月，就要复印 2 000 张！这意味着从月租的第二天起，绝大多数的复印机每多复印一张，就可以带来额外收入。

此后十几年，施乐公司收入增长率一直保持在 41%，其股权回报率 ROE 也一直长期稳定在 20% 左右。到了 1972 年，原本一家资本规模仅有 3000 万美元的小公司，已经变成了年收入高达 25 亿美元的商业巨头！

（资料来源：http：//book. jrj. com. cn/book/book/detail_ 61233. shtml）

这是一个典型的商业模式设计的例子。跟原来的吉列“剃须刀—刀片”模式相比，施乐复印机的商业模式满足的顾客需求没有变，但在满足顾客需求的方式上发生了变化，最终不管从交易价值上，还是交易成本上都发生了彻底的变革，其商业模式的价值无疑更大。因此，其商业成就更加辉煌也就不奇怪了。施乐复印机的历史，完美地诠释了好的商业模式设计的重要性。

商业模式设计的思路应该遵循六个方面的核心要求：寻求最佳定位、锁定目标客户、构建业务系统、挖掘关键资源能力、选好盈利模式、提高企业价值。

（1）寻求最佳定位

定位就是企业应该做什么，它决定了企业应该提供什么特征的产品和服务来实现客户的价值。定位，首先要选择“最有潜力提供长期利润增长的消费群”，并确定为他们提供什么样的“独特价值”；其次这一选择要不断变化，当价值向新的区域转移时，定位也要跟进。定位是企业战略选择的结果，也是商业模式体系中其他有机部分的起点。

（2）锁定目标客户

实现成功的价值定位的另一种活动就是锁定目标客户。识别和确定企业的目标客户，意味着企业必须考虑服务于哪个地理区域和客户细分。分析和把握客户需求的关键是识别和满足新的或潜在的顾客需求、或掌握客户未被满足的隐性需求，从产品创新转变为需求创新，以发现新的增长机会。

（3）构建业务系统

业务系统主要指企业与客户、供应商及其他合作伙伴所形成的价值链网络，它反映的是企业与内外利益相关者之间的交易关系，业务系统的构建是商业模式设计的核心部分，商业模式的与众不同和难以模仿主要通过业务系统之间的差异来体现。

企业在构建独特的业务系统时，一是要针对不同的利益相关者确定关系的种类及相应的交易内容和方法；二是在明确各利益相关者在价值链中的业务活动之后，制定出科学合理的利益分配机制，实现共赢。业务系统中利益相关者之间形成的关系网络是一套复杂的运行机制，深嵌在企业价值链中，因此不易被对手模仿。

（4）挖掘关键资源能力

业务系统决定了企业所要进行的活动，而要完成这些活动，企业需要掌握和使用一整套复杂的有形和无形资产、技术和能力。让商业模式有效运转所需要的重要资源和能力统称为“关键资源能力”。挖掘和运用企业的关键资源能力有助于形成和打造核心竞争力。商业模式中关键资源能力的确定方法是以企业内的单个能力要素为中心，寻找、构造能与该能力要素相结合的其他利益相关者；同时对企业内部价值链上的能力要素进行有效整合，以创造更具有竞争力的价值链产出。

（5）选好盈利模式

盈利模式指企业如何从为客户提供的价值中，获得收入、分配成本、赚取利润。良好的盈利模式不仅能够为企业带来利益，更能为企业编制一张稳定共赢的价值网。现代企业的盈利模式不尽相同，相同行业的企业，其定位和业务系统不同，盈利模式不同。即使定位和业务系统相同的企业，盈利模式也可以不同。

（6）提高企业价值

企业价值，即企业的投资价值，是企业预期未来可以产生的自由现金流的贴现值。如果说定位是商业模式的起点，那么企业的投资价值就是商业模式的归宿，是评判商业模式优劣的标准。企业的投资价值由其成长空间、成长能力、成长效率和成长速度决定。好的商业模式可以做到事半功倍，即投入产生效率高、效果好，包括投资少、运营成本低、收入的持续成长能力强。

学习笔记

5.3.2 商业模式设计的基本方法

成功企业肯定有非常好的商业模式，然而它也会面临被其他企业快速模仿或利用相似的商业模式与其展开竞争。因此，企业和创业者不但要学习如何设计商业模式，而且更应该好好地去研究成功企业的商业模式，学会如何从商业模式的设计中为企业找到新市场与空白市场，在市场竞争中保持先发优势或构筑结构性壁垒。如今，许多企业都是在模仿改进现有商业模式的基础上收获了巨大成功，例如腾讯、百度等。下面介绍几种商业模式设计的基本方法。

（1）全盘复制法

全盘复制商业模式的方法比较简单，即对优秀企业的商业模式进行直接复制，有时也需要为适合企业情况略加修正。全盘复制的方法主要适用于行业内的企业，特别是同属于一个细分市场或拥有相同的产品的企业，更包括直接竞争对手之间商业模式的互相复制。

全盘复制商业模式的方法需要注意两点：一是需要快速捕捉到商业模式的信息，谁先复制就可能具备先发优势；二是主要进行细节调整，复制不等于生搬硬套，需要针对细分市场或企业情况进行适用性调整。

案例 5-6

亚马逊公司，是美国最大的一家网络电子商务公司。它成立于 1995 年，一开始只经营网络的书籍销售业务，现在则扩及了范围相当广的其他产品，已成为全球商品品种最多的网上零售商和全球第二大互联网企业。亚马逊是电子商务企业中最早做 B2C 商业模式的，这种模式具有独立的销售平台，具有成本低、容量大、长尾效益等优点，主要依靠销售商品及服务来盈利，解决了传统零售业面临经营成本偏高、门店过度膨胀、零售利润下滑、经营品种受限等问题。

由于亚马逊公司的主营业务主要是在美国，对中国市场并未涉及，所以就给了中国企业复制并运用到中国市场的机会。当当网则是国内最早复制模仿亚马逊商业模式的企业，由于当当网最早进入 B2C 并复制成功，所以当当网目前保持国内 B2C 的领先地位。在当当网之后，卓越网则是基本复制了亚马逊和当当网的商业模式，目前也取得了中国市场 B2C 第二位的定位。等亚马逊想进入中国市场时，发现中国市场 B2C 市场已经被当当网和卓越网垄断，

学习笔记

以至于亚马逊为进入中国市场只能直接并购了卓越网。

（资料来源：http：//www. ceosaga. com/EMBAwk/zhanlueguanli/20150508/5556. html）

（2）借鉴提升法

借鉴提升法是指学习研究优秀的商业模式，提炼和节选出优秀商业模式中的核心内容或创新概念，并与自身企业现阶段商业模式的相关内容进行对比、查找问题和不足。如果这些创新点比自身企业现阶段商业模式中的相关内容更符合企业发展需要，企业就应结合实际需要，引用这些创新概念并使其发挥价值。

借鉴提升法也叫引用创新点法，其适用范围最为广泛，不同行业、不同竞争定位的企业都适用。注意，在实际引用中主要是取其商业模式较为创新的一个点，这个点一般会集中在盈利模式，当然，产品模式、业务模式、运营模式的创新点也会被进行引用。

案例 5-7

腾讯的商业模式是通过增加用户黏性，将长尾效应发挥最大价值，使用户自愿花钱购买腾讯的增值服务。在此指导思想上，腾讯实施混合业务，横跨多个业务领域，并不断借鉴行业内其他比较好的商业模式使旗下业务均能实现盈利。

在 2002 年，一位赴韩国考察当地互联网生态的腾讯员工，被一款名为 Avatar 的游戏在网络游戏中销售用户虚拟形象的做法触动，该员工迅速将这家韩国公司的做法报告给腾讯总部。经过对 Avatar 游戏销售举措的深入学习和研究，腾讯公司认为此种销售虚拟填充物和装饰品的商业模式对公司的发展有很大的推动作用，于是迅速采用这种商业模式，并取得了成功。如腾讯的博客服务（Qzone）就是通过销售虚拟填充物和装饰品，成为国内最早盈利的博客产品。

（资料来源：http：//3y. uu456. com/bp_ 1i7jb0yu0p1xu1x81hbm_ 2. html）

（3）逆向思维法

逆向思维也叫求异思维，它是对司空见惯的似乎已成定论的事物或观点反过来思考的一种思维方式。敢于“反其道而思之”，让思维向对立面的方向发展，从问题的相反面深入地进行探索，树立新思想，创立新形象。逆向思

学习笔记

维法学习商业模式是指通过对行业领导者商业模式或行业内主流商业模式的研究学习，模仿者有意识实施反向学习，即市场领导者商业模式或行业内主流商业模式如何做，模仿者则反向设计商业模式，直接切割对市场领导者或行业内主流商业模式不满意的市场份额，并为他们打造相匹配的商业模式。逆向思维的学习方法主要适用于行业内的挑战者，包括处于行业内前五位左右的企业或某细分市场。

采取逆向思维的方式学习商业模式时有三个关键点，一是找到行业领导者或行业主流商业模式的核心点，并依据此制定逆向商业模式；二是企业在选择逆向制定商业模式时，不能简单追求反向，需确保能够为消费者提供更高的价值，并能够塑造新的商业模式；三是防范行业领导者的报复行动，评估领导者可能的反制举措，并制定相应的措施。

案例 5-8

“一手交钱、一手交货”，天经地义，这是许多传统商业普遍采用的经营思路，2009 年前的杀毒软件行业也不例外。当时，整个杀毒软件行业被瑞星、金山等几个巨头垄断，表面上看，后期的小公司根本无法进入，即使进入几乎也没有生存空间。然而，奇虎 360 改变了游戏规则，它依据逆向思维的办法制定相反的商业模式，推出了反其道而行的服务策略——杀毒软件终身免费。360 的免费杀毒对传统杀毒市场来说，是一种商业模式上的颠覆。免费完全消除了价格歧视，把用户的使用门槛降到了零，用户使用 360 免费杀毒没有任何成本，因此 360 的业务迅速推广开来。此外，360 还将自己的产品定位从单纯的杀毒演变为电脑的“安全卫士”，给那些不懂和不想去学习计算机知识的人使用，这些策略均为其带来了惊人的用户量。

（资料来源：http：//www.360doc.com/content/13/0329/20/9657486_274763661.shtml）

（4）延伸扩展法

延伸扩展法是指对新的商业模式进行学习，研究使用这种商业模式的企业其所在的行业及细分市场，从而寻找出同一行业内尚未开发的其他细分市场，并将该种商业模式的主体框架扩展运用到同一行业的不同细分市场。延伸扩展法适用于行业内所有的企业。

延伸扩展法在具体实施时有两个难点，一是如何能够找到尚未开发的细分市场；二是该商业模式在实际运用中，如何针对细分市场进行优化和调整。

学习笔记

案例 5-9

分众传媒是中国领先的数字化媒体集团，创建于 2003 年，产品线覆盖商业楼宇视频媒体、卖场终端视频媒体、公寓电梯媒体（框架媒介）、户外大型 LED 彩屏媒体、电影院线广告媒体、网络广告媒体等多个针对特征受众，并可以相互有机整合的媒体网络。2005 年 7 月，分众传媒成功登陆美国纳斯达克，成为海外上市的中国纯广告传媒第一股。

航美传媒成立于 2005 年底，它的商业模式与分众传媒基本一致，核心业务是在机场机载电视上播放商业广告，它将分众传媒的商业模式延伸扩展到机场这个细分市场。航美传媒打造的“中国机场电视联播网”拥有国航、东航、南航等 9 家航空公司 2 000 多条航线机舱电视和北京、上海、广州、成都等全国 52 家主流机场电视经营权。2007 年 11 月，航美传媒（Nasdaq：AMCN）在纳斯达克上市，融资 2.25 亿美元。如今，航美传媒业务范围覆盖北京、上海、广州等国内 53 家主要机场，以及国航、东航、南航等 12 家航空公司机载电视系统的“中国专业航空媒体网”。

（资料来源：http：//finance.eastmoney.com/news/1373，2010052076117099.html）

（5）整合创新法

基于企业已经建立的优势或平台，依托消费者对本企业的忠诚度或用户黏度，通过吸收和完善其他商业模式进行整合创新，使自己进一步在本领域拥有产业链优势、混合业务优势和相关竞争壁垒。整合创新模式主要适用于行业领导者或细分市场领导者，其余企业尚不具备整合所需的各项能力和要素。

采取整合创新的方式设计商业模式时，需要特别关注企业现有平台是否具备一定优势，能否承担整合平台的重任，否则整合创新将失去基础。

案例 5-10

在传统行业，普通游乐园是通过建立游乐设施、出售门票等方式构建商业模式，而迪士尼则在此基础上，利用世界各地的迪士尼乐园建立卡通形象的品牌力量，并整合影视、图书、玩具、礼品、服装、商业地产等多种产品，通过品牌形象的多层次深入开发和利用，不但保持了迪士尼的领先定位，也

学习笔记

实现了迪士尼品牌在多领域的溢价和永续发展。

（资料来源：http：//kcy. bl. gov. cn/show. aspx？ nid = 86b27aca - 85fc - 4d96-b208-5759ab65e111）

5.4 商业模式设计工具

5.4.1 商业模式画布

商业模式描述了企业如何创造价值，传递价值和获取价值的基本原理。它并不仅仅是各种商业要素的简单组合，而且是把这些要素有机地联系在一起，从而阐明各个企业或某项活动的内在商业逻辑。亚历山大·奥斯特瓦德提出的商业模式设计框架很好地回答了商业模式涉及的“如何创造价值、传递价值和获取价值”三个基本问题，可以帮助厘清商业模式。该框架包含九个关键要素：客户细分、价值主张、渠道通路、客户关系、收入来源、核心资源、关键业务、重要伙伴和成本结构。

商业画布指一种能够帮助团队催生创意、降低猜测、确保他们找对目标用户、合理解决问题的工具。商业画布不仅仅只是一个工具，它更多的是一种思考方式和方法，通过科学的理论和真实的模块关联帮助我们去看清楚一家公司、组织、个人的人生观、价值观、世界观。商业画布使得商业模式可视化，使用统一的语言讨论不同商业领域。商业画布不仅能够提供更多灵活多变的计划，而且更容易满足用户的需求。更重要的是，它可以将商业模式中的元素标准化，并强调元素间的相互作用。

我们把亚历山大·奥斯特瓦德提出的九个关键要素整合在一个“商业模式画布”中，每个要素对应画布上的一个空格，通过向这些空格里填充相应的内容，描绘分析乃至设计和重构企业的商业模式。

（1）客户细分。用来描述一个企业想要接触和服务的不同人群或组织，即组织机构的服务对象。

以客户为中心，回答了以下问题：

◆我们正在为谁创造价值？

◆谁是我们最重要的客户？

一般来说，可以将客户细分为五类群体类型：①大众市场：价值主张、

学习笔记

渠道通路和客户关系全都聚集于一个大范围的客户群组，客户具有大致相同的需求和问题；②利基市场：价值主张、渠道通路和客户关系都针对某一利基市场的特定需求定制，这种商业模式常常在供应商—采购商的关系中找到；③区隔化市场：客户需求略有不同，细分群体之间的市场区隔有所不同，所提供的价值主张也略有不同；④多元化市场：经营业务多样化，以完全不同的价值主张迎合完全不同需求的客户细分群体；⑤多边平台或多边市场：服务于两个或更多的相互依存的客户细分群体。

（2）价值主张。用来描绘为特定客户细分创造价值的系列产品和服务。即组织机构为客户解决的问题或满足的需求。比如王者荣耀，其价值主张是为了给玩家创造更多的快乐，让玩家在团队协作和个人技能展示方面找到成就感和满足感。再如脑白金，其价值主张是帮助消费者（更多的是年长者）能够健康睡眠，润肠通便，拥有健康的体魄和美好的生活状态。

针对哪些客户细分，提供什么样的价值主张？价值主张主要回答以下问题：

◆我们该向客户传递什么样的价值？

◆我们正在帮助客户解决哪一类难题？

◆我们正在满足哪些客户需求？

◆我们正在提供给客户细分群体哪些系列的产品和服务？

价值主张的简单要素包括：①新颖：产品或服务满足客户从未感受和体验过的全新需求；②性能：改善产品和服务性能是传统意义上创造价值的普遍方法；③定制化：以满足个别客户或细分客户群体的特定需求来创造价值；④设计：产品因优秀的设计脱颖而出；⑤品牌/身份地位：客户可以通过使用或显示某一特定品牌而发现价值；⑥价格：以更低的价格提供同质化的价值，以满足价格敏感客户细分群体；⑦成本削减：帮助客户削减成本是创造价值的重要方法；⑧风险抑制：帮助客户抑制风险也可以创造客户价值；⑨可达性：把产品服务提供给以前接触不到的客户；⑩便利性/可用性：使事情更方便或易于使用可以创造客观的价值。

（3）渠道通路。用来描绘公司是如何沟通接触其细分客户而传递其价值主张。渠道通路是公司走向客户的接口界面，包括沟通、分销和销售等。传统的渠道通路就是产品接触消费者的实体通道，比如可乐要加上餐厅、贩卖机等销售据点才能使客户体验产品价值。建立在互联网基础上的渠道通路，就是企业的产品服务信息通过网络媒体传递给消费者。比如可乐在电视、网站做广告。

渠道通路主要回答以下问题：

◆通过哪些渠道可以接触我们的细分客户群体？

学习笔记

◆我们如何接触细分客户群体？

◆我们的渠道如何整合？

◆哪些渠道最有效？

◆哪些渠道成本效益最好？

◆如何把我们的渠道与客户的接触和沟通进行整合？

企业组织可以选择通过自有渠道、合作伙伴渠道或者两者混合渠道来接触客户。其中，自有渠道包括自建销售队伍和在线销售；合作伙伴渠道包括合作伙伴店铺和批发商。

（4）客户关系。用来描绘公司与特定客户细分群体建立的关系类型。渠道通路是一种销售达成前的行为，而客户关系是销售过程中及销售完成后的行为。主要回答以下问题：

◆每个客户细分群体希望与我们建立和保持何种关系？

◆哪些关系我们已经建立了？这些关系成本如何？

◆如何把它们与商业模式的其余部分进行整合？

客户关系类型主要有五种：①个人助理：基于人与人之间的互动，可以通过呼叫中心、电子邮件或其他销售方式等个人助理手段进行；②自助服务：为客户提供自助服务所需要的所有条件；③专用个人助理：为单一客户安排专门的客户代表，通常是向高净值个人客户提供服务；④自助化服务：整合了更加精细的自动化过程，可以识别不同客户及其特点，并提供与客户订单或交易相关的信息。⑤社区：利用用户社区与客户或潜在客户建立更为深入的联系，如建立在线社区；⑥共同协作：与客户共同创造价值，鼓励客户参与到全新或创新产品的设计和创作。

（5）收入来源。用来描绘公司从每个客户群体中获取的现金收入（包括一次性收入和经常性收入）。主要回答以下问题：

◆什么样的价值能让客户愿意付费？

◆他们现在付费买什么？

◆他们是如何支付费用的？

◆他们更愿意如何支付费用？

◆每个收入来源占总收入的比例是多少？

收入来源一般可以分为以下方式：①资产销售：销售实体产品的所有权来获得收入。如亚马逊在线销售图书、音乐、消费类电子产品和其他产品；菲亚特销售汽车，客户购买之后可以任意驾驶、转售甚至破坏。②使用收费：通过特定的服务收费。电信运营商可以按照客户通话时长来计费，旅馆可以按照入住天数来计费，快递公司可以按照运送地点的距离来计费。③订阅收费：销售重复使用的服务。如，一家健身房可以按月或按年以会员制订阅方式来销售健身设备的使用权。④租赁收费：针对某个特定资产在固定时间内的暂时性排他使用权的授权收费。⑤授权收费：将受保护的知识产权授权给客户使用，并换取授权费用。⑥经纪收费：提供中介服务而收取的佣金。例如，信用卡提供商作为信用卡商户和顾客的中间人，从每笔销售交易中抽取一定比例的金额作为佣金。⑦广告收费：提供广告宣传服务获得收入。

（6）核心资源。用来描绘让商业模式有效运转所必需的最重要的因素。主要回答以下问题：

◆我们的价值主张需要什么样的核心资源？

◆我们的渠道通路需要什么样的核心资源？

◆我们的客户关系需要什么样的核心资源？

◆我们的收入来源需要什么样的核心资源？

核心资源可以分为以下四种类型：①实体资产，包括生产设施、不动产、汽车、机器、系统、销售网点和分销网络等。②知识资产，包括品牌、专有知识、专利和版权、合作关系和客户数据库，这类资产日益成为强健商业模式中的重要组成部分。知识资产的开发很难，但成功建立后可以带来巨大价值。③人力资源，在知识密集产业和创意产业中，人力资源至关重要。④金融资产，包括金融资源抑或财务担保，如现金、信贷额度或股票期权池。

（7）关键业务。用来描绘确保其商业模式可行，企业必须做的最重要的事情。例如，对于微软等软件制造商而言，其关键业务包括软件开发；对于戴尔等电脑制造商来说，其关键业务包括供应链管理；对于麦肯锡咨询企业而言，其关键业务包含问题求解。

关键业务主要回答以下问题：

◆我们的价值主张需要哪些关键业务？

◆我们的渠道通道需要哪些关键业务？

◆我们的客户关系需要哪些关键业务？

◆我们的收入来源需要哪些关键业务？

关键业务可以分为以下三种类型：①制造产品：与设计、制造及发送产品有关，是企业商业模式的核心。②问题解决：为客户提供新的解决方案，需要知识管理和持续培训等业务。如，咨询公司、医院和其他服务机构的关键业务就是问题解决。③平台/网络：以平台为核心的商业模式，其关键业务都是与平台或网络相关的。如网络服务、交易平台、软件甚至品牌都可以看成是平台。

（8）重要伙伴。让商业模式有效运作所需的供应商与合作伙伴的网络。主要回答以下问题：

学习笔记

◆谁是我们的重要伙伴？

◆谁是我们的重要供应商？

◆我们正在从伙伴那里获取哪些核心资源？

◆合作伙伴都执行哪些关键业务？

重要伙伴可以分为四类：①非竞争者之间的战略联盟关系；②竞争者之间的战略合作关系；③为开发新业务而构建的合资关系；④为确保可靠供应的购买方——供应商关系。

建立重要合作伙伴的作用：①商业模式优化和规模经济。优化的伙伴关系和规模经济的伙伴关系会降低成本，而且往往涉及外包或基础设施共享。②降低风险和不确定性。可以减少不确定性为特征的竞争环境的风险。③特定资源和业务的获取。依靠其他企业提供特定资源或执行某些业务活动来扩展自身能力。

（9）成本结构。运营一个商业模式所引发的所有成本。主要回答以下问题：

◆什么是商业模式中最重要的固有成本？

◆哪些核心资源花费最多？

◆哪些关键业务花费最多？

一般来说，成本结构分为两种类型：①成本驱动：创造和维持最经济的成本结构，采用低价的价值主张、最低程度自动化和广泛外包。比如像西南航空等廉价航空公司。②价值驱动：专注于创造价值，增值型的价值主张和高度个性化服务通常是以价值驱动型商业模式为特征。比如豪华酒店的设施及独到的服务。

案例 5-11

麦当劳商业模式：有一天，麦当劳的总裁克罗克到哈佛商学院讲课，问同学们说：“同学们，我是做什么的？”大家冲他笑说：“你不就是做快餐的吗？”“错了，我是做房地产的。”他说：“如果我不做房地产，仅仅做快餐，麦当劳早就关门倒闭了。”当然，麦当劳做房地产不是独立的经营项目，而是与做快餐密切结合在一起的。麦当劳在西方是采取特许经营的方式，首先把一个精心考察过的店铺租下来，租期 20 年，跟房东谈好了 20 年租金不变，然后吸引加盟商，把这个店铺再租给加盟商，并向每个加盟商加收 20% 的租金，以后根据这个地产升值的情况，进行相应的递增。所以，克罗克认为他赚的是地产的钱，而不是快餐的钱。原来麦当劳采取的是以快餐吆喝，以地

学习笔记

产赢利的商业模式，其经营快餐不单单是为了直接赢利，而是为了招租。真正的赢利来源是房地产的增值带来的租金差！

（资料来源：http：//blog. chinaceot. com/blog - htm - do - showone - uid - 1105534-type-blog-itemid-610807. html）

5.4.2 精益创业

大千世界有无数的创业公司，然而成功的极少，垮掉的居多，究其原因，大部分初创企业的倒下，并不是因为他们没有完成预设的目标，而是商业模式的问题。既有公司执行的是已知或确认的商业模式，更多是在运营和执行的层面，而新创公司则是探索未知的商业模式。对于新创企业，还不知道他们的产品应该是什么样的，他们的顾客在哪里，所以新一代的创业者需要找到建立成功企业的新思路。

（1）精益创业——新创公司探索商业模式的工具

埃里克·莱斯提出的精益创业理论又为人们提供了一种探索商业模式的工具。精益创业代表了一种不断形成创新的新方法，它源于“精益生产”的理念，提倡企业进行“验证性学习”，先向市场推出极简的原型产品，然后在不断的试验和学习中，以最小的成本和有效的方式验证产品是否符合用户需求，并迭代优化产品，灵活调整方向。

精益创业包括三大部分。

第一部分，基本的商业计划。需要注意的是，商业计划在精益创业的框架里只是前提和假设，需要创业者不断地去验证。也就是说，你和再聪明的人一起去做商业计划，最后你得到的也只是前提和假设，而且是未经证实的前提和假设。

第二部分，用户开发。如何来验证这些前提和假设，这就涉及用户开发，通过用户开发的方式，最终来对这些关键前提和假设进行验证。产品根据用户的需求来开发是精益创业的核心。

第三部分，精益研发。在用户和产品开发的过程中，要科学试错、快速迭代，以最小的成本找到可行商业模式。[8][9]。

精益创业的五项基本原则。

第一，用户导向原则。精益创业的核心是围绕用户，所有的认知、迭代都是围绕用户展开。

第二，行动原则。行先于知，而不是用知来引导行，从计划导向转为行

学习笔记

动导向。

第三，试错原则。从完美预测转向科学试错。

第四，聚焦原则。从多面开花，转为单点突破，甚至单点突破时，主动过滤市场中部分噪音客户，聚焦在最关键的天使客户上。

第五，迭代原则。从完美计划、完美执行，转到高速迭代。

一般来说，新创企业的发展会经历四个阶段，如图 5-1 所示。第一阶段是商业模式的探索，这是发散式的探索，不确定性极高。你可能需要尝试多个方向，快速转向，不停试错。第二个阶段是聚焦式的探索，这一阶段商业模式原型初步确立，需要在 2~3 个原型中选择商业模式。第三个阶段，商业模式确立，进入放大阶段。第四个阶段是商业模式的正常执行，成为一家正常经营的企业。

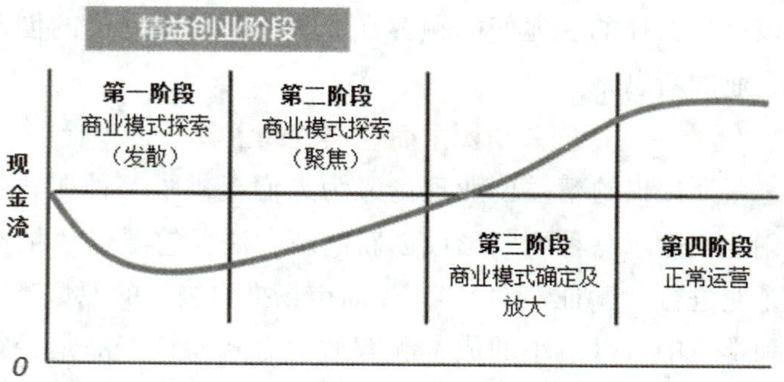

图 5-1　新创企业发展的生命周期

在新创企业的发展过程中（如图 5-1），第一阶段和第二阶段是商业模式探索阶段。对新创公司来说，在这两个阶段，如何快速迭代、如何在现金流耗尽之前确定商业模式，是能否存活的关键。精益创业聚焦于前两个阶段，也就是说如何从 0 到 1；商业模式的放大是在第三阶段，如何从 1 到 100；而第四个阶段是如何从 100 到 110。

（2）精益创业的逻辑框架

精益创业的本质就是创业者大胆假设、小心求证，并通过不断迭代快速获取认知的一个过程。精益创业的逻辑框架包含用户探索、用户验证、用户积累和产品运营部分，并通过这些部分一系列反馈循环活动组成，如图 5-2 所示。

精益创业的起点在于用户探索，通过这种方法探索用户痛点，并定义用户痛点和解决方案。接着进入用户验证，对用户痛点和解决方案进行科学的试错和验证。验证结果如果是没有用户，那么就回转，调整商业模式，回到整个精益创业的起点。在商业模式确立之后，进入商业模式的放大阶段，也就是商业模式的执行阶段，这一阶段更多的是用户积累和公司运营（如图 5-2）。

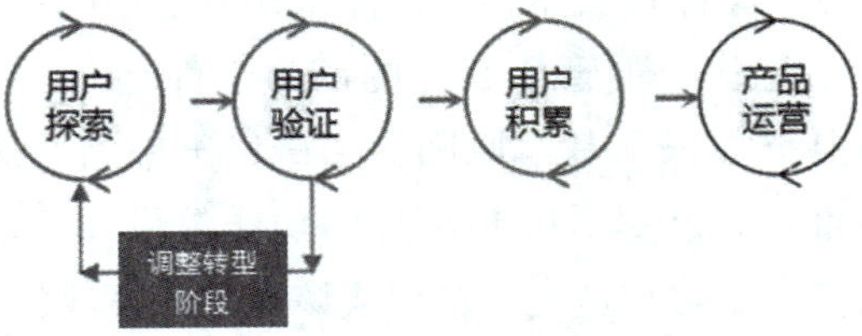

图 5-2　精益创业的逻辑框架

用户探索阶段主要任务是定义用户痛点假设和解决方案假设。定义用户痛点假设时要善于发现用户痛点，观察痛点的大小和持续性。每一个痛点都是一个机会，用户痛点的大小决定了商业模式的空间，其持续性决定了商业模式的持续性。定义解决方案假设时，需要考虑解决方案是否能解决用户痛点，以及解决方案与用户痛点的吻合度。

在探索环节，倾听的技巧非常关键。观察、访谈、倾听用户，不能急于推销解决方案，甚至在很长一段时间内，应该对推出自己的解决方案保持克制。通过不断探索，不断迭代，最终把认知推升到一个新的阶段。

用户验证阶段主要任务是验证用户痛点假设和解决方案的假设，同时验证商业模式是否可重复，可规模化。用户验证阶段可以采用一个关键工具 MVP，MVP 也称作最小可行化产品，是指能够代表产品思路的、最小化功能的、可用性的产品，通过投入市场运营快速验证用户需求，检验产品核心功能是否能抓住用户。

在用 MVP 进行用户验证时可以通过三个步骤完成，这三个步骤是不断循环往复的。

第一步，设计最小可行产品（MVP）。在设计 MVP 时，完成两个关键任务：一是进行用户排序，主动过滤和筛选用户群，找出最核心的天使用户；二是对功能组合进行排序和筛选，找出最核心、与痛点最相关、最小的功能组合。

第二步，数据收集与测度。在 MVP 的基础上，收集数据来验证 MVP 的实际效果，即有多少用户真的需要这个产品。测度的主要工具有三个：①对比测试，即 AB 测试，通过对比不同的产品和方案，选择用户真正想要的。对比测试又分为定性测试（用户访谈和用户试用测试）和定量测试（调查问卷和数据汇总分析）。②同期群分析，就是把用户分解成不同时期的群组，对每一时期获得的用户进行不同时期的分析，这样就可以看到用户的活跃度、进入、退出、流失的数据，从而得到整个用户群在不同时期更加准确、完整的图景。③净推荐值（SPS），指的就是产品的净粉丝量，以产品支持者的数量减去诋毁者的数量，所得净值就是预估产品未来发展空间和潜力的数值。

第三步，学习与迭代。不管什么样的产品，都是通过不断迭代产生的。在迭代的过程中，要把握三个基本原则：①迭代出来的后续功能，必须靠用户催生，而非简单堆积。②尽量限制添加的功能数量，不紧急、不重要的功能不需要修改。③整个学习和迭代的过程应该是非常开放的、透明的。

调整转型阶段是用户开发非常重要的反馈机制。如果在用户验证阶段中得到的验证结果是没有天使用户，那么就需要回转到精益创业的起点，即用户探索阶段，直到通过验证找到可行的商业模式。这是商业模式探索的重要反馈机制，是一个不断迭代及循环、逐渐积累认知的过程。调整转型的关键是必须快速、敏捷，必须把握时机。只有通过快速、敏捷的调整转型，才能实现现金需求的最小化，实现功能组合的最小化，实现真正的、实时的用户反馈。

5.4.3 精益画布

（1）精益画布的基本模块

精益画布（见表5-2）来源于美国慕尔雅（Ash Maurya）写的《精益创业实战》一书中。它是作者结合自己的创业经验，以精益创业理论为指导，根据亚历山大·奥斯特瓦德的“商业模式画布”方法改良而来。他认为，精益画布更适合作为创业初期团队梳理思路的工具，创业初期团队必须关注和研究的商业模式基本模块有：问题、解决方案、关键指标、独特卖点、门槛优势、渠道、客户群体分类、成本分析和收入分析九项[10]。

表5-2 精益画布

<table>
<tr><td rowspan="2">问题：
需要解决的三个问题</td><td>解决方案：
产品最重要的三个功能或服务</td><td rowspan="2">独特卖点：
用一句简明扼要但引人注目的话阐述，为什么你的产品与众不同，值得购买</td><td>门槛优势：
无法被对手轻易复制或者购买的竞争优势</td><td rowspan="2">客户群体分类：
细分目标客户群</td></tr>
<tr><td>关键指标：
应考核哪些东西</td><td>渠道：
如何找到客户</td></tr>
<tr><td colspan="3">成本分析：
争取客户所需花费、销售产品所需花费、网站架设费用、人力资源费用</td><td colspan="2">收入分析：
盈利模式、客户终身价值、收入、毛利</td></tr>
</table>

①客户群体分类。这个模块是商业模式设计的核心。

第一，锁定潜在的早期客户，尽量细分目标客户群体，重点列出种子用户。

第二，找出其他可能与目标客户进行互动的客户。

②问题。也可叫作需求痛点，它也是商业模式设计的核心，问题和客户群体分类通常放到一起来考虑。

第一，针对每个目标客户群，列出他们最需要解决的 1~3 个问题（即 1~3 个最大的痛点），再列几个直接竞争对手的产品名。

第二，列出现存备选方案。你的产品没有出现时，客户是如何解决此类问题的？进一步说，就是针对每个问题（痛点）进行分析，确定目标客户现有的解决方案是什么。因为只有这样分析出用户对现有解决方案的不满意，或者用户得到的东西跟他们想要的东西存在着一条巨大的鸿沟，我们才有机会提出更好的解决方案从而超出用户预期。如果用户对现有解决方案比较满意，说明暂时没有机会，时机不宜。

③独特卖点。这是商业模式设计最重要也是最难的部分。独特卖点必须精练为寥寥数语，要与众不同，要有打动人的新意。

第一，找出你的产品的不同之处，从首要解决的问题出发寻找独特卖点。

第二，针对早期客户做设计，避免产品平庸化和大众化。

第三，明确阐述你的产品是什么，客户是谁，能为客户带来什么好处，为什么种子用户愿意关注和付费。

第四，认真选择一句简短有力的语句用于营销、宣传。

④解决方案。针对每个问题提供最简单的解决方案，反复修改，不断完善，甚至可以留到最后来写解决方案。

⑤渠道。如何获取用户，也就是通过哪些渠道能低成本地获取用户，一般是先获取目标种子或天使用户，这是一种跟目标用户群交集比较大的渠道。也可以利用社交红利，低成本将社交平台用户转化成自己的用户。渠道有很多种，不能一概而论，要认真考虑到底哪种渠道适合自己的企业，特别是在选择早期渠道时，要考虑以下问题：是通过免费渠道还是付费渠道？内联式渠道，外联式渠道，还是自己直销的渠道？寻求合作伙伴的方式，还是通过做出口碑的产品？

⑥收入分析。确定主要的盈利模式是什么，并通过对盈利模式进行分析，得知客户是否愿意为产品付费，从而真实地检验商业模式的可行性。

第一，价格也是产品的一部分，通过客户对价格的态度，对产品和商业模式进行调整。

第二，什么样的客户会为了得到什么产品或服务愿意付什么价格？商品

学习笔记

的价格也决定了客户群体细分。

⑦成本分析。列出产品从设计开发到用户使用过程中所有可能的费用，重点关注产品发布前需要多少成本；然后把收入和成本分析结合起来，计算出一个盈亏平衡点，以此估算需要花费多少时间、精力和金钱才能到达这个平衡点，从而帮助确定商业模式的优先顺序。

⑧关键指标。是指针对产品最关键和最重要的几个指标，它不仅能衡量企业的发展，也可以帮助企业找出客户生命周期中的重要时段。戴夫·麦克卢尔（Dave McClure）提出的"海盗指标（AARRR）"是一个经常用到的关键指标评估框架。他提出创业公司赢得客户只需关注五个阶段：获取（Acquisition）、激活（Activation）、留存（Retention）、推荐（Referral）、收入（Revenue），如图 5-3 所示。"海盗指标"的显著优点就是简单，一目了然。初创企业可以利用这个罗盘方便地探索努力的方向。

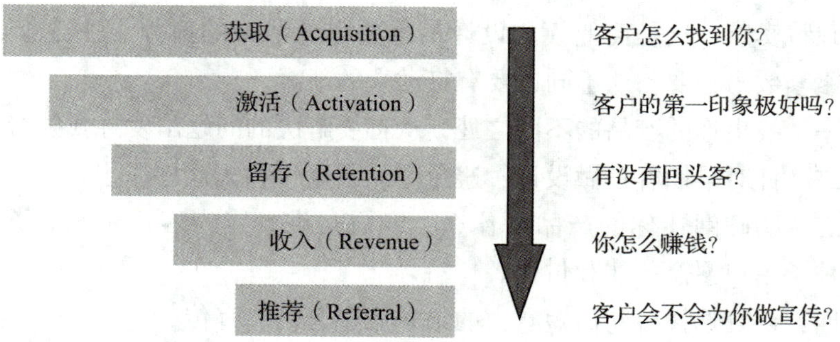

图 5-3　"海盗指标"组

获取（Acquisition），指的是把潜在访客转化成对产品感兴趣的潜在客户的过程。

激活（Activation），指的是感兴趣的潜在客户对产品的第一印象感到满意。

留存（Retention），评估的是产品的"回头率"或者说是客户的投入程度。这个指标是用来评估产品和市场匹配程度的关键指标。

推荐（Referral），是一种比较高级的客户获取渠道，满意的客户会再推荐或者促成其他潜在用户来使用你的产品。

收入（Revenue），评估的是客户为产品付钱的情况。

⑨门槛优势。首创并不一定就是优势，只有无法被别人轻易复制和获得的才是门槛优势。如内部消息、超级团队、大型网络效应、个人权威、现有客户等。

学习笔记

精益画布主要目的是为了让想法尽可能的可执行，它从发现问题开始，提出解决方案，通过独特卖点让用户使用或付费，精益画布更侧重以产品解决问题。

（2）制作精益画布的原则

①迅速起草一张画布。制作画布是为了把你脑海里所想的东西迅速记录下来，然后再来确定哪个部分风险最大，最后再让他人来验证你的模式。所以，不要在第 1 版的画布上消耗太多时间，应该把时间控制在 15 分钟以内。

②有些部分空着也没关系。别总想着要琢磨或讨论出正确的答案，要么马上写下来，要么就留空。留空的部分可能就是商业模式中风险最大的部分，你应该从这里开始进行验证。像“门槛优势”这样的部分可能需要多花点时间才能找到，因此目前的最佳答案可能就是“我不知道”，不过这也没关系，画布本来就应该是很灵活的，可以有空白，可以随着时间的推移来逐步完善。

③尽量短小精悍。要想用一句话说清楚一件事情很难，用一段话则简单得多。画布的空间限制正好可以让你把商业模式的精华部分提炼出来。让语言非常短小精悍，目标是只用一张纸来制作画布。

④站在当下的角度来思考。在写商业计划书时，可能会花大力气来预测未来，不过预测未来是不可能的。制作画布应该以非常务实的态度，并根据目前的发展阶段和掌握的情况来填写内容，不要想得很长久，半年至一年为好。如，想一想，下一步应该先测试哪些假设？

⑤以客户为本。精益创业实战法本身就是以客户为主要驱动力，所以在寻找原始商业模式的时候，只需围绕客户做文章就足够了。你的产品肯定有很多种类客户人群，做精益画布就是验证你的产品模型，所以说一个客户人群只对应一个商业画布。很快你就将看到，仅仅调整一下客户群体，商业模式就会起到翻天覆地的变化。

知识拓展

分众上市“擒王”

借力资本跑马圈地，抢先上市

在楼宇视频广告媒体领域，分众传媒在中国本土的竞争对手是聚众传媒，分众与聚众背后的资本方分别为高盛与凯雷。可以说，分众和聚众的竞争，

学习笔记

背后是两大资本方的竞争。因此，借力资本跑马圈地是分众步步领先于聚众的必备招数，最终结果是2005年7月13日，分众传媒抢先在纳斯达克挂牌上市，江南春及其分众传媒明显已得到国际资本认可，融资总金额达到1.717亿美元，创下中国概念股在纳斯达克首发融资的新高。

迂回进逼，缩小包围圈

分众的上市显然催化了聚众背后的资本力量，在2003年日本软银首次提出合并后，再次提出合并建议的是分众和聚众各自的投资方以及聚众美国上市的主承销商摩根士丹利，但聚众传媒CEO虞锋拒绝了合并。

分众上市以来的第一笔巨款投资，是“先发制人”地把战火烧到了聚众的后院。2005年10月15日，江南春飞赴北京，与国内最大的电梯平面媒体框架媒介正式签约，以阻止在公寓电梯视频广告占据优势的聚众传媒。分众传媒以超过1亿美元的价格收购框架媒介100%的股权，将框架媒介年初以来整合的全国性网络悉数纳入分众旗下。

中国的楼宇已经变成稀缺资源。江南春并购框架，是在进一步占有稀缺资源。并购使分众在原有网络基础上再新增高档公寓媒体资源，框架的9万个电梯海报广告位和4 000万的日均网络覆盖人数与分众的媒体再整合，将使分众传媒的整体媒体接触概率再度提高，而此前分众专注的主要是写字楼，聚众重新夺回市场主动权的可能性也就越来越小了。

挟天子以令诸侯，收官之战

按预定计划，2006年初聚众将登陆纳市。2005年12月，经过再次修改，聚众上市的表格已经全部准备完毕，上市前的最后一轮融资已经谈妥。2 500万美元的风险投资就等着签字了。虞锋说，按聚众此时的计划，将融资约1亿美元。但这一消息却最终被分众并购聚众的消息取代。2006年1月9日，分众以3.25亿美元获得聚众100%的股权。虞锋承认合并主要还是资本的力量。经历了3年前的拒绝，2005年底的拉锯，最后还是胳膊扭不过大腿。在凯雷不遗余力的撮合下，聚众还是被分众并购，因为聚众今后的走向直接关系3 500万美元风险投资回报率。如果不是分众传媒抢先在纳斯达克上市，也许这一切来得还不会这么快。它的上市，几乎成为决定两家企业命运的分水岭。上市融资的成功，给了分众大把掏钱并购的动力，与之形成鲜明对比的是，聚众还处在上市准备期，二者在融资能力上的差距已不言自明。

合并在资本市场也获得了一致认同和普遍追捧。仅消息宣布当日，分众传媒在美国纳斯达克的股价就上涨到42.42美元，涨幅达14.65%。次日，分众股价继续攀升至45.01美元。而时隔4月，分众传媒公布合并聚众后的首

学习笔记

个财务季报，总营收同比增长 246.1%，净市值同比增长 257%。财报公布后，其盘后交易价为每股 63.25 美元，按该股价计算，分众市值已超过 30 亿美元，超过网易和百度而成为纳斯达克中国上市公司龙头股。资本市场对这场交易做出了最简单明确的答复。

（资料来源：http：//finance.sina.com.cn/hy/20080311/18044608305.shtml）

1. 请对分众传媒的商业模式进行解析。

2. 从分众传媒的成功体会商业模式的制定与调整策略。

3. 从分众传媒的成功讨论创业过程中如何选择商业模式、制定商业模式并成功实施商业模式。

4. 选择一种你们团队共同认可的商业模式设计工具，合理运用商业模式设计方法，设计你们团队创业项目的商业模式。

思考与练习

1. 商业模式设计的思路应该遵循什么要求？
2. 商业模式的设计方法有哪些？
3. 商业模式画布由哪些关键要素构成？
4. 精益创业的逻辑框架分为几个阶段？
5. 精益画布的基本模块有哪些？制作精益画布应遵循哪些原则？

参考文献：

[1] VISCIO A. J., PASTERNAK B. A. Toward a new business model [J]. Strategy & business, 1996, 20 (2): 307.

[2] OSTERWALDER A. The business model ontology: a proposition in a design science approach [J]. Université de Lausanne, 2004.

[3] 魏炜，朱武祥. 发现商业模式 [M]. 北京：机械工业出版社，2009.

[4] 罗珉. 商业模式的理论框架述评 [J]. 当代经济管理，2009，(11)：1-8.

[5] 孙洪义. 创新创业基础 [M]. 北京：机械工业出版社，2016.

[6] 沈舒舒. 免费的真相 [J]. 商界论坛，2015，(17)：290.

[7] 奥斯特瓦德，皮尼厄. 商业模式新生代 [M]. 北京：机械工业出版社，2013.

[8] 埃里克·莱斯. 精益创业 [M]. 吴彤，译. 北京：中信出版

学习笔记

社，2012.

[9] 龚焱. 精益创业方法论 [M]. 北京：机械工业出版社，2015.

[10] Ash Maurya. 精益创业实战 [M]. 张玳，译. 北京：人民邮电出版社，2013.

学习笔记

第6章 如何撰写创业计划书

本章导入

有人觉得，创业计划书在打印出来的那一瞬间，也许就过时了，写创业计划书既浪费时间又无实际用途。这种想法其实是对创业计划书的一种误解。事实上，创业计划书的构思和撰写非常重要。创业计划书不仅仅是对外融资的工具，其撰写的过程也是梳理创业思路、整合创业资源的过程，还是进一步认识创业项目、评估商业机会本质的过程，更是青年创业者培养严谨态度、理性思考、提升能力的过程。通过这个严谨的训练过程，创业者可以充分了解自己所在创业领域的基本情况，深入思考如何将创业计划转化成实实在在的创业项目，合理调整自己的创业项目，构建自身的差异化竞争优势，制定吸引消费者的营销策略，塑造有效的商业模式。通过撰写创业计划书这个梳理和思考的过程，可以进一步认清企业未来发展的道路。

通过本章学习，你将能够：

1. 了解创业计划书的基本内容及其重要性；
2. 明确撰写创业计划书的目的；
3. 了解创业计划书的基本结构、编写过程和所需信息；
4. 掌握创业计划书的撰写方法。

知识储备

6.1 创业计划概述

撰写创业计划书可以进一步对创业项目、创业资源保障以及相关因素进行分析，理性、有效地为未来创业做好计划。

6.1.1 什么是创业计划书

创业计划书是商业计划的一种，是对与创业项目有关的所有事项进行总

学习笔记

体安排的文件，创业计划书覆盖了创业企业的各个方面：项目、市场、研发、制造、管理、关键风险、融资、阶段或时间表等。所有这些方面的描述展现了这样一幅清晰画面：本企业是什么；企业的发展方向是什么；企业家怎样达到他的目标。总之，创业计划书是为创业项目制订的一份完整、具体、深入的行动指南。创业计划书有以下几个功能：第一，分析商机，说明创业者的基本思想和期望目标；第二，分析并阐述创业者如何利用这一创业机遇进行发展；第三，分析说明影响创业成败的关键因素；第四，分析并确定创业企业筹集资金的办法。

创业计划书是将创业者的理想和希望进一步具体化，它一般要考虑到公司未来3~5年的发展情况，并在公司运营中根据需要相应地进行调整。一份创业计划书应该能够有理有据地说明企业的发展目标，实现目标的时间、方式及所需资源。创业计划书必须力求切合实际，包含充分的细节来论证新企业的可行性，旨在使读者相信新企业有价值，并得到资金支持。

对于大学生创业者而言，由于存在行业、经验、资源等经验缺乏的客观情况，因此，创业计划书的规划与撰写对于大学生而言就显得尤为重要，对深入分析创业项目、理清创业思路、指导创业行为都具有重大的实践意义，创业计划书在很大程度上关系到创业项目的成败与否。

6.1.2 为什么撰写创业计划书

（1）创业计划书的写作目的

撰写创业计划书，可以让创业者通过深度、系统的思考来提高创业成功的概率。首先，创业者必须清楚所要达到的目的。创业者需要问问自己：

①我们发现的问题是什么，有什么解决方案？

②需要哪些资源，如何才能实现？

③要想成功，需要怎样的团队？

这三个问题也是创业的根本问题。了解自己，就是了解自己创业的根本问题——项目是什么？

开始制订创业计划前，有许多事情要做。首先，学会问问题，同时要问对问题。尽管这一问题在前面几章已做了详述，但在这里还要进一步强调，因为学会问问题对创业太重要了，同样是在撰写创业计划书前必须考虑的。商机的本质在于解决用户的问题，而不仅仅是赚钱。发现问题并提出解决问题的方案，就是发现商机的重要途径。因此，创业也是一种社会价值的实现，基于社会问题的价值实现才是创业的本质所在。创业者通过撰写创业计划书，对这一系列问题做系统的思考和规划。

撰写创业计划书为新企业准备了自我推销文件。它为新企业提供了一种向潜在投资者、供应商、商业伙伴和关键职位应聘者展示自身的机会。试着换位思考一下，当你拥有足够的资金对某家新企业进行投资，你是否需要对这家企业所处的行业、经营的业务、商业模式、推广方式、管理团队进行了解？创业计划书的形成过程是探索和学习的过程，是一个严谨的过程，需要提出问题、寻找答案，并为未来的市场做好规划。

创业计划书的一个非常重要的目标就是要吸引各种各样的利益相关者，说服他们相信你的创业项目发展的潜力。因此，创业者要记住是在写“故事”，能把人物和时间成功结合的“故事”，一个优秀的“故事”有情节主线和副线。创业计划书的每一章节、每一幅插图都是围绕情节线索展开的。这个“故事”的读者主要有两类，创业计划书的读者不同，其写作目的也是不一样的。下面根据创业计划书的使用者不同对撰写创业计划书的目的进行介绍。

创业计划书的用途之一是向潜在员工、现有员工、资助组织、服务商等传递和展示企业的愿景和使命。创业计划书强调如何把具备可行性的市场机会转化成盈利产品和服务，包括产品开发、营销和企业发展战略各个层面的计划。撰写创业计划书是向雇员及相关组织机构传递企业的理念和文化的一种有效途径。

（2）企业内部人员

从内部来讲，撰写创业计划书是企业员工的需要。对新企业管理团队和普通员工来说，撰写一份阐明企业愿景和未来规划的创业计划书十分重要。有些专家评论道，撰写创业计划书是在浪费时间，因为快速变动的市场环境会导致任何计划都很快过时。虽然市场环境的确经常快速变动，但创业计划书的撰写过程与计划本身同样具有价值。撰写创业计划书能促使管理团队仔细考虑企业的各个方面，制定企业发展规划，经过创业团队的反复讨论，形成统一的企业发展目标和企业愿景。它在企业发展中起到指导企业发展方向的作用。

创业计划书让员工了解企业正在从事的商业项目是什么，明确每个员工在这一项目实现中所处的角色定位和他们努力的方向。这样有利于企业员工团结一致。表述清晰的书面创业计划有助于企业普通员工协调工作，并通过一致行动向目标前进。对新企业职能部门经理来说，创业计划书更是非常有用的。如果你是一家快速成长企业新雇来的副总裁，负责管理信息系统部门的业务，那么获得一份分析企业各个方面和未来战略与目标的正式创业计划

学习笔记

书，能够确保你所做的事情与企业整体计划和方向一致。同样，作为一名普通员工，也会按照创业计划书中的安排，积极主动地推动企业的发展。

（3）企业外部人员

创业计划书可以辅助创业者向外部人士如投资者、供应商、商业伙伴等，推介初创企业。创业计划书最显著的用途就是募集外部资金。创业活动与传统商业活动的最大区别在于，创业活动始于创意而不是资源。因此，当某人拥有一个创意并决定开创一项事业的时候，创业者本身并不具备相应的资源。此时，撰写一份简明易懂又能够准确表述市场潜在价值和创业者热情的计划书是十分重要的。这也是外部投资者了解新项目的第一个途径。

初创企业的外部利益相关者主要包括投资者、潜在商业伙伴、关键应聘者等，是创业计划书的第二类读者。要吸引这些人，创业计划书必须切合实际，不能过分乐观。过分乐观的陈述或预测会破坏创业计划书的可信度。同时，创业计划书必须明确显示商业创意可行，而且与那些风险更小的投资选择相比，商业创意能给潜在投资者带来更高的资金回报。对潜在商业伙伴、客户和关键应聘者来说，道理同样如此。除非初创企业能展现出非凡的潜力，否则很难找到吸引投资者的理由。

在向他人陈述创业计划书之前，企业必须论证其商业创意的可行性，深刻理解其所处的竞争环境。投资者、潜在商业伙伴和关键应聘者会根据事实来评价企业的未来前景，而不是根据臆测或溢美之词。在创业计划书中，企业所能展示的最重要事实就是可行性分析的结果，以及对有竞争力的独特商业模式的描述。如果创业计划书仅建立在创业者对企业未来前景预测的基础上，会显得苍白无力。

除上述提到的方面，创业计划书还应该阐明新企业创建之前必须面对的所有资源限制。越是精心准备的创业计划书，越能够说明初创企业尽力想完成什么目标，以及为达到这些目标将如何去做。创业计划书是一种书面文件，它解释了创业者的愿景，以及这些愿景将如何被转变成为一家盈利的、切实可行的企业，这些都是投资方所需要的信息。例如，企业为产品做出售后承诺之前，需要雇用售后服务人员。对初创企业而言，掩盖或低估资源需求是很愚蠢的。初创企业寻找投资者的主要原因，就是为了筹集所需的资本，用来雇用关键员工，进一步开发产品或服务，租赁办公地或弥补运营中的其他漏洞。投资者很清楚这些，而且经验丰富的投资者往往愿意帮助所投资企业填补资源或能力方面的漏洞。

学习笔记

案例 6-1

雅虎在创业计划书大赛中获得风险基金

家喻户晓的雅虎公司在创业计划书竞赛中脱颖而出，从而获得了 400 万美元的风险投资而起步。如今杨致远和他的团队创造了近 70 亿美元的市场价值。

雅虎创办人杨致远，在 1993 年与斯坦福大学一名研究生大卫·费罗合创雅虎。三年后雅虎在纽约股票市场上市，每股股价由 13 美元飙升到 33 美元，杨致远个人身价高到 1.32 亿美元。杨致远说："人人都说美国机会多，没想到机会就降临得这么偶然。"就是风险投资帮助他抓住这个机会的。

原来，杨致远在 1995 年上半年便开始与风险投资公司接触，希望公司得到更理想的发展。他明白硅谷是一个风险投资的乐园，在那里平均每天就有一家公司上市，故此当时微软、美国在线（AOL）等想收购雅虎都遭到拒绝。结果，他终于得到风险投资基本的支持，而公司也得以成功上市。

（资料来源：李肖鸣，孙逸，宋柏红. 大学生创业基础 [M]. 北京：清华大学出版社，2016.）

6.1.3 创业计划书的类型

创业计划书根据创业者所要达到的目的不同有不一样的类型。不同类型的创业计划书对创业机会描述的详尽程度和侧重点有所不同，但是，对于创业过程所要面对的机会、资源、团队等关键要素的描述区别不是很大。如需要针对争取外部资金或者与相关利益方宣传，那么相对来说就是笔墨多一些，尤其针对资金使用及未来规划，要花费更多的笔墨。如果创业计划书主要针对创业者及其团队，用于项目初期阶段的操作，则要更加详细和详尽，在细节上要达到精打细磨的程度。它不仅详尽探讨商业机会，而且对创业过程每一步骤具体操作的资源和人员安排都有着详尽的阐述。这类计划书在企业外部人员看来可能略显烦琐，但对企业内部人员的计划执行来说具有很重要的指导价值。如果是创业项目的初次展示，一般只对创业项目和具体的财务情况进行介绍，不需太多的企业建立后的运行计划等。这类计划书比较短，也被称为"脱水型创业计划书"，常用于创业项目的初期宣传和吸引投资者。一般来说，根据创业计划书的三种类型，对篇幅长短和精细程度有不同的习惯要求。

学习笔记

（1）宣传期的创业计划书

宣传期的创业计划书一般篇幅比较短小，有的只有1页，最多不会超过5页。它适用于创业的早期宣传阶段，测试创业项目的吸引力，吸引早期的利益相关者。其内容和执行概要有相似之处，重点是对企业商业模式、核心竞争力、团队优势和核心财务数据的描述，用最简短的方式提高投资者约见的概率。

（2）融资期的创业计划书

融资期的创业计划书相对宣传期的创业计划书要更加详尽，可以充当企业运营蓝图。融资期的创业计划书目的在于筹集资金，不单单是信息披露，更是一种业务构思的规划。创业者应该详细地阐述产品或服务的特点、企业核心竞争优势、商业模式和营销规划、核心团队介绍、详细的财务预测和分析、明确的资本退出方案等。成熟、高效的管理团队可以提升投资者的信心。一个高效的创业团队能够创造出新的价值，投资者也许会将其看作投资回报率的一个参考因素。

（3）运营期的创业计划书

运营期的创业计划书是最为详尽的，其主要针对的读者是企业内部成员，起到对企业经营管理的指导作用。相对比前面两种创业计划书，它要包含详尽的组织管理计划、企业整体发展规划、营销计划、财务计划等。每一部分都要进行详细的规划和安排，在企业发展之前充分地分析和规划企业将要面临的问题和现状，依据企业自身资源，制订科学合理、实用性强的计划安排，减少企业发展中的弯路和错误。

创业者应该根据撰写创业计划书的目的而有所侧重。例如，撰写创业计划书的目的是融资，则应当在市场分析、竞争对手以及财务预算等方面详细阐述。这样做可以使投资者更加清晰明了地知道企业如何在既定的时间内取得高额利润。撰写商业计划书的目的如果是给内部员工看的，那么应该着重体现出企业未来的发展规划、远景还有使命，甚至还可以强调企业文化，从文化层面上来增强员工对企业的归宿感，激励员工各司其职、各尽其能。

在创业过程中，融资期的创业计划书是比较重要和常用的。因此，在本章下面的内容主要介绍融资期创业计划书的撰写框架和过程。现在有许多方式可以完成创业计划书，如借助一些软件，创业者就可以完成创业计划书，软件可以提高写作效率，在形式上做到规范完美，但是其写作结构过于单一，可能存在与创业项目不符的情况，要避免生搬硬套。还有些企业雇用咨询师或外部顾问来撰写创业计划书。虽然咨询顾问可以确保尽可能专业，但是要注意的是，咨询师或外部顾问不应该是创业计划书的主要写作者。创业计划

学习笔记

书不仅是融资工具，更是创业者梳理创业思路、整合创业资源的过程，创业计划书最好由创业者自行完成，才能具有真正的价值。

6.1.4 创业计划书的撰写原则

企业的创业计划书往往是投资者或者其他利益相关者对企业的第一印象，如果计划不完善或漏洞百出，很容易让投资者猜测企业本身也不完善或有缺陷。在将创业计划书送交投资者或其他任何与初创企业有关的人审阅前，要留意创业计划的结构、内容、版式的完整和整洁与否。撰写创业计划书不是找外部专家完成了事，创业者或者创业核心成员必须参与其中，尤其是创业带头人更要参与其中。创业者要把创业计划书的撰写过程看成是一个完善反思的过程，一个历练团队、明晰思路的过程。创业计划书撰写的原则如下。

（1）真实完整，用数据说话

创业计划书内容的真实性是前提，所有数据应具有合理的出处，支撑论据要合情合理。对于文字、数字还有图表而言，投资者更倾向于观看数字和图表，如数字、图表清晰明了，则阅读效率高。如果数字和图表都有良好的上升趋势，说明企业的整体发展具有较好的市场前景，是投资者比较容易关注的类型。在撰写创业计划书时，一定要确保数据的真实性，不要有任何的数据修饰和造假行为。这些行为一旦被投资者发现，初创企业不仅会失去投资者的投资，更失去了企业经营中最重要的诚信。

（2）慎用模板，避免生搬硬套

尽管许多软件在撰写创业计划书的时候提供了不少便利，但是每一个故事、每一个案例都有自己的独特性。只是把模板上的图表和数据直接替换了，把这样的创业计划书直接呈递给投资者的做法是不可取的。每一个项目都有其与众不同的地方，完全套用模板，会失去创业项目本身的特色和创新点。因此，对于软件和模板要选择性应用，而对于体现创业项目差异化的部分，如产品或服务描述、竞争分析、营销计划、商业模式等部分，一定要由创业者自己撰写，以突出创业项目的特点和优势。

（3）内容完整，结构合理

一份好的创业计划书至少要包括以下内容：计划摘要、产品与服务、团队和管理、市场预测、营销策略、生产计划、财务规划、风险分析等，不应该遗漏任何要素。创业计划书在呈现形式上要求条理清楚、叙述流畅，因此，创业计划书必须遵循一定的常规结构。尽管某些创业者试图在每件事情上都表现出创造力，但偏离创业计划常规结构形式是有风险的。因为投资者一般

学习笔记

都很忙，他们期待看到能很容易就找到关键信息的创业计划书。如果这些关键信息在应该出现的地方没有出现甚至缺失，会使投资者产生大海捞针的感觉，那么他很可能会直接放弃。

（4）表达精准，突出重点

在撰写创业计划书时，尽可能使用通俗易懂的语言，简明扼要地叙述问题，尽量少用专业领域的术语。有些创业计划书的内容很多，很多投资者很难从头到尾、方方面面地阅读一遍，因而要求创业计划书一定突出企业独特价值。在创业计划书的撰写过程，重要的是合理安排撰写结构，内容前后衔接得当，结构安排合理，数字、图表辅助文字讲述，突出创业项目的表述重点，方便阅读。

（5）格式清晰，装帧简洁大方

创业者必须仔细琢磨创业计划的装帧与格式，使它看上去鲜明醒目，没有过分装饰。创业计划书的读者知道创业者资源有限，也期望他们能节俭办事。活页装订是一种很好的选择，但要给创业计划书配上透明封面和封底。撰写创业计划书时，要避免纠缠于文字处理程序的设计功能，如黑体字、斜体字、不同字号和颜色等。过度使用这些工具，会使创业计划书显得业余。

另外，在完成创业计划书后，撰写者需要仔细检查，避免表达和语法的错误，确保不遗漏任何关键信息。因为把缺失重要信息的创业计划书送交投资者的现象屡见不鲜，如没有阐述产品发展趋势、企业需要多少资金、资金的使用目的等。

6.2 创业计划书的撰写

6.2.1 撰写创业计划书

（1）创业计划书大纲

尽管创业计划书的类型各异，但核心部分应该包括知识拓展中所列的大部分内容，而且格式也尽量保持一致。在这些看似千篇一律的格式中，还要突出有价值的信息，以便投资者等相关利益人在速读中找到感兴趣的内容。当然，这一结构内容也可以根据目的及具体阅读对象不同而有所变动。

创业计划应清晰简练，并且完整地提供有关初创企业关键部分的信息，

学习笔记

但也要注意篇幅不要太长。也就是说，它必须具有一定的篇幅以确保提供充分信息，同时要避免冗长。下文所提供的创业计划书大纲是一个涵盖了创业计划的各个方面的计划书大纲，为创业者撰写计划书提供参考。对于创业者而言，撰写的计划书不用涵盖表中的所有部分，而要根据自身创业项目的特点合理选择。

撰写创业计划书可能遇到的最为普遍的问题是：创业计划书的篇幅到底要有多长？内容应该细到什么程度？答案是：这取决于要撰写的创业计划书的类型和撰写创业计划书的原因。基于不同的目的所撰写创业计划书的原因在前文中已经阐述。需要强调的是，撰写创业计划书之前必须明确目的。

知识拓展

创业计划书大纲

封面

执行概要

目录

1. 公司概述
2. 创业团队
3. 产品或服务介绍
4. 市场概况
5. 竞争分析
6. 商业模式
7. 市场营销计划
8. 生产运营计划
9. 财务计划
10. 公司管理
11. 企业文化
12. 风险预测及应对
13. 资本退出

附录

（2）创业计划书内容

①封面

创业计划书的封面除了要设计简洁、美观外，还要包含一些必要的信息。

学习笔记

首先要包含企业的名称；其次是要有创业者的联系信息，如企业地址、联系电话、网址、电子邮件等；最后是警示阅读者保密等事项信息。如果创业者已经有独特的商标，可以把商标融合到封面设计中，凸显企业的品牌和文化。为了封面的美观，可以将创业者的联系信息和保密事项等信息放到商业计划书的内封中，这样既保持了计划书封面的美观，也方便投资者寻找创业者的联系信息，如图 6-1 所示。

项目编号：20××第×号

创业计划书

项目名称：____________

项目联系人：____________

联系方式：____________

图 6-1　创业计划书封面

如果封面没有放置警示读者保密的事项，则有必要设计扉页，即保密承诺。在保密承诺中，要注明创业计划属于商业机密，所有权属于某公司或某项目，未经同意，其他任何人不得将计划全部或部分内容予以复制、影印、泄露或散布给他人。必要时，可以要求接受创业计划书复本的负责人签字承诺保密，如图 6-2 所示。

保密承诺

（请收到本创业计划书的贵公司相关负责人签署）

本创业计划书内容涉及商业秘密，仅对有投资意向的投资者公开，本公司要求投资公司项目经理收到本创业计划书时做出以下承诺：

妥善保管本创业计划书，未经本公司同意，不得向第三方公开本创业计划书涉及的商业秘密。

承诺人签字：

年　月　日

图 6-2　创业计划书扉页

②凝练创业计划的执行概要

执行概要是为了吸引战略伙伴与创业投资者的注意，好的概要能使战略伙伴或创业投资者一开始就能对提供计划的创业者留下一个良好印象。概要并非创业计划书的引言或前言，恰恰相反，它是对整个创业计划书高度精练的浓缩，是整个创业计划书的精华，概要将创业计划书的核心提炼出来，列在创业计划书的最前面部分。

创业计划书的阅读者都是很忙的，他们往往首先只索要一份计划的概要，再决定是否继续关注你的创业计划，在概要有足够说服力时，才会要求阅读详尽创业计划书正文。因此，概要必须涵盖计划的要点，简明扼要、条理清晰地阐明创业的基本思路、目标及优势。创业者要反复推敲，精益求精，使概要结构完美，语句清晰、流畅且富有感染力，便于读者在最短的时间内一目了然地评审计划，并做出判断。计划概要最好是一页，无论如何不要超过两页。

概要应该特别突出的是富有吸引力的鲜明个性、明确的目标以及创业者自身所具备的优势等，让投资人能在最短的时间里全面了解整个创业计划，控制资金的投放方向及节奏，使其能在必要的时候提供最行之有效的帮助。在概要中，创业者一般要突出以下重要内容。

其一，是否已经成立公司，公司目前的状况，产品/服务进入市场的准备程度。如果企业已经投入运营，要提供过去的成功业绩和当前交易情况，以及现有的主要人员。

其二，将要推出的产品/服务及销售对象，尤其是竞争优势的详细分析。市场需要这种产品/服务的原因，市场规模、预计销售量。

其三，利润和现金流动的预测，需要资金数量，提供资金的投资者或贷款人何时以何种方式得到收益。

其四，创业者的长远和近期的目标与目的，以及达到这些目标将要采取的战略和策略。

概要虽然列在创业计划的最前面，但它是在其他部分定稿之后才撰写的，因为只有这样，才能形成对创业计划的准确概述。

投资人在阅读商业计划书时都喜欢先看前两页的概要。如果你的概要像是一份光亮的营销单，文字分栏排列，配上相关的图片，就能更好地吸引投资人的注意，否则他们可能会懒得看下去。在撰写执行概要时要注意以下关键元素。

A. 问题和你的解决方案。这些是你用来钩住投资人的钩子，最好在第一段就描述清楚。陈述你的价值定位，你要给谁提供什么特别的东西。在这部分不要写缩写词、公司历史以及你的方案背后用到的技术。

B. 市场大小和增长机会。投资者们都在寻找巨大的、处在增长期的市场。用几句话写一下基本的细分市场、市场大小、增长情况和市场动态，有多少人或多少公司、多少产值、增长速度如何、是什么因素驱动这个细分市场。

C. 你的竞争优势。展现出你的持续竞争优势，如独特的优势、成本节约

学习笔记

或行业关系。至少，你要写出你是如何与当前别人的解决方案竞争的。投资者很可能已经看过很多跟你的方案类似的商业计划书。

D. 商业模式。谁是你的客户、产品如何定价、一件产品的成本是多少？目前是否有真实客户，是否正在发展阶段？概括你的销售和营销策略（直接营销、销售渠道、潜在客户开发等）。列出一些关键数字，如客户量、授权量、产品数量和利润等。

E. 执行团队。要记住投资者投资的是人而不是创意。为什么你的团队有能力成功？他们以前做过什么？解释一下每个人的背景、角色、工作过的公司。如果你的创业导师或顾问有相关的行业经验，也可以在团队介绍里提出来。

F. 财务预测和融资。你需要展示 3 到 5 年的收入和花费预测。投资者要知道你现在想融多少钱，你能给他们什么样的回报。这样的融资需求通常是为了实现你的商业计划书中下一个重要里程碑所需要的最小金额。

以上这些概括要点并不是商业计划书概要的硬性要求。没有能涵盖所有创业项目的执行概要，但是你要确保每一个关键问题都要提到。你要想想在你的创业项目中哪些是关键点，要特别强调你的优势。如果关键点被忽略了，就会是一个危险信号。投资人对你的第一印象会转向负面。

最后一个重要的元素不是在执行概要上，而是你发给投资人邮件中的公司介绍那一段。在这里需要写一些吸引眼球的东西，展现出你的激情和承诺。最后记得要询问一下见面机会或具体的反馈意见，这是确认你能否引起投资人兴趣的方法。

③目录

投资者阅读商业计划书时，往往喜欢采用“查找式”的跳读方式，而不是从头读到尾。建立一个目录能帮助读者更容易找到自己感兴趣的信息。目录的详细程度与创业项目及创业者所要达到的目标有关。

知识拓展

××公司创业计划书的目录

学习笔记

学习笔记

④公司概述

把创意转化成商业组织，首要完成的事情就是成立公司。在创业计划书中，公司概述一般包括以下方面：公司名称、注册时间、公司规模、公司性质、技术力量、项目介绍、员工人数、组织结构等。在创业计划书中对公司概况表述的极少，只需要从总体架构上进行言简意赅的陈述。若创业者还处在创意阶段，仍没有落实到注册公司的行动阶段，则在公司概述中要阐述公司的使命和愿景。此外，还要向读者展示创业者在创业历程中所取得的成就，列举在创业发展中重要的、具有里程碑意义的事件。投资者比较常用的做法是根据里程碑事件来考察企业状况。

⑤创业团队

许多投资者和创业计划书审阅者会首先浏览执行概要，然后直接翻到管理团队部分评价企业创建者的实力，看团队能否胜任创业项目。投资者阅读过的有创意、有市场的创业计划，远多于他所能实际资助的数量。因此，赢得融资支持经常不是因为创意或市场，而是投资者认为创业团队为开发创意做了更充分的准备。

创业团队通常包括企业创建者和关键管理人员。创业计划书还应该提供每个创业团队成员的个人简介。个人简介应该显示出该成员为何能够胜任，为何能对企业成功做出特殊贡献。对创业团队的某些特征，应该加以强调。例如，投资者更喜欢以前曾经共过事的团队成员。这种考虑在于，如果人们以前共过事而现在决定共同创建新企业，这通常意味着他们之间相处融洽、彼此信任。创业团队成员的完整简历可以作为附录置于创业计划书末尾。

打造一个优秀的团队，应该明确的是团队成员要互补，并且有能力且愿意承担多重责任。这里强调的是“愿意”和“适合”。“愿意”是指团队成员能够从内心认可产品及创业团队的思维方式，要抱有创业心态加入到队伍中。初创企业不像成熟企业那样，做每件事情都有专业人士支持，每个人只关注特定专业范围内的事务。而在初创企业里，在创业环境下，团队成员可能身兼数职，甚至没有明确的专业分工，他们除了关注自己的领域外，还要随时帮助自己并不擅长的领域中的其他成员。因此，如果没有创业精神和心态，整个团队能够高效运转是不可想象的。“适合”是指创业团队成员不一定要有在大公司工作的经验。虽然具有丰富经验对完成项目是很有利的，但来自大公司的成员反而会遇到初创企业在文化上的冲突，例如初创企业成员之间的分工界限可能就不那么明确、支持系统也不那么完善，甚至企业里的负责人随时也需要充当一般员工角色。

⑥产品或服务介绍

这一部分着重向读者介绍创业项目的卖点。应该包含的内容有基于市场的产品或服务的提出，新的产品或服务解决了消费者的何种需求，或者填补了哪一部分市场的空缺，突出产品或服务的特色。如果开展的是一项服务的话，可以陈述服务的流程；如果是科技类创业，应当向读者介绍新技术能如何解决市场上现存的问题，带来何种便利。在描述过程中要避免采用过于专业性的术语。

一般而言，产品或服务的开发遵循一定的开发路径，包括产品创意、原型化、试生产和全面投产。创业者应当结合项目的实际情况，设计、规划安排产品开发流程。所取得的进度要体现在创业计划书中，这样读者会有比较清晰的认识。在创业计划书中，创业者应该着重描述产品或服务所处的发展阶段，并提供后续的进度安排。

产品（服务）介绍的内容比较具体，因而写起来相对容易。撰写过程中应注意几个问题：

第一，写作应置于客户的位置，站在客户的角度来评价产品和服务；

第二，集中于最重要的产品，突出重点，避免本末倒置；

第三，避免过多的技术细节，投资者往往不是技术方面的专家，因此，计划书没有必要进行详细的技术论证，如果必须加入相关技术论证，也要采取通俗易懂的术语，避免过于专业隐晦；还应避免过度的夸大与承诺，企业家和投资家所建立的是一种长期合作的伙伴关系。如果企业不能兑现承诺，不能偿还债务，企业的信誉必然要受到极大的损害，给创业活动造成严重影响。

⑦市场概况

一般而言，创业者需要先从宏观的大环境下展开思考：所提出的产品或服务的行业变革的驱动因素是什么，政治和社会环境因素是否会对创业者的产品或服务带来导向性的影响。基于这样的市场环境，再从微观的角度分析

学习笔记

市场规模、市场增长速度、行业和产品在成长周期中所处的阶段、购买者的数量和规模、竞争对手的情况。在案例中，创业团队在市场概况中界定了行业所处的时代背景，同时分析了国家政策对于这一行业的支持。市场概况中还应该包含客户的问题是创业的价值所在。创业者需要通过人口统计、心理统计、行为特征等信息进行分析。通过分析，创业者可以判断什么原因能让客户产生购买产品的强烈动机。

行业分析要求创业者从行业定义入手，对其所属行业有一个清晰的界定。在分析中，行业定义要宽泛一些才能够清晰地看到商机的巨大潜力。可是在实际操作中必须聚焦于一个细分市场。在案例中，市场定位是专注于特定群体的服务。在行业分析的时候阐述了行业的市场现状，市场定位是提供个性化的产品。完成行业分析后，还要进行行业性质的探讨。如果行业在增长而且没有主导企业，那么这个行业就是新兴市场；如果行业内有小企业在倒闭，正在被几家主导企业收购，这样的市场被称为整合中的市场；如果行业内有领军企业，它们的竞争状态比较稳定，几家企业统治整个市场，但增速缓慢，这样的行业就是成熟市场。创业者应该理性、客观地分析整个行业，关注创业项目能够解决的市场问题，最好用数据和图表表达，彰显商业机会发展前景。

⑧竞争分析

竞争分析所包含的内容应当与产品或服务的独特性以及新产品的市场定位紧密相连。产品或服务定位是相对于竞争对手而言的。例如，如果你打算开一家新型冷饮店，你应该解释你的冷饮店与其他店有何不同，根据产品特点和客户需求进行市场定位。创业者可以结合行业分析，强调产品如何满足客户的需求，产品的内涵价值是什么，能给客户带来什么不一样的满足或价值，你的产品为什么比别人的好，主要包括质量、价格、配送、某项技术、专利产品或者营销渠道等，应从这些方面清晰有力地说明产品的竞争优势。

⑨商业模式

商业模式是创业计划书中一个十分重要的部分，也是投资者极为关注的部分。商业模式用简要的语言描述的创业项目是从开始到经营再到盈利的一个完整的商业逻辑。商业模式是一个整体，各部分相互联系，形成一个良好的商业循环。创业者在设计创业项目的商业模式时，是建立在对创业项目充分了解的基础之上的。

⑩市场营销计划

营销计划是产品或服务到达用户的有效桥梁，是为了制定策略，能在未来控制和应对市场环境的变化，获得持续的客户和销售额。很多人容易把销售和营销混为一谈，实际上，销售只是营销的一部分，而营销是一个系统。营销是以用户需求为中心，把如何有效地创造和满足用户需求作为首要任务，目的是让产品或服务受用户的欢迎，是一种由外至内的思维方式。营销是一种战略性的思考，以创造力为中心，注重建立持续性的销售系统，关心用户需求和企业的可持续发展。营销计划主要包括以下几个部分。

A. 产品构思及设想。主要描述产品或服务，确定市场需求，对产品或服务的整体市场进行简要说明。

B. 市场调研。市场调研既可以放在营销计划之中，也可以作为计划书的辅助材料单独进行，这部分对于创业项目的可行性论证十分重要，市场调研主要对消费者、竞争对手和市场的基本情况进行调研和分析。

C. 市场定位和用户选择。市场调研后，可以根据市场情况对产品或服务的市场进行细分，确定目标用户，为营销策略的制定打下基础。

D. 营销策略制定。常用的营销策略有 4P 营销组合，即产品（Product）、渠道（Place）、价格（Price）和促销（Promotion）。营销活动是否成功，产品或服务是核心，价格是工具，渠道是途径，促销是推进器。营销活动的范围和方式需要根据产品或服务、企业发展的不同阶段以及市场环境的变化不断调整。

E. 销售预测。通过市场分析所获取的销售预测可以促进风险投资者理解营销目标和财务报表。这些预测数据包括预期市场份额、销售额、市场增长率等。

⑪生产运营计划

生产运营是一个选择厂址、购买原材料、组织生产产品或服务的过程。在创业计划书生产运营中需要介绍的内容和详尽程度完全取决于创业者的产品或服务本身。例如，对于工业类企业而言，生产运营计划应当包括的具体内容有厂址选择、工艺流程、设备引进、生产周期标准和生产作业计划的编制、物料需求计划及其保障措施、劳动力供求、库存管理以及质量控制方法等。可是，对于创意服务类企业而言，相较产品类企业运营成本低，在创业计划书中则可以强调创意本身，应该阐明自己的优势、员工的特点等。无论是工业类还是创意类产品，创业计划书中撰写生产运营计划部分时，创业者都应该从以下几个方面思考：新产品或服务的成本结构是怎么样的？如何保证产品或服务的质量？如何保证原材料或物料的供应？

⑫财务计划

财务计划是针对创业项目的发展制定的一套可靠的、全面的财务规划，以反映企业预期的财务业绩。财务计划是从财务角度对创业计划书的支持和

学习笔记

说明。风险投资者会期望从财务计划部分判断企业未来的经营的财务预期，作为判断自身投资风险的一个依据。一份详尽、周全的财务计划对创业者尤为重要。如果财务计划准备得不好，会给风险投资者留下缺乏经验的印象，可能会降低初创企业的估值，同时会增加初创企业的经营风险。

财务计划在创业计划中需要花费较多的时间和精力由专业财务人员来制定和具体分析，主要包括现资产负债表、利润表、现金流量表和盈亏点分析。此外，一些具体的财务数据信息也十分重要，如销售收入、销售成本、管理费用、销售费用、应收账款、应付账款、存货周转和资产利用率等。财务计划除了需要给出初创企业 3~5 年的财务方面的安排计划外，还需要分析盈亏平衡点以及资金的来源和使用。要完成财务规划，必须要明确下列问题。

A. 产品在每一个财务预算周期的产出量有多大？

B. 什么时候开始产品线扩张？

C. 每件产品的生产费用是多少？

D. 每件产品的定价是多少？

E. 使用什么分销渠道，所预期的成本和利润是多少？

F. 需要雇用哪几种类型的人？

G. 雇用何时开始，工资预算是多少？

⑬公司管理

投资者在对创业计划书进行风险评估时，公司的性质、管理制度、组织结构、股权划分、薪酬体系都会影响其判断。同时，高素质的管理人员和良好的组织结构是公司管理的重要保障。创业者在撰写这个部分的时候，不仅需要包含公司成立相关的所有要素的介绍，其中包括对公司组织结构的介绍，可以附上组织结构图、各部门的功能和职责范围、各部门的负责人及主要成员、公司的薪酬体系等，更重要的是使投资者相信创业者具备良好的领导能力，能够保障组织的良好运转。建议可以对这几个问题进行思考：初创企业适合什么样的公司性质和组织形式？企业内部的组织结构应该如何设计？各部门的负责人和雇员如何安排？采用何种薪酬体系能最大限度地调动员工的积极性？公司股权如何划分？

A. 核心管理者。该项应该包括管理团队中每个核心成员的简要介绍，包括他们的职务、工作经历和经营业绩、受教育程度、管理背景和能力等，特别是有关专业知识、技能和成就。如果管理者的简历中包含特别信息，应该在附录中详细说明。如果管理团队成员之间曾经有过共事经历，那么就应该强调这些与工作相关的经历。在投资者看来，与彼此陌生的管理团队相比，那些曾有过成功共事经验的管理团队的风险更小。

B. 管理团队。该项主要介绍创业团队成员所具有的教育及工作背景、具体分工情况、产权股权划分情况、创业信念、风险识别及反映实施计划能力的情况，重点展示管理团队的凝聚力和战斗力，使战略伙伴或创业风险投资者了解企业的管理团队是由一批具有丰富的管理经验和较高的职业道德的人士组成。优秀的管理团队将确保企业紧紧抓住好的创业机会，以有效的方式实现企业的经营目标；团队的结构应该严谨，拥有技术、管理、财务、法律、语言和写作等方面的人才或各有专长的组织成员，并且还充分考虑内部成员能力互补的问题。

C. 人力资源。该项要考虑现在、半年内、未来三年的人事需求，并且具体考虑需要引进哪些专业技术人才、全职或兼职、薪水如何计算、所需人力资源管理成本等。该项还应说明企业准备设立哪些机构，各机构配备多少人员，人员年收入情况；是否考虑员工持股问题，如果考虑，就需要说明股票期权实施办法和红利分配原则；企业如何加强对员工的持久激励；阐明企业的内部约束机制和外部约束机制等。

D. 公共关系。这个部分还应该列出与企业打交道的专业服务机构名单，包括法律公司、咨询公司和会计公司，应说明这些专业机构将如何帮助企业达到创业目标。创业者应该尽量多列出一些这样的关系机构，以显示自己的成熟和社会认同度。

⑭企业文化

企业文化又称组织文化，是组织的价值观、信念、意识、符号、处事方式等组成的特有的文化形态。企业可以通过一系列活动来塑造文化形态。当一种文化形态形成后，就成为员工行为和关系的规范，是组织内部所有人共同认同的价值观。良好的企业文化对企业的凝聚力会发挥重大作用，它的功能体现在四个方面：导向功能、规范功能、凝聚功能和激励功能。在创业计划书的撰写中，创业者需要明确企业的使命。企业使命明确了企业存在的原因以及企业渴望成为什么。尤其是社会福利类企业，在企业使命和愿景部分应突出彰显企业的社会责任。

⑮风险预测及应对

刚开始创业时，不可避免地要承担风险。当业务开始的时候，创业者内心已经明确做出判断，这是可以承担和克服的风险。很多人都说创业者就是个冒险家，他们有着较高的风险偏好。但是真正的创业者，他们并不喜欢风险，而且会尽量避免风险并把风险降至最低。风险和回报往往是成正比的，风险越高回报也会越高。创业者在创业开始阶段会对要承担的风险和可能获得的利益进行评估，只有面对的风险是他们所能够承担的时候他们才会投入

学习笔记

到创业实践中来。

风险应对是创业者在风险评估的基础上，选择最佳的风险管理技术，采取及时有效的方法进行防范和控制，用最经济合理的方法来综合处理风险，以实现最大安全保障的一种科学管理方法。常用的风险应对方法有风险避免、风险自留、风险预防、风险抑制和风险转嫁等。

⑯资本退出

投资者都对风险收益格外关心。在撰写创业计划书的时候，创业者应该提供资本退出的方案，也就是说，创业者需要呈现给投资者，在什么时候他们的投资将退出，并且届时能够获得回报。资本退出的形式有：首次公开上市退出、并购退出、回购退出和清算退出。创业者在提出资本退出方案的时候需要注意以下问题：企业面临的风险及带来的影响是什么？面对风险，企业应采取怎样的应对方案？初创企业首选的退出方式有哪些？每一项的投资回报率是多少？

⑰附录

撰写创业计划书的一个原则是言简意赅地传递企业的经营计划。在正文中呈现出来的数据需要有文档的支撑，这时候就需要在附录中把各种有关文档列出来，给读者和投资者提供决策的依据。一般而言，创业计划书的附录包括但是不局限于以下内容：主要合同资料、信誉证明、分支机构列表、市场调查结果、主要创业者履历、技术信息、生产制造信息、宣传资料、授权书、获奖和专利、政策文件等。创业者在撰写的时候，需要在以下两个方面引起注意：创业计划书必须和附录分开；附录是创业计划书提供的必要的补充资料。

6.2.2 创业计划书的评价

创业计划书完成以后，要先对创业计划书进行自我评价。创业计划书的评价一般有三方评价。第一方为创业者，主要判定创业计划是否具有吸引力或操作性；第二方为资源提供方，如创业投资者、潜在创业合作伙伴；第三方为独立于计划制订及使用方的咨询机构或其他机构，受人委托对创业计划进行公正性评价。

在创业计划书写完之后，创业者要对计划书进行自我评估、检查，评估计划书是否能准确回答投资者的疑问，争取投资者对创业项目的信心是十分必要的。

(1) 评价要素

一份成功的创业计划书，应该能够简洁清晰地展示市场前景，把握市场

学习笔记

的需要，解释创业投资者为什么会投资这个创业项目，并要有一个投资退出策略。如果过分乐观，或拿出的数据与行业标准相去甚远，或忽视竞争风险，或进入了一个拥挤的市场，则是一份失败的创业计划书。投资者对创业计划书最关注的内容有以下几点。

①简明清晰的概要。执行概要将是创业者所写的最后一部分内容，但却是出资者首先要看的内容，它将从计划中摘录出与筹集资金最相关的细节，包括对公司内部的基本情况、公司的能力以及局限性、公司的竞争对手、营销和财务战略、公司的管理团队等情况的简明而生动的概括。它会使风险投资家有这样的印象：这个公司将会成为行业中的巨人，我已等不及要去读创业计划书的其余部分了。

②优越的产品或服务。在创业计划书中，应提供所有与企业的产品或服务有关的细节，包括创业者实施的所有调查。把出资者拉到企业的产品或服务中来，这样出资者就会和风险企业家一样对产品有兴趣。编写创业计划书的目的不仅是要出资者相信企业的产品会在世界上产生革命性的影响，同时要使他们相信企业有证明它的能力。

③有把握的市场机会。创业计划书是要给投资者提供企业对目标市场的深入分析和理解。要细致分析经济、地理、职业和心理等因素对消费者选择购买企业产品这一行为的影响，以及各个因素所起的作用。创业计划书中还应包括一个主要的营销计划，计划中应列出企业打算开展广告、促销以及公共关系活动的地区，明确每一项活动的预算和收益。

④领先的竞争优势。在创业计划书中，应细致分析竞争对手的产品与企业的产品相比，有哪些相同点和不同点？竞争对手所采用的营销策略是什么？要明确每个竞争者的销售额、毛利润、收入、市场份额，然后再讨论企业相对于竞争者所具有的竞争优势，要向投资者展示，顾客偏爱企业的原因是：企业的产品质量好，送货迅速，定位适中，价格合适等。在创业计划书中，创业者还应阐明竞争者给企业带来的风险及企业所采取的对策，要使它的读者相信，企业不仅是行业中的有力竞争者，而且将来还会是确定行业标准的领先者。

⑤可行的战略计划。企业的行动计划应该是无懈可击的。创业计划书中应该明确下列问题：企业如何把产品推向市场？如何设计生产线，如何组装产品？企业生产需要哪些原料？企业拥有哪些生产资源，还需要什么生产资源？生产和设备的成本是多少？企业是买设备还是租设备？解释与产品组装、储存及发送有关的固定成本和变动成本的情况。

⑥强有力的管理团队。把一个思想转化为一个成功的风险企业，其关键

学习笔记

的因素就是要有一支强有力的管理团队。这支队伍的成员必须有较高的专业技术知识、管理才能和多年工作经验，管理者的职能就是计划、组织、控制和指导公司实现目标的行动。创业团队应该是互补型的，而且要具有团队精神。一个企业必须要具备负责产品设计与开发、市场营销、生产作业管理、企业理财等方面的专门人才；在创业计划书中，应首先描述一下整个管理团队及其职责，必须要对主要管理人员加以阐明，介绍他们所具有的能力，在本企业中的职务和责任，过去的详细经历及背景；然后再分别介绍每位管理人员的特殊才能、特点和造诣，细致描述每个管理者将对公司所做的贡献。

（2）评价标准

创业计划书的评价标准应该根据读者而设计，创业计划书编写的目的不同，评价的标准也不同，表 6-1 是根据创业投资基金或投资者角度所设计的评价标准。

表 6-1　《创业计划书》的评价要素和标准参考表

评价要素	参考标准	权重	赋分
计划概要	清晰简洁、重点突出、具有吸引力	10 分	
公司介绍及预计目标	企业的性质符合发展规模，具有创新和求实的创业理念及可行的战略目标	10 分	
产品/服务介绍	技术含量高或具备创新性，具有优异的性能、特征和商业价值，重视产权保护	15 分	
市场机会分析	通过宏观、行业和竞争者的分析，运用专业的分析方法，得出了机会存在、机会的大小等结论	15 分	
营销计划	市场定位明确，市场前景广阔，拥有优异的核心市场营销能力，能获取持续的竞争优势，并有可行的实施方案	10 分	
财务计划	预估的经济效益好，财务报表清晰明了，各种数据具有较强证明力和说服力	10 分	
管理能力	拥有一支有效的管理团队，或具有相关经验和背景，能够有效地发展企业	10 分	
融资计划，投资回报与退出，投资风险	资金筹措方案可行、投资价值高、有效的规避风险措施、合理的投资退出方式	10 分	
创业计划书的写作	报告完整全面、简洁清晰、逻辑明确，约有 25 页，不冗余	5 分	
专家推荐	专家或权威机构的判断往往会影响对创业计划书的评价	5 分	
合　计		100 分	

创业计划书的制订者也可以根据这个评价标准进行自我评价，以尽早排除编写中的错误。在检查整个创业计划时，创业者应站在读者角度判定新企业可行性等关键性问题是否已得到完全解答。

（3）创业计划常犯的错误

①过分强调技术，而忽略市场。

创业者在制订创业计划书时，常常过分强调所熟悉的技术而刻意忽略不熟悉的市场或管理。一位技术背景出身的创业者，可能花费一半以上的篇幅描述技术功能，而只用不到一页来说明市场营销。有的创业计划书中，创业者指出将运用营业额的25%从事研究开发，这个比例较同业平均水平高出10倍，或许这位创业者对于事业发展与技术研发有远大的理想，但创业投资者不可能将资金投入在不知何年才能够回本的投资方案上。

②计划目标、市场定位界定不明。

创业计划的目标一定要明确，并且要经过系列分析和论证。如成立什么样的企业形态，筹集多少注册资本，进行何种领域的产品/服务开发，目标市场定位是什么，企业的近期、中期、远期的发展目标是什么等。创业计划应明确目标，规定目标的时效，提出落实目标的方法，把总目标分成容易管理和实现的子目标或阶段性目标，责任到人，并确保一步步保障实施。

③对市场估计过高，调查研究不够，而进入了一个拥塞的市场。

对于市场占有率做大而化之的粗略假设，也是创业者常犯的另一项毛病。在创业计划中分析产业与市场活动时，最好先做一些市场调查研究，并引证官方或学术研究机构的客观统计资料，同时对于目标市场消费特性的描述，也要有确实的证据。如果已有具体产品原型，应考虑先进行消费者使用测试，取得专家的检验意见，这样会有助于提高创业计划的品质与可信度。

④缺少有效的执行方案和管理团队。

创业计划经常缺乏落实计划目标的具体执行方案，这常常表现在没有具体的工作计划、优先次序和工作重点，责任和分工不明确，缺乏规范的管理制度等方面。而投资者比较关心，却常被创业者忽略的课题就是如何保证这份创业计划书能被有效地执行，以及如何回收投资资金。有效执行的关键在于经营团队的组成，如果创业者能让经验丰富的经理人加入经营团队，对于投资者而言将是一项有利的保证。

⑤缺少风险分析和投资回收方案。

创业计划书应有详细的财务预测分析与投资报酬率的预估，这些分析必须依据具体的市场预测资料，同时包括敏感度与风险分析在内。风险性投资

学习笔记

者对于投资报酬的要求要高于一般水平，对于创业投资报酬的要求更高达50%以上。因此，创业者需要提出一份能够具体实现高报酬的创业计划书与财务规划，才有可能吸引创业投资者的兴趣。此外，创业者应该提出未来投资资金的回收方式，创业投资者对这部分比较在意，主要考查是否与自己的资金安排契合。一般回收的方式不外乎转让、收购、上市等，而且回收时间也是重要的考量因素。

6.3 创业计划书的展示

创业计划书一旦准备就绪，接下来的主要挑战就是如何将计划书介绍、推广、投送给相关者。在大部分情况下，口头介绍是推荐给潜在投资者最普遍也是最关键的一步。事实上，大学生创业者应该清晰地认识到：口头表达能力不仅对推介创业计划书与筹集资金至关重要，实际上，它还是创业者在注入新产品开发、买卖交易、巩固合作关系、招聘员工等一系列活动达成协议的基本工具。

创业计划书的推介主要包括前期准备、展示创业计划以及访谈三个基本环节。

6.3.1 前期准备

口头表达与书面表达存在巨大的差异，其要点是快速地切入主题，恰当地解释创业项目，语言内容需要好好地予以斟酌，同时不乏风趣灵活，结构上需要体现较强的系统性与逻辑性，同时在表达过程中可以自由添加或改变某些点作为介绍的拓展，一份背下来的介绍是无法激发投资者激情与兴趣的。

创业者在做创业计划推介准备时，首先要训练自己言简意赅的表达能力，训练自己用一分钟来表达、阐述创业企业的性质与职能。正如《创业的艺术》作者盖伊·川崎说："如果一位企业家来找我，一开始就谈论他想如何筹集资金；如果一个非营利机构的负责人来找我开口就要赞助，那么我根本就没有耐心从头到尾听完他们的谈话，我希望他们能够利用头15分钟时间，向我简述他们的人生故事。如果你不这么做，你的听众不可避免地会产生这样的疑问：他的公司是做什么的呢?"现实推介过程中，创业者往往会用自传式篇幅与方式来介绍企业，想当然地认为只要自己说这么一通开场白，听众自然会

学习笔记

明白新创公司从事的行业与提供的产品或服务。大学生创业者可以利用定时器，训练自己在一分钟内阐述公司性质与目前状况，并请听众写出一句表达你公司性质与职能的话。把他们的答案收集起来，与自己说的内容进行比较，通过对比结果修正自我表达方式与内容。

在前期准备中，创业者还应积极了解与分析推介对象。出色发言的基础源于推介前对推介对象进行充分调研。首先，创业者应了解究竟什么对推介对象来说比较重要。可以通过事先向主办者或中介方提出诸如：最想了解公司的三件重要事情是什么？什么促使对方对创业项目产生兴趣？可能会问什么特殊、尖刻的问题？会议参与人员年龄多大、背景与特长如何等。创业者还可以通过网络搜索、资料收集、业内打听等方式清晰地了解公司背景、管理者背景等方面信息；并通过换位思考、团队讨论的方式，群策群力、集思广益地梳理各种可能性，为推介工作做好前期调研工作。

创业者还应该依照“10/20/30”原则做好推介内容、长度、文字表现的准备工作。“10/20/30”原则指通过 10 张幻灯片、20 分钟时间、30 磅的文字字体来指导推介演讲。演讲过程中，推荐使用较少的幻灯片，你需要的幻灯片越少，你讲述的内容越引人注目。创业者可以用标题、问题、解决方案、商业模式、项目优势与独特性、市场营销、竞争、管理团队、财务计划及主要指标以及目标实现时间与资金的使用作为幻灯片的核心标题，进行内容的组织。

一般展示会议时间多为一小时。因此，创业者应该在 20 分钟内完成陈述与演讲。这样，一方面可以加强创业者对推介会议的时间控制；另一方面，也可以让与会人员有更充足的时间进行交流与讨论。创业者应在推介前，通过内容提炼、积极准备与反复预演，训练自己在介绍活动中将陈述内容集中在 10 张幻灯片和 20 分钟时间以内。

幻灯片文字内容不能用较小的字体，使用较小字体说明幻灯片中展示了过多的细节内容，同时，将给风险投资商带来阅读上的麻烦，特别是一些上了年纪的投资商。因此，创业者应该认识到使用幻灯片的目的是为了吸引听众，而不是为了让听众阅读更多的信息。创业者应该通过口头表达的方式对内容做进一步的阐述及补充。

在演示创业计划之前，创业者还应该完成会场布置与设备准备。创业者必须事前检查确认相应设备如手提电脑、投影仪等是否到位，并检查它们的兼容性与使用可靠性。创业者备份演讲文稿并检查演讲文稿是否能在手提电脑、投影仪等设备中正常运行，同时应准备打印机，以备万一设备出现问题的情况下能顺利将需讲述的内容打印出来。这些工作需要创业者在演示当天

学习笔记

提前准备。创业者必须认识到倘若会议一开始陷入乱糟糟的地步，再想挽回投资者的印象几乎是不可能的事情。

6.3.2 展示创业计划

展示创业计划是创业者展现自己能力的大好机会，同时是创业投资者考察创业者的关键阶段，尽管项目好坏才是创业投资者考虑的主要方面，但是大多数情况下，创业投资者不会将资本交给一个连自己创意都表达不清楚的人。

在做好包括推测对方可能提出的问题、如何应付展示期间可能出现的意外以及确定展示重点等信息调查与前期准备工作后，创业计划书进入到实质演示阶段。

展示开始后，可以通过诸如“我能够占用各位多长时间？”“各位最需要我回答的三个问题是什么？”“我可以先完成我的演示内容，然后再回答大家的问题吗？如果各位认为确实需提出问题，也可以随时打断我”等开场白以表达对推介对象的尊重与双向交流的意愿，加上事先布置的讲台，可以营造良好的氛围并带动投资者参与的积极性。在展示过程中，应该保持条理清晰的风格。要有针对性，突出市场前景以吸引投资者的注意。如果没有特殊要求，展示者不要过分强调技术因素或有意使技术环节复杂化。

此外，创业者还需要注意掌握以下几个细节：在展示前不要发放有关管理经营费用的材料；在展示中用热情洋溢的语言表达；积极与投资者实现互动，但不要与投资者发生争执；展示即将结束时，插入一些表格资料向与会者说明公司的财务状况；在展示休息时间，投资者离场后，简短总结展示的效果及需要改进之处；展示期间积极记录、展示后重新整理会议记录与讲演内容等。

创业计划展示过程中还应该注意不要出现喧宾夺主的情况。大学生创业者心中往往抱有这样的念头：想让更多的投资者、客户与合作伙伴参与进来，而众人的参与体现出了所谓的团队精神！在这种推理下，创业团队相信来自他们公司的四五个人应该参加推介会议，而且每个人在会议上都应当扮演一个角色，只有这样才能表明团队精神得到了贯彻。这种逻辑下的推介往往会给人“轮流坐庄”“救场”的印象。在演示会中，创业领袖（核心）或公司CEO应占全部讲话的80%以上，其他高层人员（不应超过2位）可以在20%会议时间讲述一两张幻灯片内容或回答提问，这些内容与问题都应该是他们各自专业领域的内容。

学习笔记

6.3.3 访谈

访谈也是创业计划推介的重要环节。对于通过初步审查的创业项目，下一步就是与创业者直接交流。由于创业者的素质是决定创业能否成功的关键，所以必须要对创业者进行访谈，以达到以下三个目的，一是面对面地考察创业者的综合素质；二是根据审查创业计划的情况，核实创业项目的主要事项；三是了解创业者愿意接受何种投资方式和退出途径、投资者能以何种程度参与企业决策与监控。

为了取得良好的访谈与计划推介效果，首先，创业者要制定谈判计划，包括明确谈判的最低目标、中间目标以及最高目标；拟定谈判的进程；选择合适的谈判时间和地点；确定参与谈判人员及分工。其次，做好谈判的心理准备，即准备应对大量提问、应对投资者对管理的查验、准备放弃部分业务以及准备做出妥协。最后，掌握一定的谈判技巧，比如展示自己实力时采取暗示的办法；为了增强谈判的吸引力要给对方心理上更多的满足感；谈判中多听、多问、少说等。创业者可以在日常生活中积累这些技巧，必要时也可以进行相关知识的培训。

总之，创业计划常犯的错误都源于准备不充分。在制订创业计划时创业者要全身心投入、反复斟酌并请创业合作伙伴或团队一齐参与。计划中每一个细节都要尽量考虑周全，计划的假设前提条件都交代清楚，可能的情况下把风险和困难也列明，并说明有什么替代方法可供选择。

拓展阅读

大学生创业计划书大赛的起源

最初的创业计划书竞赛起源于美国高校。那是在 1983 年，美国得克萨斯州大学奥斯汀分校的两位 MBA 学生，参照模拟法庭的形式，举办了一次创业计划书竞赛，目的是演练企业策划的过程。他们历经千辛万苦，终于成功举办了这个世界上第一次创业计划书竞赛，也因此得到了风险投资家的关注。从此，越来越多的创业基金、风险投资基金、律师事务所、会计师事务所和投资咨询公司也都参与到这类活动中来。

（资料来源：李肖鸣，孙逸，宋柏红．大学生创业基础 [M]．北京：清华大学出版社，2016.）

学习笔记

思考与练习

依据你们团队的创业项目，合理分工，完成一份完整的商业计划书。

参考文献：

[1] 杨安. 创业管理：大学生创新创业基础 [M]. 北京：清华大学出版社，2011.

[2] 孙洪义. 创新创业基础 [M]. 北京：机械工业出版社，2016.

[3] 李肖鸣，孙逸，宋柏红. 大学生创业基础 [M]. 北京：清华大学出版社，2016.

学习笔记

第 7 章 如何寻求创业融资

本章导入

没有钱也能创业成功，这是很多人的梦想。这不是不能做到，只是无法轻易做到。有经营头脑的创业者，即使没太多投资，依然能白手起家。创业不是一次偶尔为之的即兴行为，而是从创业动机产生、创业机会识别、创业组织设立、企业成长及创业收获的整个过程。这个过程离不开资金的支持，资金是企业创立、发展与壮大所必备的战略资源之一。任何一个创业者都必须站在战略制高点来理解资金对创业的战略意义，并扎实做好创业融资工作，才能避免重蹈覆辙，促进创业活动的顺利开展。

通过本章学习，你将能够：

1. 了解创业融资的相关理论；
2. 了解创业融资的一般过程；
3. 掌握创业所需资金的测算、创业融资的主要渠道及各种渠道的差异；
4. 了解融资项目的展示要点。

知识储备

7.1 创业融资概述

7.1.1 创业融资的概念

融资，是指资金的融通。从狭义上讲，融资即一个企业的资金筹集的行为与过程，也就是说，企业根据自身的生产经营状况、资金拥有状况以及企业未来经营发展的需要，通过科学的预测和决策，采用一定的方式，从一定的渠道，向企业的投资者或债权人筹集资金，组织资金的供应，以保证企业的正常生产和经营管理活动需要的理财行为。广义的融资也称金融，就是货

学习笔记

币资金的融通，不仅包括资金的融入，也包括资金的运用，即包括狭义融资和投资两个方面。

本书所讲的融资是狭义的融资，是指创业者为了将某种创意转化为商业现实，通过不同渠道、采用不同方式筹集资金以建立企业的过程。创业者应该根据新创企业在不同发展阶段的资本需求特征，结合创业计划及企业发展战略，合理确定资本结构及资本需求数量。创业融资解决的都是创业者在成立前后最需要解决的问题，在融资之前应做细致的规划，至少首先要明确融资产生的原因和内容有哪些（如表 7-1 所示）。

表 7-1　创业融资产生的原因

产生时间	产生原因	主要内容
企业成立前	注册资本	设立企业的注册资本
	发起设立	办理相关权利证书、审批、登记、营业执照
	办公条件	租赁、装修办公场所、购置办公物资（如电脑）
企业成立后	现金流	销售活动产生现金之前，购买存货、招聘员工、员工培训、员工薪资、市场推广、建立品牌等
	生产设备设施	购置、维护生产设备设施，其购买成本往往超出自己的能力（如机床等大型设备）
	产品开发周期	前期的开发、生产成本也往往超出自己的能力（如开发期漫长的专有技术）

7.1.2 创业融资的过程

（1）融资准备

创业融资不只是一个技术问题，还是一个社会问题，创业融资前要做好相应的准备工作。首先，要建立好良好的个人信用。市场经济是一种信用经济。信用对国家、对企业、对个人都是一种珍贵的资源。在创业融资中，信用具有很重要的作用。人都生活在一定的社群中，创业者也不例外。创业因为具有创业精神和创新意识，在思维方法和行为方式上会有不同之处，显示出异质性人才资本的特征。但信任是一种市场规则，谁若违背了，则该信息就会在社群内通过口碑传播。而创业者最初的融资往往来自亲人、朋友和同事，如果口碑太差，信任度太低，融资难度就会加大。个人信用不是在创业融资时速成的，而需要创业者平时注重自己的道德修养，培养良好的信用意识。

良好的人脉对于获取创业资源至关重要。创业者的关系网络形成了初

学习笔记

创企业的社会资本。企业社会资本是指企业通过社会关系获取稀缺资源并由此获益的能力。研究结果表明，创业者的人脉对创业融资和创业绩效有直接的促进作用。不应该把人脉等同于所谓的“拉关系”“走关系”等寻租行为，而是基于正常的社会经历建立的，诸如师生、同学、朋友、同事等人际关系，这些关系在创业过程中会带来有用的信息和资源。

（2）融资估算

融资估算指在融资前都要明确资本需求量，换言之，资本需求量的估算是融资的基础。对于创业者来说，首先要清楚创业所需资本的用途。任何企业的经营都需要一定的资产，资产以各种形式存在，包括现金、材料、产品、设备、厂房等。创业所筹集的资金就是用来购买企业经营所需的这些资产，同时还要有足够的资金来支付企业的运营开支，如员工工资、水电费等。从资本的形式来看，可以分为固定资本和运营资本。固定资本包括用于购买设备、建造厂房等固定资产的资本，这些资本被长期占用，要考虑资本的长期性；运营资本包括购买材料、支付工资等日常开销，这些资本短期内可以回收，可以考虑用短期资金解决。初创企业还需要立足市场调查，对营业收入、营业成本和利润进行估算。创业企业的成长面临着各种问题。在成长阶段，单靠初始启动资本和企业盈利不能满足企业成长需求，还要从外部筹集企业发展资金。

融资需求量的估算不是一个简单的财务测算问题，而是一个将现实与未来综合考虑的决策过程，需要在财务数据的基础上，全面考察企业经营环境、市场状况、企业战略等内外部资源条件。

（3）寻找资金来源

估算完融资需求量，接下来就是确定资金来源，也就是融资的渠道和对象。此时，创业者需要对资金的人脉关系进行一次详尽的排查，初步确定可以成为资金来源的各种关系。同时，需要收集各方面的信息，以获取包括银行、政府、担保机构、风险投资机构等能提供资金支持的机构的信息；也包括政府新近出台的一些创业资金的支持政策、各种创业空间、创业孵化园等信息，从多方面入手寻找和筛选融资来源和对象。创业者还需要对企业的股权、债权、经营权的比例进行慎重的思考和安排。

（4）融资项目展示

选择一般性融资渠道进行融资，例如自有资金、亲友融资、银行贷款、政府基金等渠道，创业者只需要进行游说和按照机构要求提供并填写相应资料即可。但是，天使投资和创业投资与上述融资方式有所不同，除了要提交对创业项目的充分展示，使投资者充分认识创业项目的市场潜力和可盈利性，还要获得投资者的认可，才有可能获得投资者的投资。

学习笔记

因此，对于创业者来说，花时间去好好准备一份完整的创业计划书和融资 PPT 是非常重要的。这不仅能够帮助创业者争取投资，还可以让其明确自己的战略与发展计划，也能让创业团队得到一次集体亮相的机会，不仅为培训新员工提供了素材，并且为未来的融资打下了基础。

（5）融资决策

融资决策是指为筹集经营所需要资金制定出最佳融资方案。融资决策是每个企业都会面临的问题，也是企业生存和发展的关键问题之一。融资决策需要考虑众多因素，如融资渠道的选择、融资方式的确定、股权和债权出让的比例等，这些因素都直接影响着企业的后续经营和长远发展。因此，企业融资方案的确定对企业的生存和发展至关重要。

7.1.3 创业融资的意义

任何企业的生产经营活动都需要资金的支持。尤其是对于新创企业来说，在企业的销售活动能够产生现金流之前，企业需要技术研发，需要为购买和生产存货支付资金，需要进行广告宣传，需要支付员工薪酬等；另外，要实现规模经济效应，企业需要持续地进行资本投资；加上产品或服务的开发周期一般比较漫长，就使得创业企业在创业早期需要大量筹集资金。

对于创业者来说，融资的重要性主要表现在以下三个方面。

第一，资金是企业的血液。资金不仅是企业生产经营过程的起点，更是企业生存发展的基础。资金链的断裂是企业致命的威胁。

第二，合理融资有利于降低创业风险。创业企业使用的资金，是从各种渠道借来的资金，都具有一定的资金成本。因此，合理选择融资渠道和融资方式，有利于降低资金成本，将创业企业的财务风险控制在一定范围之内。

第三，科学的融资决策有利于企业可持续发展，为创业企业植入“健康的基因”，保证创业企业可持续发展。

7.2 创业融资估算

创业者在开始融资时，不确定性和信息不对称是创业融资难的影响因素。因此，在融资前必须对自己的创业项目进行一次投资规划，并根据这个初步的规划估算出整个项目启动时需要投入的资金数，然后根据这个数字，再加上一定比例的不确定因素，最后得出一个准确的数字，进入创业融资阶段。

学习笔记

7.2.1 做好投资规划

正确测算创业所需资金有利于确定筹资数额，降低资金成本。

（1）不要低估项目的潜伏期。再好的经营项目也不会马上就有利润收入。任何创业项目从启动到盈利，都需要一个潜伏期，这个潜伏期的长短与行业和企业规模有关。和人一样，企业也有生命周期。正所谓“播种有时，开花有时，结果有时”，产业在不同的阶段有不同的特征。所以，在创业初期，你的启动资金就是你创业最初投资的主要资金来源。在创业者的创业过程中，妥善处理好企业的财务问题是至关重要的一步。

温馨提示

一般创业者都会低估这个潜伏期的时间，所以作为创业者你必须做好思想准备，开始时有可能好几个月都没有收入，开销却很大，有时货款也不能马上回笼，因此，必须提前做出预算和储备。

表 7-2 为某创业者第一笔财务账单。

表 7-2　某创业者第一笔财务账单

序号	项目	金额/元
1	创业者的自有资金	200 000
2	+外来资金	100 000
3	+创业贷款	300 000
合计	启动资金	600 000

（2）不要把眼光只瞄准基金和银行贷款。很多年轻的创业者在确定了创业项目以后，不去寻找其他融资方式，不去研究市场需求，不去考虑如何白手起家从小做起，而是一开始就只想到融资，把创业基金和银行贷款作为第一融资目标。

（3）合理的资金组合有利于低经营风险。在创业启动资金的组合上，专家建议最好有一个合理的资金组合比例。例如，你可用的最高资金金额中有 1/3 是你的自有资金，外来资金最好不要超过 2/3 的份额。

学习笔记

温馨提示

研究创业成功案例结论表明：如果你的自有资金不足1/3时，你和银行的资金风险都会加大。

（4）尽量多地留好储备金。创业者必须对从开业到盈利阶段的资金储备做足够的预算和储备。因此，首先把资金看成是个人和外来资金各占1/2进行估算比较稳妥。因为这个时期的储备金到底需要多少，实在是一个难以确定的数字，但是毋庸置疑的是，资金断流会引发经营困难而导致创业失败。

一般需要把企业没有收入的时间按照3个月（或者更长）来计算，所以，储备金应不低于3个月固定成本总和。

温馨提示

在现实中创业者租房时，房租一般的支付方式是押一付三，就是押金为押一个月房租，预付三个月房租，先付后用，即一次性需要支付四个月的房租。因此做预算时要考虑到租房资金预付的情况。

表7-3为某企业储备金预算。

表7-3　某企业储备金预算

项　目	预计金额/时间
计划企业筹备时间	3个月
+ 从开张到收到第一笔收入需要	3个月

= 企业初始阶段	6个月
经营费用（房租、水电费、人员工资）	30 000元
办公费、杂费	5 000元

=企业初始阶段月开支	35 000元

=企业储备金（3个月开支）	105 000元

学习笔记

温馨提示

除了合理规划支出外，必须始终保证储备金的充足！这意味着，账面上始终有足够的盈余，以防出现支付危机！

7.2.2 创业项目启动资金预测

企业开始正常的经营活动，需要有各种费用的支出。这些支出的费用中按照资金在创业中的用途，启动资金可以分为两大类，即固定资产投资和流动资金。

（1）固定资产投资。固定资产投资主要包括经营场地费用（企业用地和建筑费用）、设备费用（如企业所需的机器、工具、工作设施、车辆、办公室家具等）、开办费（注册费、验资费、营业执照费、市场调查费、办公费、装潢装修费、技术转让费、加盟费、金额较大的培训费等）。一般来说，固定资产价值较高、使用时间较长，通过“累计折旧”，逐步分摊到今后的经营成本费用中，逐渐回收。

（2）流动资金。流动资金也称运营资金，是指保证企业经营活动正常运转所需支出的资金。流动资金主要包括原材料和商品存货、促销费用、工资、租金、保险费用（如社会保险和商业保险）、其他费用（包括水电燃气费、办公用品费、交通费、电话费）、不可预见费（如罚款、物品被盗窃或丢失造成的损失等）等。

初创企业启动资金的估算可通过编制现金流量计划进行。首先，按照用途将支出项目归类为“固定资产投资”和“流动资金”。然后，将各大类的所有支出项目逐一列出。关于流动资金的估算，首先，需要将流动资金包含的各项目内容逐一罗列出来；其次，预估销售利润实现的时间，至少要预留 3 个月的周转期。如果经估算至少需要 6 个月，企业方能产生销售利润，那么，企业需要将月度流动资金乘以 6 来进行资金估算。具体操作如表 7-4 所示。

学习笔记

表 7-4 初创企业启动资金估算表

启动资金类别	资金具体项目内容	估算方法
固定资产投资	经营场地费用（企业用地和建筑费用）	根据市场调查估算
	设备费用（机器、工具、工作设施、车辆、办公家具等）	根据市场调查估算
	开办费	根据市场调查估算
流动资金	原材料和商品存货	购买原材料和商品存货×6
	促销费用	促销（广告、有奖销售、上门推销、互动表演等）×6
	工资（业主、员工工资）	（业主、员工工资）每月工资总额×6
	租金（企业用地、用房租金）	月租金×6
	保险费	全年
	其他费用（水电燃气费、电话费、交通费、办公用品费等）	其他费用（水电燃气费、电话费、交通费、办公用品等）×6
	不可预见费用	预留充足
合计		

温馨提示

在估算创业启动资金时，最后在固定资产和流动资金总和上，还要把总额乘以一个系数作为不确定费用，一般估算企业的不确定费用为3%~5%，建议创业者按照5%~10%计算即可。这个不确定费用，是为了应对那些意料之外的支出。

7.2.3 初创企业成本和利润预测

企业利润是企业一段时间内经营成果的展现。企业利润表主要依据“收入-成本=利润”的会计等式进行计算，按照营业利润、利润总额、净利润的顺序编制而成，是一个时间的动态报表。初创企业收入的估算是制定财务计划与编制预计财务表的基础。在进行营业收入估算时，创业者应立足对市场的研究和对行业营业状况的分析，根据其试销经验和市场调查资料，利用推销人员意见、专家咨询、时间序列等分析方法，以预测的业务量和市场售价为基础，估计每个会计期间的营业收入。创业者在编制利润估算表时，应根据估算营业收入时预计的业务量对营业成本进行估算；根据拟采用的营销组合对销售费用进行估算；根据行业的税费标准对可能发生的营业税费进行估算，以此计算初创企业每个会计期间的预计利润。营业收入、成本和利润的估算分别如表 7-5 至 7-7 所示。

表 7-5　营业收入估算表

项目		1	2	⋮	11	12	合计	预测方法
产品1	销售数量							根据市场调查估算
	平均单价							根据市场调查和原料成本估算
	销售收入							销售数量×平均单价
产品2	销售数量							根据市场调查估算
	平均单价							根据市场调查和原料成本估算
	销售收入							销售数量×平均单价
…	…							…
合计	销售收入							产品 1 销售收入+产品 2 销售收入+…

表 7-6　成本估算表

项目		1	2	…	11	12	合计	预测方法
产品1	销售数量							根据市场调查估算
	原材料单位成本							根据市场调查的原料成本估算
	产品 1 原材料成本							销售数量×产品 1 原材料单位成本
产品2	销售数量							根据市场调查估算
	原材料单位成本							根据市场调查和原料成本估算
	产品 2 原材料成本							销售数量×产品 2 原材料单位成本
…	…							…
合计	原材料成本合计							产品 1 原材料成本+产品 2 原材料成本+…

表 7-7　利润估算表

项目	1	2	3	4	…	12	预测方法
一、主营业务收入							表 7-5 营业收入估算表
减：主营业务成本							表 7-6 成本估算表

学习笔记

续表7-7

项目	1	2	3	4	…	12	预测方法
营业税金及附加							根据行业的税费标准对营业税金及附加费用进行估算
销售费用							根据拟采用的营销组合对销售费用进行估算
管理费用							根据企业规模和战略对企业经营的管理费用进行估算
财务费用							根据预计采用的融资渠道和融资成本对财务费用进行估算
二、营业利润（损失以“—”号填列）							主营业收入-主营业务成本-营业税金及附加-销售费用-管理费用-财务费用
加：营业外收入							与企业生产经营活动没有直接关系的各种收入，如固定资产处置收入、政府补贴等
减：营业外支出							与企业日常活动无直接关系的各种损失，如固定资产处置损失、公益性捐赠、罚款等
三、利润总额（损失以“—”号填列）							营业利润+营业外收入-营业外支出
减：企业所得税							根据行业的税费标准对企业所得税进行估算
四、净利润（损失以“—”号填列）							利润总额-企业所得税

由于初创企业在起步阶段业务不稳定，在市场上默默无闻，营业收入和推动营业收入增长所付出的成本之间一般不成比例变化。对新创业初期的营业收入、营业成本和各项费用的估算应按月进行，并按期估算企业的利润状况。一般来说，在企业实现收支平衡之前，企业的利润表均应按月编制；达到收支平衡之后，可按季、按半年或者年度来编制。

7.3 创业融资渠道

融资渠道是指协助企业获取资金的来源的方向与通道。了解融资渠道的种类、特点和适用性，有利于创业者充分利用和开拓融资渠道，从而实现各种融资渠道的合理组合，筹集所需资金。

创业融资渠道按照融资对象，可以分为私人资本融资、机构融资和政府背景融资。

学习笔记

7.3.1 私人资本融资

由于企业创建初期风险较高、不确定性较大，很难获得金融机构的关注及青睐。世界银行的一项调查表明，我国私营中小企业创业初期的资金，90%以上都是由创业者及创业团队的家庭和亲友所提供的。私人资本是创业初期的主要融资渠道。

（1）自有资金投入

尽管有些创业者没有个人投资就办起了新企业，但这种情况非常少。从资金成本的角度来说，个人资金成本最为低廉。另外，创业者在试图引入外部资金时，外部投资者一般会要求企业必须有创业者的个人资金投入其中。创业者自有资金是创业融资最根本的渠道，几乎所有创业者都向自己新创办的企业投入了个人积蓄。

创业者个人资金的投入对于初创企业来说具有非常重要的意义。创业者个人资金的投入，表明了创业者对项目的前景充满信心，愿意以自己的金钱和时间来承担初创企业的风险。创业者向企业投入个人积蓄，是创业者长期对企业尽心尽力付出时间和精力的有效保障。创业个人积蓄的投入是对债权人债权的保障，由于在企业破坏清算时，债权人的权益优先于投资者的权益，所以，企业能够筹集到的债务资本一般以投资者的投入为限。创业者前期向初创企业投入的资金越多，最终获取创业投资的分红也会越多，对企业的控制权也越大。因此，准备创业的人应从自我做起，较早就有意识地进行储蓄，作为创业资金。

（2）向亲友融资

向亲戚朋友融资也是初创企业比较常见的融资渠道。亲友融资是建立在亲情和友情的基础之上，而不是单纯为了获得高额利润回报。

在向亲友融资时，创业必须用现代市场经济的游戏规则、契约原则和法律形式来规范融资行为，保障各方利益，减少不必要的纠纷。首先，创业者一定要明确所筹资金的性质，据此确定彼此的权利和义务。若筹集的资金属于亲友对企业的投资，则属于股权融资的范畴，双方共同承担企业经营风险，享有企业经营获利；若资金是从亲友处获得的借款，则需以书面的形式明确借款金额和偿还日期等内容。此外，无论是从亲友处借款还是获取投资，创业者都应通过书面方式将相应问题确定下来，以避免将来可能的矛盾。创业者在向亲友融资之前，要仔细考虑这一行为对亲友关系的影响，尤其是若创业失败，无力偿还亲友投资等问题。要将日后可能产生的有利和不利方面都

学习笔记

告诉亲友，尤其是创业风险，以便将来出现问题时将对亲友的不利影响降到最低。

课堂讨论：

（1）向亲朋好友融资有利的一面和不利的一面分别是什么？

（2）如何有效克服不利的一面？

（3）天使投资

天使投资主要是指由自由投资者或非正式机构对有创意、有市场潜力的创业项目或小型初创企业所进行的一次性前期投资。天使投资介入初创企业的时间较早，一般在企业的种子期和初创期就已经介入了。

“天使投资”一词起源于美国百老汇，原指为公益汇演提供资助的富人，人们称之为“天使”。后来这一称谓被经济领域引入，指那些资金雄厚的人士，在企业经营早期对一些具有发展前景的初创企业提供资金支持的行为。“天使”在投资过程中，既体验了创业的乐趣，同时有可能获得丰厚的投资回报。

早期的天使投资人一般都是资金雄厚的创业成功人士、企业高层管理人员、经验丰富的行业专家、高校科研机构专业人士等个体投资者。随着经济的发展和风险投资业的兴起，目前也有一些投资机构专门从事天使投资业务，如真格基金、险峰华兴、天使湾创投、梅花天使创投等。因此，现在的天使投资行为既可以是个人投资行为，也可以是机构投资行为。

天使投资的融资程序简单、融资效率高、资金投放方式多样。天使投资人对初创企业不但可以提供资金支持，还可以提供专业知识指导和社会资源的引进等方面的支持。天使资金通常以股权的方式注入公司。初创企业一旦创业成功，其投资回报率会非常高。

拓展阅读

天使投资的12条策略

Dave McClure是硅谷创业孵化器500Startups的联合创始人，在初创公司投资方面颇具经验，目前已经为40多个国家的900多家初创公司提供了资金帮助。日前，他在达拉斯举行的美国国家天使投资峰会（National Angel Summit）上分享了其在天使投资方面的广泛经验。

以下是他给天使投资人的一些小建议：

学习笔记

投资前

着眼于多样化的投资

投资人在起初很难判断某个初创公司能否成功。所以不要把鸡蛋放在一个篮子里，让投资多样化，选择10至20个投资项目或者更多，而不是孤注一掷。

不要抱有过大的期望

投资时不要期望一定会有很多金钱回报，投资时应该明白，任何项目都可能会失败。

可以适当地冒点险

经常下些小赌注，并随着时间的发展，慢慢扩大规模，没有冒险就没有惊喜。

与有经验的投资人合作

在开始的5至10个投资项目中，投资人可能会因为经验不足而手足无措，进程缓慢甚至造成失误。所以在开始阶段，与其他有经验的投资者合作是一个明智之举，让有经验的投资人来帮忙处理这些事务不仅安全高效，还能近距离学到很多宝贵经验。

选择自己熟悉的领域

选择自己了解和喜欢的领域进行投资，充分利用自己的技能和优势。哪里能发挥自己的价值，就在哪里投资。

选择最佳时机

在决定投资一家初创公司时，先不要着急，慢慢等待直到公司初具规模，并且能彰显出其盈利潜力和扩张能力时，才是最佳的投资时机。

不受个人情感因素的影响

有的投资人会根据其对一个创始人或团队的了解而选择投资与否。然而，在进行投资决策时，应该注重的是产品和数据。所以不要对个人或团队有偏见，不要太在意创始人有多么靠谱，或者点子有多么新颖。你应该做的是观察他们做出来的产品是否能够成功，点子是否能付诸实践。

适时地追加投资

当投资的初创公司的用户数量扩大或营业额增长时，立刻选择追加投资金额，甚至加倍投资金额。当初创公司业务在增长时，即使公司创始人没有要求更多资金，有经验的投资人也会选择投入更多资金。因为当创始人向投资人主动要求更多资金时，往往是一个不好的信号。

投资后

对已投资企业要有足够的信任

不要企图成为所投资的企业的老板，他们常常不会听从任何人。相信他

学习笔记

们可以做好自己的工作。此外，做好失败的准备，因为在投资时就该明白不是所有的项目都可能会成功。

加强与被投企业的交流

写下你认为的重点和想法，然后告诉投资对象公司。有很多方法可以让自己的声音被听到，而这是最简单的方式。此外，女性风险投资者也可以提供很多机遇，分享她们的想法往往会收获颇丰。

制定月报反馈

要求初创公司提供月报汇总，记录其营业额情况。此外，还需要要求公司每月定期提供财务数据。综合上述数据结果，如果发现总资金不足以维持业务六个月，那么投资者就该担心了。

等待投资回报需要有耐心

不要急于求成。等待收获投资回报是一件漫长的事。投资计划期应该至少为五年，五年后再根据形势选择继续投资还是拿回资金。

（资料来源：【投资人说】天使投资的 12 条策略 - 融资 - 创业邦 http：//www. cyzone. cn/a/20141119/265970. html）

（4）合伙融资

这种融资形式是指寻找到能够提供资金的合伙人，双方按照约定的出资方式出资，享有相应的权利，承担相应的法律责任和义务。合伙融资以“共同投资、共同经营、共担风险、共享利润”为原则，共同合作，优势互补。俗话说，三个臭皮匠赛过诸葛亮。大学生刚踏进社会涉世未深，缺乏创业资金和经验，合伙创业不失为一个好方法。合作伙伴的加入，不仅可以带来一定的资金，还可以为企业引进新的技术人才和管理人才，从而推动企业成长。但一般情况下，合作伙伴都要参与企业的经营和决策。因此，在引入合作伙伴的时候要选择志同道合的伙伴，同时签订好合作协议，以防止创业者与合作伙伴相处不和而导致企业解体。据统计，目前大学生创办企业，大多以同学间的合作为主要形式，由合伙各方共同出资，统一管理和经营，在一定程度上提高了创业成功率。

7.3.2 机构资金融资

随着创业企业进入发展期和成熟期，许多前景明朗的企业会逐步吸引越来越多的投资机构的资金注入。初创企业的机构融资渠道主要包括银行贷款、商业信用融资、融资租赁、创业投资基金等。

学习笔记

（1）银行贷款

银行贷款是指企业通过银行行为为企业筹集资金，它是初创企业的重要资金来源。银行借款是企业根据借款合同向银行（或其他金融机构）借入的需要还本付息的款项。银行贷款通常以风险最小化为原则，因此，会要求企业提供可抵押资产，对于进入发展期或成熟期的企业，这种融资方式具有较强的适用性。

银行按照贷款有无担保，可分为信用贷款和担保贷款。信用贷款是指银行依据对借款人资质的信任而发放的贷款，借贷人无须向银行提供抵押物。担保贷款是指以担保人的信用为担保而发放的贷款。

创业者在向银行申请贷款时，并非仅仅与银行打交道，往往还需要与工商、税务、中介机构等部门进行接洽，手续较为烦琐，所需时间较长。

案例 7-1

善于投资，敢于负债经营

香港的景泰蓝大王——陈玉书，1964 年毕业于北师大历史系，1972 年只身到香港谋生，当时身上只有 50 美元。他起初跟大多数人一样，即使有好的经营头脑和周密的计划，但难逢好的时机，还缺乏资金，也就是缺少让社会商业游戏承认的筹码——资本。如果自身积累，速度太慢，于是，陈玉书选择了比较好的向银行贷款的方式，以钱生钱。他用尽心力，向中资机构贷款了，偿还期限是 180 天的 700 万元人民币，用于购买景泰蓝。而这时景泰蓝销售的货款也逐步到账，但他并没有急于还贷款，只是付息却未还本。为了充分利用手中的现金。他把借到手的钱投资于房地产，开始新一轮的钱生钱的投资。陈玉书在房地产价格上涨之中又获利不薄。这样，使其自身的资本迅速扩张。善于投资、敢于负债经营终于造就了陈玉书这样一位商业巨子。

（资料来源：陈永奎. 大学生创新创业基础教程［M］. 北京：经济管理出版社，2015.）

（2）商业信用融资

初创企业步入正式运营之后，逐步开发并拥有了自己的客户和供应商，通过商品交易过程中以延期付款或预收货款等方式进行购销活动而形成资金的借贷关系。商业信用融资是初创企业常见的融资方式，主要有以下几种形式：应付账款、商业汇票、票据贴现、预收货款。商业信用融资形式可以帮

学习笔记

助企业在资金缺乏时能够彼此帮助、渡过难关。

（3）融资租赁

融资租赁是一种以融资为直接目的信用方式，是指出租人根据承租人对租赁物的特定要求和供货商的选择，出资向供货商购买租赁物，并租给承租人使用，承租人分期向出租人支付租金。在租赁期内，租赁物的所有权属于出租人所有，承租人拥有租赁物的使用权；租赁期满，租金支付完毕，租赁物归出租人所有，但承租人有优先购买权。

融资租赁实质上是一种融资方式，它将融资和融物集于一体。融资租赁对从租赁企业的资质信用和担保要求不高，对于需要购买大件设备的初创企业及中小企业非常适用。企业不用支付高额费用购买设备而改为租赁，将固定投入转变为流动投入，可盘活企业运用资金，减少企业资金压力。应注意的是在融资租赁时，初创企业一定要选择资金实力强、信誉良好的租赁公司进行合作。

（4）创业投资

创业投资（Venture Capital）也称为风险投资，是指向不成熟的初创企业提供资金支持，并为其提供管理和经营服务，获取初创企业股权，以期望企业发展到相对成熟后，通过股权转让收取高额中长期收益的投资行为。

创业投资的经营方针是在高风险中追求高回报，特别强调初创企业的高成长性。其投资对象是那些不具备上市资格的处于起步和发展阶段的企业。其投资目的是希望取得企业的少部分股权，通过资金和管理等方面的援助，促进初创企业发展，使资本增值。一旦企业发展起来，股票可以上市，风险投资家便通过在股票市场出售股票，获取高额回报。天使投资是创业投资的一种形式，多是个人投资者利用个人资金的投资行为，现在也有投资机构从事天使投资业务，二者的投资和获利方式基本相同。天使投资相较创业投资而言，介入企业的时间更早一些，投资规模较小，决策速度快，承担风险较大。创业投资机构所选择的投资项目主要集中在高新技术产业，项目具有高成长性、发展速度快、“高风险、高回报”等特点。

案例 7-2

马云咋获得孙正义投资

2001 年孙正义到中国来，说“我一定要投中国的互联网企业”。当时孙正义和软银对中国完全不了解，他的所有中国战略都是通过 UT 斯达康来

学习笔记

做的。

实际上，当时是在 UT 斯达康的北海万泰办公室。我们把所有互联网企业的头儿都叫到办公室来了，然后马云在楼下等着。协调人说：“你只有 6 分钟的时间能够讲解，然后大家提问题。如果 6 分钟听完了以后，大家对你没兴趣，也没意思，没什么机会你就走人了；如果对你的话题感兴趣，大家互相提问的时间会长一点。”

马云是偏后一点上来，他的穿着也最简单，是一个破夹克，然后拿了半张纸。他大概写了主要几点，马云是学英文的，所以英文很好，他的语言天赋还是用上了，在那儿讲电子商务，讲得很清楚。他非常自信地讲，“我不缺钱”。（当时马云刚获得高盛 500 万美元的风险投资，他可以用第一轮融资的资金支撑公司运营一段时间）

马云讲完了以后，我们开始投票，包括薛村禾（软银中国执行合伙人）、周志雄（凯旋创投创始合伙人），这些都是现在投资界有名的人物，我们一致看好马云，就把孙正义已经决定的另外一家的投资停下来了。那个时候先给了阿里巴巴 1800 万美元，2003 年又追加了 5000 万美元给阿里巴巴。我觉得这是孙正义最聪明的投资之一。孙正义是阿里巴巴集团的第三大股东，雅虎第一，马云加上团队第二，孙正义第三，现在还有 25%左右的股份。

孙正义很有意思，他看中了一个公司就不断地投资，不想让别人投。他说：“你只要缺钱，我们就来投。”孙正义在阿里巴巴也是一样，不断地想投资。他在两年的时间内，先投了一亿美元给马云做免费的淘宝、阿里巴巴，然后 3.5 亿美元、10 亿美元不断地追加投资。

（资料来源：UT 斯达康创始人爆料：马云咋获得孙正义投资 [EB/OL].（2011-06-14） http：//chuangye. umiwi. com/2011/0614/7015. shtml）

拓展阅读

著名的风险投资者

1. IDG 技术创业投资基金：最早进入中国市场的美国风险投资公司之一，也是迄今国内投资案例最多的 VC。目前已经在中国投资了 100 多个优秀的创业公司，包括携程、百度、搜狐、腾讯、金蝶等公司，已有 30 多家所投公司公开上市或并购。投资领域：互联网、通信、无线、数字媒体、半导体和生命科学等高科技领域。

网址：http：//www. idgvc. com. cn

学习笔记

2. 软银中国创业投资有限公司：日本孙正义资本，投资过阿里巴巴、盛大、分众传媒等公司。投资领域：IT服务、软件产业、半导体芯片、电信通信、硬件产业、网络产业。

网址：http：//www.sbcvc.com

3. 红杉资本中国基金：美国著名互联网投资机构，投资过甲骨文、思科、摩拜、新浪、中通快递、京东、今日头条、匹克、唯品会、大众点评、好乐买、美团、聚美优品、陌陌、饿了么、赶集网、万达院线等公司。红杉重点关注的四个方向为科技/传媒、消费品/服务、医疗健康、新能源/环保/先进制造，但所投资的公司并不限于此。

网址：http：//www.sequoiacap.com

4. 高盛亚洲：著名券商，引领世界IPO潮流，投资过双汇集团等。

网址：http：//www.gs.com

5. 摩根士丹利：世界著名财团，投资过蒙牛等公司。

网址：http：//morganstanley.com

6. 美国华平投资集团：投资过神州租车、中通快递、红星美凯龙、孩子王、摩拜单车等公司。

网址：http：//warburgpincus.com

7. 鼎晖资本：投资过蒙牛、百丽、美的、双汇、李宁、雨润、现代牧业等企业。

网址：http：//www.cdhfund.com

8. 联想投资有限公司：国内著名资本。投资领域：软件产业、IT服务、半导体芯片、网络设施、网络产业、电信通信。投资金山、智联招聘、同程旅游、滇虹药业、拉夏贝尔、星期六鞋业、天涯社区、拉卡拉、流行美、匹克运动、新华保险等企业。

网址：http：//www.legendcapital.com.cn

9. 浙江浙商创业投资股份有限公司：投资领域有电子信息、环保、医药化工、新能源、文化教育、生物科技、新媒体等行业及传统行业产生重大变革的优秀中小型企业。投资华数传媒、贝因美、云南路桥等企业。

网址：http：//www.zsvc.com.cn

更多关于中国风险投资的信息，请参考风险投资网，网址：http：//www.vcinchina.com/。

学习笔记

7.3.3 其他社会融资

（1）科技型中小企业技术创新基金

科技型中小企业技术创新基金（以下简称创新基金）是于 1999 年国务院批准设立的，为扶持、促进科技型中小企业技术创新，用于支持科技型中小企业技术创新项目的政府专项基金，由科学技术部科技型中小企业技术创新基金管理中心实施。创新基金重点支持产业化初期（种子期和初创期）、技术含量高、市场前景好、风险较大、商业性资金进入尚不具备条件、最需要由政府支持的科技型中小企业项目，并将为其进入产业化扩张和商业性资本的介入起铺垫和引导作用。创新基金以创新和产业化为宗旨，以市场为导向，连接“863”“攻关”等国家指令性研究发展计划和“火炬”等高技术产业化指导性计划以及商业性创业投资者。根据中小企业和项目的不同特点，创新基金通过无偿拨款、贷款贴息和资本金投入等方式扶持和引导科技型中小企业的技术创新活动，促进科技成果转化。

（2）大学生创业优惠政策

自我国推行“大众创业、万众创新”以来，国家和地方对大学生创业在各方面提出了大量的扶持政策。2014—2017 年，在全国范围内实施大学生创业引领计划，扶持和帮助大学生创业。各地采取保障措施，确保符合条件的高校毕业生能得到创业指导、创业培训、工商登记、融资服务、税收优惠、场地扶持等各项服务和优惠政策。各地的公共就业人才服务机构要为自主创业的高校毕业生做好人事代理、档案保管、社会保险登记办理和接续、职称评定、权益保障等服务。同时，鼓励各地充分利用现有资源建设大学生创业园、创业孵化基地和小企业基地，为高校毕业生提供创业经营场所支撑。各银行金融机构要积极探索和创新符合高校毕业生创业实际需求的金融产品和服务，本着风险可控和方便高校毕业生享受政策的原则，降低贷款门槛，优化贷款审批流程，提升贷款审批效率，多途径为高校毕业生解决担保难问题，切实落实银行贷款和财政贴息。高校毕业生在电子商务平台创办网店，可享受小额担保贷款和贴息政策；高校毕业生创办小微企业，可以减半征收企业所得税，月销售额不超过 2 万元的暂免增值税和营业税。

（3）高校创业基金

高校创业基金也称高校自设创业扶持基金，由高校资金创立或参与管理，拥有自主支配权，是用于扶持大学生创业的非营利性创业基金。其来源主要有：学校专项拨款、校友专项捐款、社会企业事业单位或个人的捐款、基金支

学习笔记

持项目的本金回收经费、基金追加投资的所得、创业基地的收费等其他合法收入。高校创业基金主要扶持本校学生的种子期创业项目，具有涉及面广、非营利性等特点，因而深受大学生的欢迎。例如，成立于 2006 年 8 月的上海市大学生科技创业基金会（Shanghai Technology Entrepreneurship For Graduates，简称创业基金会或 EFG），是中国首家传播创业文化、支持创业实践的公益机构；上海市大学生科技创业基金（简称“天使基金”）是扶持大学生青年创新创业的公益基金。创业基金会以培育创业环境、播撒创业种子、激发创业力量为使命，联合社会各界开展创业资助、创业教育、创业倡导等业务，迄今已建立了 23 个分会及专项基金，形成了全方位支持创业实践、培养创业人才、传播创业文化的工作网络。截至 2017 年 8 月底，“天使基金”累计受理创业项目申请 6464 个，资助项目 1805 个，带动近 3 万人就业；越来越多的有梦想、有激情、有准备、有能力的青年创业者在“天使基金”的陪伴下起航、成长，优秀创业企业不断涌现。

（4）众筹平台融资

众筹（Crowdfunding）的兴起源于美国网站 Kickstarter。该网站通过搭建网络平台面向公众筹资，让有创造力的人有机会获得他们所需要的资金，以便使他们的梦想有可能实现。这种模式的兴起打破了传统的融资模式，每个普通人都可以通过众筹模式获得从事某项创作或活动的资金，使得融资的来源者不再局限于风险投资等机构，而可以源于大众。

众筹是通过“团购+预购”的形式，向网友募集项目资金的模式。众筹利用互联网和 SNS（即社会性网络服务）传播的特性，让小企业、艺术家或个人向公众展示他们的创意，争取人们的关注和支持，进而获得所需要的资金援助。众筹由发起人、跟投人、平台构成，具有低门槛、多样性、依靠大众力量、注重创意等特征。群众募资被用来支持各种活动，包含灾后重建、竞选活动、创业募资、艺术创作、设计发明、科学研究以及公益慈善等。

众筹最初是艰难奋斗的艺术家们为创作筹措资金的手段，现已演变成初创企业和个人为自己的项目争取资金的一个渠道。众筹网站使任何有创意的人都能够向几乎完全陌生的人筹集资金，消除了向传统投资者和机构融资的许多障碍。众筹融资也要遵循一定规则，如筹资项目必须在发起人预设的时间内达到或超过目标金额才算成功；在预设天数内，达到或超过目标金额，项目即成功，发起人可获得资金；筹资项目完成后，支持者将得到发起人预先承诺的回报，回报方式可以是实物，也可以是服务，如果项目筹资失败，那么已获资金全部退还支持者；众筹不是捐款，支持者的所有支持一定要设有相应的回报。

学习笔记

案例 7-3

《西游记之大圣归来》股权众筹造就票房奇迹

号称国漫崛起之作的《西游记之大圣归来》于 2015 年 7 月 10 日上映之后，62 天狂揽近 10 亿票房。当然，电影结束之后片尾滚动着的 100 余位投资者名字成为人们茶余饭后最津津乐道的话题，《大圣归来》的众筹合计投入 780 万元，但是这个票房是他们从来没有想过的。

《大圣归来》的众筹可以说是非常成功的，之前的许多影视类众筹项目只是噱头而已，并不是影视本身的真正股东。《大圣归来》众筹的成功为影视众筹提供了一个发展方向。

（资料来源：众筹成功的五大经典案例［EB/OL］.（2016-05-24）http：//blog. sina. com. cn/s/blog_ 15ef291eb0102wj59. html.）

案例 7-4

罗振宇用众筹模式改变了媒体形态

2013 年最瞩目的自媒体事件：也似乎在证明众筹模式在内容生产和社群运营方面的潜力：《罗辑思维》发布了两次“史上最无理”的付费会员制：普通会员，会费 200 元；铁杆会员，会费 1200 元。买会员不保证任何权益，却筹集到了近千万会费。爱就供养不爱就观望，大家愿意众筹养活一个自己喜欢的自媒体节目。

而《罗辑思维》的选题，是专业的内容运营团队和热心罗粉共同确定，用的是“知识众筹”，主讲人罗振宇说过，自己读书再多积累毕竟有限，需要找来自不同领域的牛人一起玩。众筹参与者名曰“知识助理”，为《罗辑思维》每周五的视频节目策划选题，由老罗来白话。人民大学一个叫李源的同学因为对历史研究极透，老罗在视频中多次提及，也让他小火一把。要知道，目前《罗辑思维》微信粉丝 150 余万，每期视频点击量均过百万。

罗振宇以前是央视制片人，正是想摆脱传统媒体的层层审批和言论封闭而离开电视台，做起来自己的自媒体。靠粉丝为他众筹来养活自己，并且过得非常不错。这是自媒体人给传统媒体人的一次警示。

（资料来源：CEO 公会．中国众筹的十个经典案例［EB/OL］．CEO 公会 http：//www. ceounion. com/allcontent/index/？ lid=222. ；）

学习笔记

7.4 融资项目展示

除风险投资和天使投资以外，一般情况下不需要进行融资项目展示。自有资金只需对创业项目有足够的信心，相信创业项目的市场前景和盈利能力就可以；而亲友融资主要考验的是亲情和友情的积淀，更多的是对感情的投资而非对创业项目的投资；银行贷款、商业信用、融资租赁和其他社会融资行为都有着既定的流程和所需提交的材料，只需按照规定及时提交所需材料即可。这些融资方式并不需要创业者向投资者或债权人进行创业项目展示。风险投资和天使投资则需要创业者与投资者深入接触，只有充分展示创业项目的市场前景和盈利能力，才有可能赢得风险投资。

7.4.1 项目展示要点

了解听众是有效沟通的关键。作为创业者我们有可能面对几种不同的听众：消费者、合伙人、应聘者和投资人等。对不同群体所讲的内容有很多重合，但是在融资会议上，创业者一定要站在投资人的角度上，回答好这个问题：这家公司将来有可能大幅增值吗？

创业失败率很高，风投失败率也随之上升，投资失败时有发生，经常还会血本无归。因此，风投对于成功项目预期是获得10倍以上的收益，弥补失败的项目和资金失去流动性所造成的损失。但是投资人无法确定究竟哪笔投资会赚钱，所以他们对于每一笔投资，都期望能够在未来几年得到数倍的收益。

那么，到底什么样的公司才有增长10倍的可能呢？

（1）广阔的市场——没有哪个公司可以大过市场总量。所以，投资者会选择能带来高额回报的市场，可能会是创业者培育出来的新领域，也可能是已经成形的市场。

（2）有机会取胜的团队——创业者的团队必须在激烈的竞争中争取胜利，表现出良好的执行力和协作精神，团队中各方面人才优势互补，有决心把业务做大做强。

（3）符合发展的潮流——几乎所有发展壮大的创业公司都赶上了某一阵大的科技浪潮：云、移动、社交和平板等。创业者需要清晰地解释出为什么现在是你业务发展的黄金时期。

学习笔记

(4) 能够获取用户或消费者——实现盈利，快速扩张。

(5) 持久的竞争力、差异化——规模较大的市场都会吸引诸多竞争者进入，给创业者带来价格上的压力。创业公司需要明确自身长远发展的竞争力，形成竞争壁垒，比别人执行力更强。

(6) 冲劲——投资者想要看到你们在团队、产品、顾客和收入等方面的优势，他们不会因为你努力工作而回报你，而是要验证你的团队能否良好地执行战略，能否发展成一家大公司。

上面这些要素是投资者所关注的，如果创业者的企业想要做大，就必须和投资者保持一致，并确保自己已经准备好了。

7.4.2 融资的演讲稿

接下来，我们介绍如何给投资人讲述创业者的故事。创业者需要首先记住这句话：向投资人介绍业务的最好方法，就是真正了解你的业务。

研究发现：很多人到融资会议前一天晚上还在熬夜做准备，思考“竞争方面怎么说?”“未来 12 个月计划怎么说?”这样的问题。如果创业者是在为了融资编内容，说明对公司的竞争力、差异化和发展战略等关键细节不熟悉。做创业计划不是用来取悦投资人的，以上这些问题应该是你每天思考的。

如果创业者发现自己正处在这样的窘境中，慢下来，做好背景调查工作，和你的团队讨论一下。在你对自己的创业计划了如指掌之前，不要去见投资人。创业者需要了解最新信息，种子轮融资准备的材料当时是有效的，18 个月后 A 轮融资时，公司和市场可能都已经发生了翻天覆地的变化。所以创业者需要根据实际情况进行调整。

让投资人了解一家初创公司，没有比阅读其创业者准备的融资演讲稿更好的办法了。融资演讲稿没有什么模板，但是可以总结出一些可以适用于大多数公司的规律。一份完整的融资演讲稿可以做成 PPT 的形式，可以概括为以下几个内容。

(1) 概况

简明扼要地告诉投资人创业者的公司在做什么，处于什么样的阶段，打算融资多少钱。不要涉及过多细节，把细节留到后面说；但是给出的信息也不能太少，不要让投资人前半段听得云里雾里，不知道该公司办起来没有，产品发布了没有，创始人之外还有没有其他员工这类的问题。创业者可以用简短的句子概括公司的业务和现状，也消除投资人的困惑。

(2) 你所解决的问题及遇到该问题的人群

创始人们往往急于介绍自己的技术，而忽略了创业者所解决的问题。告

学习笔记

诉投资人创业者解决了一个新问题，还是给老问题提供了新的、突破性的解决方法。聊一聊消费者现在面临这些问题时是怎么办的，创业者在哪些方面做得更好，创业者能为消费者带来哪些实际的好处，触及到消费者的什么痛点。创业者可以通过消费者的故事或图片来吸引投资人的注意力。

（3）你的解决方案

在介绍完上述两部分内容后，就可以隆重地推出自己的产品。介绍产品的核心能力，展现出消费者对于你的产品有着多么迫切的需求（可以把你的产品比作雪中送炭的“止疼片”，而不是锦上添花的“维生素”）。如果时间允许，可以现场演示一下产品；如果时间不够就展示几张图片。给一个测试账户，让投资人快速体验一下创业者的应用。

如果创业者的产品结构方面值得强调，那就加入一个结构图表，但是多数时候这么做作用不大。创业者也可以把这部分放在备用的幻灯片里，或者讨论技术细节时再说。创业者应该说明公司产品的优势，它能为消费者带来什么？是能节约时间还是节约金钱？能帮顾客带来新收入吗？不要只讲产品的功能，告诉投资者什么样的因素会促使消费者选用该产品。

（4）通过消费者佐证

列举一些证据，说明创业者所抓住的是真正的机会，该团队能够胜任。给投资人展现一些业务数据（用户量、收入、订单等），做一些案例展示，引用顾客的评价，解释创业者的服务为他们创造了什么价值。可以在现场给用户打电话，询问用户对产品的看法，实际上很多投资者也会要求这么做。

（5）市场

创业者的公司不可能大过市场总规模，创业者需要论证市场总量够大，或者将来会大幅增长。如果创业者进入的是一个已经存在的市场，就可以找到现成的数据说明市场规模及其发展速度。比如 AirBnB 可以用酒店业的数据，Uber 可以用运输业的数据来支持他们对市场规模的估计。此外，创业者还需要说清楚会有多少消费者愿意购买你的解决方案，创业者能从每个消费者身上挣到多少钱。

（6）竞争环境

每一个充满机遇的市场竞争都非常激烈，这其中既有传统厂商也有创业公司，消费者有许多选择。创业者可以说说现在有哪些竞争者，谁可能会进入市场，创业者将如何实现差异化。注意，在讲差异化时要着重于战略层面，不要陷入细枝末节的对比。创业者可以使用十字坐标轴来表现你和竞争者的位置对比。

学习笔记

(7) 商业模式

在这一部分，创业者要介绍收入模式、定价策略、如何吸引和转化消费者，包括以下几部分。

到现在为止，公司已有多少用户，如何进一步增加用户数？

消费者通过哪些渠道了解到你的产品，每种渠道获取消费者的成本是多少？

你如何转化客户，转化率是多少？

你的销售计划是什么，市场营销怎么做？

很多创始人对这方面不够重视，总在解决方案部分说太多。但是投资人知道，没有用户是绝大多数创业公司失败的原因，所以创业者最好在这部分花点时间说明一下。

(8) 团队

介绍一下团队中有哪些人，都是什么背景，能力方面如何互补。创业者可以在会议开始时先介绍一下在场的团队成员，后半段再介绍其他成员。

(9) 计划

创业者需要回答为什么融资，公司未来几年将如何发展。谈谈未来一两年发展的里程碑（产品、收入、新市场等）。创业者计划用本轮融资走多远，需要招聘哪些人，有哪些财务指标表明接下来两年将继续保持增长，创业者对于每月用户增长数量的预期是多少。

(10) 融资

最后介绍计划融资多少钱，是否已向其他公司做出什么承诺，计划在多长时间内完成本轮融资。

7.4.3 融资项目展示技巧

(1) 精心准备现场演示文档

相比于现场演示，投资人肯定更关心实际业务。但是，创业者呈现给投资人、消费者以及应聘者的内容必须能够很好的代表公司。如果他们发现最重要的文档都被搞得一团糟，肯定会怀疑创业者是不是不用心。网上有许多优秀的案例可以参考，也有很多免费或者价格便宜的优质模板可以下载，尽可能把幻灯片做得美观一些。

(2) 不要太浓缩，也不要太啰嗦

你可能曾听过有人建议把融资展示的幻灯片控制在10页到15页，但一定不要因此就把过多的文字或内容挤在一张幻灯片里。创业者需要突出要点，

学习笔记

通过其他方式介绍更多的细节，比如可以给投资人留下一份完整版的幻灯片。

(3) 不要只讲产品

产品固然重要，但是创业者的公司不是工程师团队。不要只说你们开发的软件或者你们融资后要怎么开发软件。要关注你们为什么开发这款软件(广大的市场，消费者显而易见的需求等)，让产品展现出你们团队真正的实力。

(4) 不要忽略获取用户的途径

很多创始人都会将注意力更多地放在产品上，而对于如何获取用户的关注不够。好的投资人会进一步问创业者如何吸引顾客，如何盈利，采取何种销售和营销策略。主动说明这些问题，不要等他们问起来。

(5) 了解所处的竞争环境

不要只说自己比竞争对手强在哪里，要了解整个竞争环境。如果投资者百度搜索出来的几个竞争者创业者都没听说过，只能说明创业者对于市场了解太少了。

(6) 把自己所处的市场定位成“大势所趋”

创业者应该对市场充满信心，让投资者相信即使不投你所创的这家公司，这个行业依然值得投资。最好的市场往往都是技术进步的产物，也是经济发展的必然趋势。创业者需要说明市场前景的广阔，以及为什么这个领域会诞生一家大公司。

(7) 把自己的公司定位成“大势所趋”

不要在投资者面前显得过于傲慢，但也要坚定一点：不管投资人是否选择投资你所创的公司，创业者都会坚持走下去。很多创始人的状态就好像是在请求投资人准许你创办公司，而不是为公司选合伙人，创业者是在邀请投资人加入你所创的公司。不要把你的计划描述成“只要有了钱就能做”。虽然创业者应该对投资人的反馈作出回应，但是不要对投资人的每句话都过于在意。告诉投资人你会对他的反馈仔细思考，但不要答应：“好的，我们就这么做!”

（资料来源：51资金项目网　学会向投资人介绍你的融资项目［EB/OL］.(2015-02-04) http：//www.zjxm1688.com/show.aspx？id=5206&cid=37)

学习笔记

7.5 创业融资决策

在进行创业融资决策时，除了考虑不同融资方式的优缺点、融资成本高低外，还要考虑创业企业所处的生命周期阶段、创业企业自身的特征，了解采用不同融资方式时应该特别予以关注的问题。

7.5.1 融资渠道选择

不同发展阶段的中小企业对融资有不同的要求，从企业创办一直到企业因种种原因而退出，都有对融资的不同要求。一般来讲，投资者对中小企业的投资往往也是阶段性的，企业成长的阶段性特点是帮助投资者确定各阶段投资额的主要依据之一。从中小企业的发展周期看，不同阶段所需资金有不同的特点，不同渠道的资金对不同时期的偏爱程度也有所不同。因此，创业者在融资时需要将不同阶段的融资需求和融资渠道进行匹配，提高融资工作的效率，以获得创业所需资金，化解企业融资难题。任何一个企业从提出构想到企业创立、发展、成熟，存在一个成长的生命周期，一般可以分为种子期、创建期、生存期、扩张期、成熟期。

（1）种子期的融资特点

种子期所需的资金并不多，投资主要用于新技术或新产品的开发、测试。在种子期内，企业的创业者们可能只有一个创意或一项尚停留在实验室还未完全成功的科研项目，创办企业也许还是一种梦想。在这个时期，创业者需要投入相当数量的资金进行研究开发，或者对自己的创意进行测试或验证。一般来说，此时期所需的资金并不多。在这个时期，如果这个创意或科研项目十分吸引人，很有可能吸引被西方称为“天使”的个人风险投资者。个人风险投资者的作用不容小觑，尽管其提供的资金可能不多，但其丰富的阅历和经验能够为创业者们提供很好的建议和勾勒未来的蓝图。这一点对于初出茅庐的中小企业创业者而言尤为重要。此外，中小企业的创业者也可以向政府寻求一些资助。种子期的主要成果是样品研制成功，同时形成完整的生产经营方案。

（2）创建期（启动期）的融资特点

一旦产品研制成功，中小企业的创业者为了实现产品的经济产业价值，着手筹建公司并进行试生产。创建期需要一定数量的“门槛资金”（数量由项

学习笔记

目和企业的规模决定)，资金主要用于购买机器、厂房、办公设备、生产资料、后续的研究开发和初期的销售等，所需的资金往往是巨大的。只靠创业者的资金往往是不能支持这些活动的，并且由于没有过去的经营记录和信用记录，从银行申请贷款的可能性也甚小。因此，这一阶段的融资重点是创业者需要向新的投资者或机构进行权益融资，这里吸引机构风险投资者是非常关键的融资内容。因为此时面临的风险仍然十分巨大，是一般投资者所不能容忍的。更为重要的是，由于机构风险投资者投资的项目太多，一般不会直接干预企业的生产经营活动，因而特别强调未来的企业能够严格按照现代企业制度科学管理、规范运作，在产权上也要求非常明晰，这一点从长远来说对企业是很有好处的，特别是对未来的成功上市融资。

(3) 生存期（早期成长阶段）的融资特点

生存期需要大量的资金，用于市场推广。中小企业大多处于这个阶段，资金困难是中小企业在这一阶段面临的最大问题。产品刚投入市场，销路尚未打开，产品造成积压，现金的流出经常大于现金的流入。为此，企业必须非常仔细地安排每天的现金收支计划，稍有不慎就会陷入资金周转困难的境地中；同时需要多方筹集资金以弥补现金的短缺，此时融资组合显得非常重要。由于股权结构在公司成立时已确定，再想利用权益融资一般不宜操作，因此，此阶段的融资重点是充分利用负债融资。

(4) 扩张期（成长期后期）的融资特点

扩张期需要大量的资金投入，用于进一步开发和加强营销能力。目前，进入上市的资产重组和上市辅导阶段的中小企业和民营企业大多属于此阶段，企业的生存问题已基本解决，现金入不敷出和要求注入资金局面已经扭转。与此同时，企业拥有较为稳定的顾客和供应商以及比较好的信用记录，取得资产规模已不能满足需要。为此，企业必须增资扩股，注入新的资本金。原有的股东如果能出资当然最好，但通常情况下是需要引入新的股东。此时，企业可以选择的投资者相对比较多。需要提醒的是，这一阶段融资工作的出发点是为企业上市做好准备，针对上市所需的条件进行调整和改进。

(5) 成熟期的融资特点

在成熟期，企业已有自己较稳定的现金流，对外部资金需求不像前面的阶段那么迫切。成熟期的工作重点是完成企业上市的工作。中小企业的成功上市，如同鲤鱼跳龙门，会发生质的飞越。企业融资已不再成为长期困扰企业发展的难题。因此，从融资的角度看，上市成功是企业成熟的标志。同时，企业上市也可以使风险投资成功退出，使风险投资得以进入良性循环。由于国内主板过高的门槛和向国有企业、大型企业倾斜的政策，中小企业、民营

学习笔记

企业比较适宜在二板市场上市，这也和二板市场主要针对中小企业的市场定位是相符合的。目前来看，中小企业上二板市场比较多，除美国的纳斯达克市场和香港的创业板市场外，我国内地的创业板市场也已经开通。

综上，企业生命周期阶段和融资渠道的对应如表 7-8 所示。表中深色的区域为该阶段采用较多的融资渠道，浅色的区域为该阶段也可能会采用的融资渠道。

表 7-8　企业生命周期与融资渠道选择

融资渠道	种子期	启动期	成长期	成熟期
自有资金				
亲友款项				
天使投资				
众筹融资				
风险投资				
合伙伙伴				
政府基金				
抵押贷款				
融资租赁				
商业信用				

案例 7-5

没有风险投资，就没有今日的搜狐

搜狐是互联网上最有影响的中文网上搜索站点之一。在国内综合门户网站的排名中，搜狐也名列前茅。搜狐之所以能够迅速发展壮大，与搜狐的母公司爱特信公司（Internet Technologies China）引入大量海外风险投资是密切相关的。可以说，没有风险投资，就没有今日的搜狐。

爱特信公司的创办者张朝阳博士在麻省理工学院（MIT）学习、工作的几年深受硅谷创业文化的熏陶。1995 年 7 月，张朝阳突然有了回国创业的强烈念头。他清楚地认识到互联网经济极为惊人的商业和社会价值，于是下定了创业的决心。当他看到 Internet 的机遇时，感觉到应该是创业的时候了。张朝阳联系到了 ISI 公司，想做 China Online（中国在线），用 Internet 搜集和发布中国经济信息，为在美国的中国人或者对中国感兴趣的人服务。ISI 总裁当

学习笔记

时和张朝阳的想法相近，两人一拍即合，于是融资 100 万美元，张朝阳 1995 年底以 ISI 公司驻中国首席代表身份，开始用 Internet 在中国收集和发布经济信息，为华尔街服务。在 ISI 的经历，让张朝阳觉得中国 Internet 的市场潜力巨大。1997 年 1 月初，ITC 网站正式开通，可是到了年底，第一次融资得来的 18.5 万美元所剩无几，快到了连工资都开不出来的地步。迫不得已，张朝阳向他的投资人发出了紧急求救，三位投资者再次为张朝阳提供了 10 万美元的“桥式”贷款。1998 年 2 月，张朝阳正式推出了第一家全中文的网上搜索引擎——搜狐（SOHU）。1998 年 3 月，张朝阳获得 Intel 等两家公司 210 万美元的投资，他的事业开始蒸蒸日上，1998 年 9 月，搜狐上海分公司成立，1999 年 6 月组建搜狐广州分公司。2000 年搜狐在 NASDAQ 成功上市，并购了中国最大的年轻人社区网站 Chinaren，网络社区的规模性发展给门户加入了新的内涵，使之成为中国最大的门户网站，奠定了业务迅速走上规模化的基础。

（资料来源：搜狐成功引入海外风险投资的启示［EB/OL］. https://wenku.baidu.com/view/d9232d2dbd64783e09122b80.html.）

7.5.2 融资方式比较

根据资金来源的性质不同，融资可以分为债权性融资和股权性融资两种。

（1）债权性融资

债权性融资是借款性质的融资，资金所有人提供资金给资金使用人，然后在约定的时间收回资本（本金）并获得预先约定的固定报酬（利息）。资金所有人不过问企业的经营情况，不承担企业的经营风险，其所获得的利息也不因为企业经营情况的好坏而变化，如银行贷款、亲友借款等。

（2）股权性融资

股权性融资是投资性质的融资，资金提供人拥有企业的股份，按照提供资金的比例享有企业的控制权，参与企业的重大决策，承担企业的经营风险，一般不能从企业抽回资金，其获得的报酬根据企业的经营情况而变化，如天使投资、风险投资等。

无论是股权性融资还是债权性融资均有一定的优点，也存在着不足，创业者要熟悉不同融资方式的利弊，考虑不同情况下的融资成本，以便做出科学的融资决策。债权性融资和股权性融资的优缺点比较，如表 7-9 所示。

学习笔记

表 7-9 股权性融资和债权性融资的比较

比较项目	股权性融资	债权性融资
本金	永久性资本，保证企业最低的资金需要	到期归还本金
资金成本	本金企业经营情况变动，相对较高	事先约定固定金额的利息，资金成本较低
风险承担	低风险	高风险
企业控制权	按比例或约定享有，分散企业控制权	企业控制权得到维护
资金使用限制	限制条款少	限制多

债权性融资的资金成本较低，合理使用还能带来杠杆收益，但债务资金使用不当会带来企业清算或终止经营的风险；股权资金的资金成本由于要在所得税之后支付，成本较高，但由于在企业正常生产过程中，不用归还投资者，是一项企业可永久使用的资金，没有财务风险。创业者在筹集资金时应对债务资金、股权资金的优缺点进行比较，并考虑企业的资金需要量，资金的可得性，宏观理财环境，筹集资金的成本、风险和收益，以及控制权分散等问题来进行综合分析。

7.5.3 融资方式选择

创业活动千差万别，所涉及的行业、初始资源禀赋、面临的风险、预期收益等有较大不同，其所要面对的竞争环境、行业集中度、经营战略等也会不同，因此，不同创业企业选择的资本机构会有所不同。对于高科技产业或有独特商业价值的企业，经营风险较大，预期收益也较高，创业者有良好的相关背景，较多采用股权融资的方式；传统类型的企业，经营风险较小，预期收益较容易预测，比较容易获得债权资金。实践中，创业企业在初始阶段较难满足银行等金融机构的贷款条件，债权资金更多采用民间融资的方式。新创企业特征和融资方式的关系如表 7-10 所示。

表 7-10 新创企业类型和融资方式

创业企业类型	新创企业特征	融资方式
高风险、预期收益不确定	弱小的现金流； 高负债率； 低、中等成长； 未经证明的管理层	个人积蓄、亲友款项

学习笔记

续表7-10

创业企业类型	新创企业特征	融资方式
低风险、预期收益易预测	一般是传统行业； 强大的现金流； 低负债率； 优秀的管理层； 良好的资产负债表	债权融资
高风险、预期收益较高	独特的商业创意； 高成长； 利基市场； 得到证明的管理层	股权融资

7.5.4 创业融资原则

筹集创业资金时，创业者应在资金能够接受的风险的基础上，遵循既定的原则，尽可能以较低的成本及时足额获得创业资金。一般来说，创业融资应遵循以下原则。

（1）效益性原则

新创企业进行融资的目的是为了进行投资从而获得更大的经济效益，而通过融资吸纳的资金是要支付一定的成本的。不同的融资方式筹集的资金，其支付的成本也是不尽相同的。企业在进行融资活动时，应当考虑资金的成本，综合平衡资金的效益性。效益性原则一方面保证企业能通过融资获得所需的资金；另一方面也要用最低的成本来获取资金，以期望将来能够产生更大的经济效益。

（2）合理性原则

考虑到资金的使用成本和企业风险承受能力，新企业在融资时要合理地确定融资的金额和期限，并确定合理的融资结构。融资规模过大，不仅会导致资金的闲置和浪费，而且会加大企业的财务风险；由于银行信贷额度减少导致融资规模过小，则导致企业资金供应紧张，影响企业正常运营和业务发展。总之，合理性原则要求企业既能合理地确定融资金额和期限，又要考虑企业的偿还能力，合理确定融资结构，降低和控制企业的财务风险。

（3）及时性原则

在市场经济条件下，创业机会往往稍纵即逝，如果企业不能及时获得所

学习笔记

需要的资金进行投资，不仅有可能导致新产品过时而丧失市场机会，还有可能使竞争对手提前进入而获得时间优势，导致自身产品丧失竞争力。及时性原则要求企业需要资金时能顺利地、及时地筹集到符合企业所要求的资金，尽快生产出产品和提供服务，快速抢占市场。

（4）合法性原则

合法性原则要求新创企业在融资时，融资目的和采用的融资方式要符合国家的法律和法规规定，通过合法的渠道来筹集企业所需要的资金，不能够非法集资。

（5）杠杆性原则

创业者在筹集创业资金时，应选择有资源背景的资金，以便充分利用资金的杠杆效应，在关键的时候为企业发展助力。大多数优秀的风险投资往往在企业特殊时期会与企业家一起，将有效的资源进行整合，如选择投行、券商，进行 IPO 路演等，甚至还参与到企业决策中来。这种资源是无价的。因此，创业者不能盲目地“拜金”，找到一个有资源背景的基金更有利于企业的持续快速发展。

课堂讨论：将学生分组，每组 3~5 人，讨论是不是所有的公司都希望 IPO、上市融资。

思考与练习

1. 新企业需要哪些类型的启动资金？如何进行预测？
2. 企业有哪些主要的筹资渠道？
3. 融资项目展示时应当注意什么？
4. 创业融资的原则有哪些？

参考文献：

1. CEO 公会. 中国众筹的十个经典案例 [EB/OL]. CEO 公会 http://www.ceounion.com/allcontent/index/? lid=222.
2. 布鲁斯·R. 巴林格，R. 杜安·爱尔兰. 创业管理：成功创建新企业 [M]. 杨俊，薛志红，等，译. 北京：机械工业出版社，2010.
3. 李肖鸣，孙逸，宋柏红. 大学生创业基础 [M]. 北京：清华大学出版社，2016.
4. 蒋键. 创业管理与实务 [M]. 上海：上海交通大学出版社，2016.

学习笔记

5. 李家华. 创业基础［M］. 北京：清华大学出版社，2016.

6. 孙洪义. 创业基础［M］. 北京：机械工业出版社，2016.

7. 陈永奎. 大学生创新创业基础教程［M］. 北京：经济管理出版社，2015.

8. 【投资人说】天使投资的12条策略－融资－创业邦［EB/OL］. http：//www.cyzone.cn/a/20141119/265970.html.

9. 学会向投资人介绍你的融资项目［EB/OL］.（2015-02-04）http：//www.zjxm1688.com/show.aspx？id=5206&cid=37.

10. 陈丽莉，刘若冰. 大学生创业概论［M］. 成都：四川大学出版社，2015.

11. 张晖，金利娟. 大学生创业融资模式创业研究［J］. 赤峰学院学报（自然科学版），2012（22）：34-36.

12. 徐小洲，夏晓军. 创业教育：职业院校版［M］. 杭州：浙江教育出版社，2009.

13. 胡宝华，胡秋儿. 高校自设创业扶持基金运行机制研究［J］. 浙江纺织服装职业技术学院学报，2011，10（1）：86-88.

第8章 如何创建新企业

本章导入

一个新企业就像一个新生儿，从孕育到成长成熟，最终到瓜熟蒂落，所需要的条件、过程、准备都至关重要。

创建新企业需要什么条件，以及什么时间成立比较适宜，都是创业者普遍关心的问题，但是，关于这些问题并没有统一的定论。蒂蒙斯的创业要素模型提出创业团队、创业机会和创业资源三者形成了一个倒三角模型，只有各要素不断平衡，才能实现企业的持续经营。创业者识别到具有市场潜力的创业机会，组建好创业团队，并且整合好创业所需要的物质资源，便是创建新企业的最佳时机。但是，这种情况太过理想化了。如果等这些条件都具备了，所谓的创业机会或者已经不再是机会了，然而现实情况是，部分创业者刚发现一个自认为是创业机会的机会就去注册一家新企业，甚至连最基本的创业机会的识别和评估都没有。这样又过于草率，创建的企业很容易在早期就夭折。

那么创业者在创业过程中究竟什么时候、具备什么样的条件再创建企业比较适宜呢？张玉利教授认为，要综合考虑外部和内部条件。外部条件包括：创业机会经过了有效的识别和评估，具备企业初期运营的基本条件，对企业的商业模式有一个相对清晰的计划，新企业的成立可以形成特有的竞争优势等等；内部条件包括：创业者具有一定的创业能力和素质，具有创业精神和成为创业者的强烈动机等。具备了这些条件，就可以开始创建一家新的企业了。本章将对创建新企业的一般过程和注意问题进行详细介绍。

通过本章学习，你将能够：

1. 认识不同的企业组织形式；
2. 掌握企业命名的原则和方法；
3. 明确企业选址的要求；
4. 掌握企业注册的流程；
5. 了解新企业创建的相关法律和伦理问题。

学习笔记

知识储备

8.1 新企业组织形式的选择

在创建新企业前，创业者应该事先确定企业的法律组织形式。目前，我国企业主要有三种基本的组织形式：个人独资企业、合伙企业和公司制企业（主要包括有限责任公司和股份有限公司）。创业者创建企业时，可以依据不同组织形式的要求建立不同组织形式的企业（见图 8-1）。创业者可以个人独立创办个人的独资企业，也可以由创业团队一起创办合伙制企业，或者成立有限责任公司或股份有限公司。企业的各种法律组织形式没有绝对的优劣之分，对创业者来说各有利弊，但无论选择哪种形式，都必须根据国家法律法规要求和初创企业的实际情况，科学衡量各种组织形式的利弊。

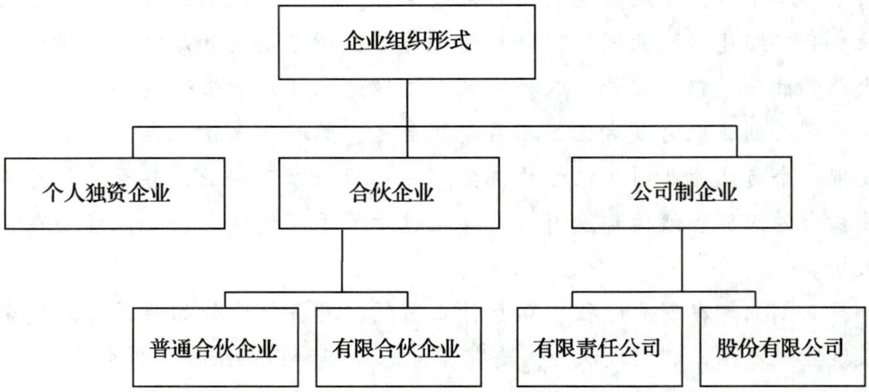

图 8-1　企业组织形式

8.1.1 个人独资企业

独资企业（sole proprietorship），即个人出资经营、归个人所有和控制、由个人承担经营风险和享有全部经营收益的企业。个人独资企业是最古老、最简单也是最常见的一种企业法律组织形式。独资企业，即为个人出资经营、归个人所有和控制、由个人承担经营风险和享有全部经营收益的经营实体。以独资经营方式经营的独资企业有无限的经济责任，当个人独资企业财产不足以清偿债务时，选择这种企业形式的创业者须依法以其个人其他财产予以清偿。在各类企业当中，个人独资企业的创立条件最为简单。

学习笔记

（1）特点

①企业的建立与解散程序简单。

②经营管理灵活自由。企业主可以完全根据个人的意志确定经营策略，进行管理决策。

③业主对企业的债务负无限责任。当企业的资产不足以清偿其债务时，业主以其个人财产偿付企业债务。有利于保护债权人利益，但独资企业不适宜风险大的行业。

④企业的规模有限。独资企业有限的经营所得、企业主有限的个人财产、企业主一人有限的工作精力和管理水平等都制约着企业经营规模的扩大。

⑤企业的存在缺乏可靠性。独资企业的存续完全取决于企业主个人的得失安危，企业的寿命有限。在现代经济社会中，独资企业发挥着重要作用。

（2）设立条件

①投资人为一个自然人；

②有合法的企业名称；

③有投资人申报的出资；

④有固定的生产经营场所和必要的生产经营条件；

⑤有必要的从业人员。

（3）申请文件

①申请设立应提交的文件。个人独资企业的设立、变更、注销，应当依照《个人独资企业法》和《个人独资企业登记管理办法》的规定，在所在地的工商行政管理部门办理企业登记。个人独资企业经登记机关核准登记，领取营业执照后，方可从事经营活动。大学生创业登记应提交的材料如下。

A. 投资人（即大学生本人）签署的个人独资企业或个体工商户设立申请书。

B. 投资人身份证明，即大学生本人的身份证和学生证。

C. 企业住所证明。大学生创业多以租房为主，如果租房，注册登记时需向工商部门出示租房合同、房主身份证、房主房产证。

D. 国家工商行政管理总局规定提交的其他文件。

如果初创企业从事法律、行政法规规定须报经有关部门审批的业务的，应当提交有关部门的批准文件。例如，烟酒经营、书报刊物经营等业务是我国法律、行政法规规定须报经有关部门审批的，应提交有关部门的批准文件，即“前置审批”。

学习笔记

如果委托代理人申请设立登记的，应当提交大学生投资人的委托书和代理人的身份证明或者资格证明。

②申请变更应提交的文件。

A. 投资人签署的变更登记申请书；

B. 国家工商行政管理总局规定提交的其他文件。

从事法律、行政法规规定须报经有关部门审批的业务的，应当提交有关部门的批准文件。

委托代理人申请变更登记的，应当提交投资人的委托书和代理人的身份证明或者资格证明。

A. 变更名称的，还应提交《公司名称变更通知书》。

B. 变更住所的，应当在迁入新住所前申请变更登记，并提交新住所使用证明。(房屋产权证或者关于产权的证明或说明) 变更住所跨登记机关辖区的，应当在迁入新住所前向迁入地登记机关申请变更登记；迁入地登记机关受理的，由原登记机关将登记档案移送迁入地登记机关。

C. 变更投资人的，应当提供新负责人的照片（一寸 2 张）、身份证明、履历表。

D. 变更经营范围的，变更经营范围涉及法律、行政法规规定必须报经审批的项目的，应当在取得国家有关部门批准之后申请变更登记。

E. 变更经营期限的，应提交相关材料。

（4）注销登记

个人独资企业有下列情形之一时，应当解散：

①投资人决定解散；

②投资人死亡或被宣告死亡，无继承人或者继承人决定放弃继承；

③被依法吊销营业执照；

④法律、行政法规规定的其他情形。

个人独资企业依照《个人独资企业法》第二十六条规定解散的，应当由投资人或者清算人于清算结束之日起 15 日内向原登记机关申请注销登记。

个人独资企业申请注销登记，应当向登记机关提交下列文件：

①投资人或者清算人签署的注销登记申请书；

②投资人或者清算人签署的清算报告；

③国家工商行政管理总局规定提交的其他文件。

个人独资企业办理注销登记时，应当缴回营业执照、公章。

（5）个人独资企业的优点

独资企业是企业制度序列中最初始和最古典的形态，也是民营企业主要的企业组织形式。其主要优点如下。

①企业设立、转让和解散等行为手续非常简便，仅需向有关机关登记即可。

②企业主独资经营，制约因素较少，经营方式灵活，能迅速对市场变化做出反应。

③企业资产所有权、控制权、经营权、收益权高度统一。这有利于保守与企业经营和发展有关的秘密，有利于业主个人创业精神的发扬。

④企业业主自负盈亏和对企业的债务负无限责任成为了强硬的预算约束。企业经营好坏同业主个人的经济利益乃至身家性命紧密相连，因而，业主会尽心竭力地把企业经营好。

⑤企业的外部法律法规等对企业的经营管理、决策、进入与退出、设立与破产的制约较小。

（6）个人独资企业的缺点

虽然独资企业有如上的优点，但它也有比较明显的缺点。

①难以筹集大量资金。因为一个人的资金终归有限，以个人名义借贷款难度也较大。因此，独资企业限制了企业的扩展和大规模经营。

②投资者风险巨大。企业业主对企业负无限责任，在硬化了企业预算约束的同时，也带来了业主承担风险过大的问题，从而限制了业主向风险较大的部门或领域进行投资的活动。这对新兴产业的形成和发展极为不利。

③企业连续性差。企业所有权和经营权高度统一的产权结构，虽然使企业拥有充分的自主权，但这也意味着企业是自然人的企业，业主的病、死，他个人及家属知识和能力的缺乏，都可能导致企业破产。

④企业内部的基本关系是雇佣劳动关系，劳资双方利益目标的差异，构成企业内部组织效率的潜在危险。

⑤企业创新性和开拓性差。企业主承担无限责任限制了企业向风险较大的部门或领域进行投资活动，这对新兴产业的形成和发展不利。

8.1.2 合伙企业

合伙企业是指依法设立的，由各合伙人订立合伙协议，共同出资，共同经营，共享收益，共担风险，并对企业债务承担无限连带责任的营利性组织。合伙人必须有两个以上具有完全民事行为能力的合伙人，并且都是依法承担无限责任者。法律、行政法规禁止从事营利性活动的人（如国家公务员等），不能作为合伙企业的合伙人。

学习笔记

合伙企业分为：普通合伙企业和有限合伙企业两种形式。其中，普通合伙企业又包含特殊的普通合伙企业。

普通合伙企业由 2 人以上普通合伙人（没有上限规定）组成。

普通合伙企业中，合伙人对合伙企业债务承担无限连带责任。

特殊的普通合伙企业中，一个合伙人或数个合伙人在执业活动中因故意或者重大过失造成合伙企业债务的，应当承担无限责任或者无限连带责任，其他合伙人则仅以其在合伙企业中的财产份额为限承担责任。

有限合伙企业由 2 人以上 50 人以下的普通合伙人和有限合伙人组成，其中，普通合伙人和有限合伙人都至少有 1 人。当有限合伙企业只剩下普通合伙人时，应当转为普通合伙企业，如果只剩下有限合伙人时，应当解散。普通合伙人对合伙企业债务承担无限连带责任，有限合伙人以其认缴的出资额为限对合伙企业债务承担责任。

（1）特点

①生命有限。合伙企业比较容易设立和解散。合伙人签订了合伙协议，就宣告合伙企业的成立。新合伙人的加入，旧合伙人的退伙、死亡、自愿清算、破产清算等均可造成原合伙企业的解散及新合伙企业的成立。

②责任无限。合伙组织作为一个整体对债权人承担无限责任。按照合伙人对合伙企业的责任，合伙企业可分为普通合伙和有限合伙。普通合伙的合伙人均为普通合伙人，对合伙企业的债务承担无限连带责任。例如，甲、乙、丙三人成立的合伙企业破产时，当甲、乙已无个人资产抵偿企业所欠债务时，虽然丙已依约还清应分摊的债务，但仍有义务用其个人财产为甲、乙两人付清所欠的应分摊的合伙债务，当然此时丙对甲、乙拥有财产追索权。有限责任合伙企业由一个或几个普通合伙人和一个或几个责任有限的合伙人组成，即合伙人中至少有一个人要对企业的经营活动负无限责任，而其他合伙人只能以其出资额为限对债务承担偿债责任，因而这类合伙人一般不直接参与企业经营管理活动。

③相互代理。合伙企业的经营活动，由合伙人共同决定，合伙人有执行和监督的权利。合伙人可以推举负责人。合伙负责人和其他人员的经营活动，由全体合伙人承担民事责任。换言之，每个合伙人代表合伙企业所发生的经济行为对所有合伙人均有约束力。因此，合伙人之间较易发生纠纷。

④财产共有。合伙人投入的财产，由合伙人统一管理和使用，不经其他合伙人同意，任何一位合伙人不得将合伙财产移为他用。只提供劳务，不提供资本的合伙人仅有权分享一部分利润，而无权分享合伙财产。

学习笔记

⑤利益共享。合伙企业在生产经营活动中所取得、积累的财产，归合伙人共有。如有亏损则亦由合伙人共同承担。损益分配的比例，应在合伙协议中明确规定；未经规定的可按合伙人出资比例分摊，或平均分摊。以劳务抵作资本的合伙人，除另有规定者外，一般不分摊损失。

(2) 设立条件

①普通合伙企业的设立条件。

有两个以上合伙人，并且都是依法承担无限责任者；有书面合伙协议；有各合伙人实际缴付的出资；有合伙企业的名称；有经营场所和从事合伙经营的必要条件。

②有限合伙企业的设立条件。

有限合伙企业由两个以上五十个以下合伙人设立，但是，法律另有规定的除外；有限合伙企业至少应该有一个普通合伙人；有限合伙企业名称中应当标明“有限合伙”字样；有限合伙人可以用货币、实物、知识产权、土地使用权或者其他财产权利作价出资；有限合伙人不得以劳务出资；有限合伙人应当按照合伙协议的约定，按期足额缴纳出资。未按期足额缴纳的，应当承担补缴义务，并对其他合伙人承担违约责任；有限合伙企业登记事项中应当载明有限合伙人的姓名或者名称以及认缴的出资数额；有限合伙企业由普通合伙人执行合伙事务。执行事务合伙人可以要求在合伙协议中确定执行事务的报酬及报酬提取方式；有限合伙人不执行合伙事务，不得对外代表有限合伙企业。

(3) 提交文件

①全体合伙人签署的设立登记申请书。

②全体合伙人的身份证明。

③全体合伙人指定的代表或者共同委托的代理人的委托书。

④合伙协议（普通合伙企业和有限合伙企业的协议内容有所不同，具体内容请咨询相关部门）。合伙协议应当载明下列事项。

合伙企业的名称和主要经营场所的地点；合伙目的和合伙企业的经营范围；合伙人的姓名及其住所；合伙人出资的方式、数额和缴付出资的期限；利润分配和亏损分担办法；合伙企业事务的执行；入伙与退伙；合伙企业的解散与清算；违约责任；合伙企业的经营期间和合伙人争议的解决方式。

⑤出资权属证明。

⑥经营场所证明。

⑦国家工商行政管理部门规定提交的其他文件。

⑧法律、行政法规规定设立合伙企业须报经审批的，还应当提交有关批

学习笔记

准文件。

（4）解散程序

合伙企业解散，就是各合伙人解除合伙协议，合伙企业终止活动；合伙企业解散后，必须经过清算程序，了结合伙事务。

①解散事由。合伙企业有下列情形之一时，应当解散。合伙协议约定的经营期限届满时，合伙人不愿继续经营的；合伙协议约定的解散事由出现；全体合伙人决定解散；合伙人已不具备法定人数；合伙协议约定的合伙目的已经实现或者无法实现；被依法吊销营业执照；出现法律、行政法规规定的合伙企业解散的其他原因。

②清算人的确定。合伙企业解散后应当进行清算，并通知和公告债权人；清算人由全体合伙人担任，未能由全体合伙人担任清算人的，经全体合伙人过半数同意，可以自合伙企业解散后十五日内指定一名或者数名合伙人，或者委托第三人；十五日内未确定清算人的，合伙人或者其他利害关系人可以申请人民法院指定清算人。

③清算事务。主要有下列六项：由清算人执行，即清理合伙企业财产，分别编制资产负债表和财产清单；处理与清算有关的合伙企业未了结的事务；清缴所欠税款；清理债权、债务；处理合伙企业清偿债务后的剩余财产；代表合伙企业参与民事诉讼活动。

④合伙企业财产清偿顺序。首先是支付清算费用；然后按照下列顺序清偿，即合伙企业所欠招用的职工工资和劳动保险费用；合伙企业所欠税款；合伙企业的债务；返还合伙人的出资。合伙企业财产在按上述顺序清偿后，仍有剩余的，再行按照约定比例或者法定比例分配给合伙人。

⑤解散后原合伙人的责任。合伙企业解散后，原合伙人对合伙企业存续期间的债务仍应当承担连带责任，但债权人在五年内未向债务人提出偿还请求的，该责任消灭。

⑥清算报告。清算结束，应当编制清算报告，经全体合伙人签名、盖章后，在十五日内向企业登记机关报送，办理合伙企业注销登记。

（5）合伙企业的优点

①与个人独资企业相比较，合伙企业可以从众多的合伙人处筹集资本，在一定程度上突破企业资金受个人所拥有的限制，并使企业从外部获得贷款的信用增强，扩大了资金的来源。

②与个人独资企业相比较，合伙企业能够让更多投资者发挥优势互补的作用，比如技术、知识产权、土地和资本的合作，并且投资者更多，事关自己切身利益，大家共同出力谋划，集思广益，提升企业综合竞争力。

学习笔记

③与一般公司相比较，由于合伙企业中至少有一个负无限责任，使债权人的利益受到更大保护，理论上来讲，在这种无限责任的压力下，更能提升企业信誉。

④与一般公司相比较，理论上来讲，合伙企业盈利更多，因为合伙企业交的是个税而不是企业所得税，这也是其高风险成本的收益。

⑤风险分散在众多所有者身上，合伙人共同偿还债务，使合伙企业的抗风险能力较之个人独资企业大大提高，同时减少了银行贷款的风险，使企业的筹资能力有所提高。企业可以向风险较大的行业领域拓展，拓宽企业发展空间。

（6）合伙企业的缺点

①法律形式的复杂性。合伙企业是根据合伙人之间的契约建立的，每当一位原有的合伙人离开或者接纳一位新的合伙人，都必须重新确立一种新的合伙关系，从而造成法律上的复杂性，而通过接纳新的合伙人，增加资金的能力也受到了限制。

②决策时滞性。由于所有合伙人都有权代表企业从事经营活动，重大决策都需要得到所有合伙人的同意，因而很容易造成决策上的延误与差错。

③非经营合伙人承担风险较大。所有合伙人对企业债务都负有连带无限清偿责任，这就使那些并不能控制企业的合伙人面临很大风险。

8.1.3 公司制企业

公司是现代社会中最主要的企业形式，它是以盈利为目的，由股东出资形成，拥有独立的财产，享有法人财产权，独立从事生产经营活动，依法享有民事权利，承担民事责任，并以其全部财产对公司的债务承担责任的企业法人。根据我国现行《公司法》，公司的两种主要形式为有限责任公司和股份有限公司。

（1）设立条件

①有限责任公司。有限责任公司的股东以其认缴的出资额为限对公司承担责任，公司以其全部资产对公司的债务承担责任。创业者设立有限责任公司，除了要有固定的生产经营场所和必要的生产经营条件外，还应该具备下列条件。

股东符合法定人数；有符合公司章程规定的全体股东认缴的出资额；股东共同制定公司章程；有公司名称，建立符合有限责任公司要求的组织机构；有公司住所。

学习笔记

②股份有限公司。股份有限责任公司的全部资本分为等额股份，股东以其认购的股份为限对公司承担责任，公司以其全部资产对公司的债务承担责任。设立股份有限公司要建立符合股份有限公司要求的组织结构，要有固定的生产经营场所以及必要的生产经营条件，股份发行、筹办事项要符合法律规定。除此之外，根据我国《公司法》规定，还应当具备以下条件。

公司名称和住所；公司经营范围；公司设立方式；公司股份总数、每股金额和注册资本；发起人的姓名或者名称、认购的股份数、出资方式和出资时间；董事会的组成、职权和议事规则；公司法定代表人；监事会的组成、职权和议事规则；公司利润分配办法；公司的解散事由与清算办法；公司的通知和公告办法；股东大会会议认为需要规定的其他事项。

（2）公司制企业的优点

①公司股东的有限责任决定了对公司投资的股东既可满足投资者谋求利益的需求，又可使其承担的风险限定在一个合理的范围内，增加其投资的积极性。

②公司特别是股份有限公司可以公开发行股票、债券，在社会上广泛集资，便于兴办大型企业。

③公司实行彻底的所有权与经营权分离的原则，提高了公司的管理水平。

④公司特有的组织结构形式使公司的资本、经营运作趋于利益最大化，从而更好地实现投资者的目的。

⑤公司形态完全脱离个人色彩，是资本的永久性联合，股东的个人生存安危不影响公司的正常运营。因此，公司存续时间长、稳定性高。

（3）公司制企业的缺点

①创建的程序比较复杂，创建费用较高。

②存在双重纳税问题，税收负担较重。

③股份有限公司要定期报告公司的财务状况、公开自己的财务数据，不便于企业信息的保密。

④政府对公司制企业的限制较多，法规要求比较严格。

8.2 新企业的名称设计

企业名称是树立企业形象和品牌形象的首要元素，是企业文化浓缩的符号，甚至有时候是产生成功标志的重要环节与因素。有了好名称，才有利于建立起长久发展的企业。企业命名是企业文化、市场战略的识别系统，也是企业经营的重要形象设计。新企业的创建，需要一个代表承载企业理想的名称与之共同成长。

案例 8-1

一次，一位公司董事长把该公司生产的两条上等“金狮”领带送给他的一个亲戚。结果人家不高兴地说：“我才不戴你的领带呢，尽输，尽输，什么都输掉了。”原来，香港话里“狮”与“输”读音相同。于是，这位董事长绞尽脑汁，想出一个万全之策，用意译与音译相结合的方法，把“Gold Lion”改为“金利来”，结果使该公司生产的领带大为畅销，成为知名品牌。

（资料来源：创业准备之创业管理与技能［EB/OL］. http：//www.docin.com/p-626528773.html？ _ t_ t_ t=0.2707247689832002.）

8.2.1 企业命名的原则

企业名称是一个企业区别于其他企业或组织的特定标注。所以，从总体上来说，新企业的名称要有高度的概括力和强烈的吸引力，做到“名正言顺”。所谓“名正”，是指企业的名称首先要合法，需要遵循《企业名称登记管理规定》和《企业名称登记管理实施办法》，到工商行政管理部门申请注册。“言顺”是指企业名称要顺口、响亮，从传播的角度来看尽可能朗朗上口。具体来说，企业的命名要注意以下原则。

（1）公司名称应注重寓意、音律和广告效应。如中国长虹股份公司，其长虹之名，是取雨过天晴之意，有瑰丽壮观的寓意，“太阳最红，长虹更新”；同样，以生产彩色电视机著名的康佳公司，其名是取“康乐人生，佳品纷呈”之意；深圳三九药业集团公司，其“三九”之名，在中国古代汉语中有数多不可胜记之意，寓有不懈追求之义；剑南春酒厂，其名剑南春，寓春“意盎然，春机无限”之义。

（2）公司名称应避免无特征的公司名称，要突显名称的“个性”。“娃哈哈”集团在进入市场之初，其名称就曾经使人耳目一新，从而快速地获得市场认可。

（3）公司名称的选择要富有时代感。富于时代感的名称具有鲜明性，符合时代潮流，并能迅速为大众所接受。

（4）公司名称应具备不同凡响的气魄，具有冲击力、有气魄，给人以震撼。

（5）公司名称要响亮，易于上口。名称比较拗口，节奏感不强，不利发音效果，也不利于传播，从而很难达到大众的共识。

（6）公司名称要考虑世界各地的通用性。比如，菊花在意大利被奉为国花，但在拉丁美洲有的国家则视菊花为妖花，只有在送葬时才会用菊花供奉死者；法国人也认为菊花是不吉利的象征；我国的菊花牌电风扇如果出口到这些国家，销售前景必然黯淡。一个标志如果要在世界范围内流通，最大限度地为全球消费者接受，其标名必须具有以下两个特点：使用国际上通用的语言的字母，使绝大多数国家的人接受。用简单的字母组合，没有任何实际意义，这样可以避免标志在一些国家可行而在另一些国家或地区却因犯忌而被拒绝接受的现象。

（7）公司名称应简短明快。名字字数少，笔画少，易于和消费者进行信息交流，便于消费者记忆，同时还能引起大众的遐想，寓意更加丰富。绝大多数知名度较高的企业名称都非常简洁，这些名称多为 2~3 个音节，如 IBM、BWM、SONY、Kodak，如图 8-2 所示。

图 8-2　名牌产品的标志的命名列举

（8）公司名称应符合公司理念、服务宗旨，这样有助于公司形象的塑造。名称要反映企业经营理念和精神实质，反映企业的经营特性和形象特性。例如，日本一家超级商场用 PARCO 的名称，PARCO 是意大利语的“公园”，并且可作为注音符号的日本片假名，用意大利语来表现开朗、华丽、热闹而又俊俏的形象，新潮又浪漫。在变更名称时，要考虑与旧名称的连贯性。德国 Benz 汽车公司的中文音译名称是“奔驰”，代表了 Benz 公司的汽车行业特质，隐喻了 Benz 公司不断创新、永不停步、快速前进的企业追求。

（9）公司名称要符合区域文化，富有吉祥色彩。

（10）易读易记，利于传播，企业起名给人的第一印象很重要，名字取得好，易记易读，字音连贯，更有亲和力，容易给人带来深刻印象。

（11）取得法律保护，一个名字不管如何响亮，我们还应该注意，绞尽脑汁得到的企业或商品名称一定要能够注册，受到法律的保护。要使企业或商品名称受到法律保护，必须注意以下两点：①该名称是否有侵权行为；②该名称是否在允许注册的范围以内。企业经营者要通过有关部门，查询是否已有相同或相近的名称被注册。如果有，则必须重新命名。

比如，美国的“伊丽莎白·泰勒热情香水”，投入市场后，销售非常好，但当其连锁专卖店发展到第 55 家时，就被迫停卖。因为它的一家竞争者的产品叫“热情香水”，对方向法院起诉。最后“伊丽莎白·泰勒热情香水”不得不改弦更张，重新命名，原先的广告促销活动也付之东流了。还比如大众所熟知的“王老吉”和“加多宝”的名称之争。

拓展阅读

“可口可乐”的由来及中文音译

1886 年，在美国佐治亚州亚特兰大市，药剂师彭伯顿发明了一种用水、焦糖、咖啡因等配制的稀糖浆，以减缓头疼与酒后的不适。

由于资金不足，他便联合当地一名叫鲁宾孙的有钱人合伙开发。为了笼络鲁宾孙，彭伯顿将为饮料命名的权力让给了他。

识字不多的鲁宾孙绞尽脑汁地想了一天，翻遍了字典也没有找到一个满意的名字。

傍晚，过度的疲倦使他不知不觉地坐在书房的椅子上睡着了。醒来时已是深夜 1 点钟，望着满天的星斗，他突然想到饮料是清凉的，应该用 Cold 来代表，可 Cold 不能独立成为名字，必须再加上一个字。

他又开始翻字典查找，结果还是一无所获。恰在这时，报晓的雄鸡叫了，他一下子跳了起来：“对于，就用公鸡这个名字吧！”可是“冷公鸡”或“公鸡冷”讲不通啊。

他仰望星空，冥思苦想。这时有颗流星划过天际，一下启发了他的灵感：

学习笔记

将“CockCold”中的“k”和“d”都换成了“Star”中的“a”。

当彭伯顿询问“CocaCola”的含意时，鲁宾孙说：“它们本身没有什么意义，可是，你看看它们的结构，不是非常有意思吗？”

彭伯顿读了几遍，高兴地喊道：“妙极了，既好拼，又好念，更容易记，不管谁看一遍都会记得它。作为产品名称，真是再好也没有了！”

1920年，美国的CocaCola开始进入中国市场，根据它的发音，他们译出的汉语名称为“蝌蚪啃蜡”。既让人不知所云，作为饮品又令人无法入口。

1979年，CocaCola重返中国市场时，公司在英国伦敦征求中文译名，一位中国著名学者恰好留学英国，就以“可口可乐”这个名字一举夺魁。

“可口可乐”暗喻饮料有良好口感，使人舒心快乐。

（资料来源：百度文库《企业的名称》https：//wenku. baidu. com/view/81eb9785ec3a87c24028c4e2. html）

8.2.2 企业命名的方法

公司名称命名方法是多种多样的，方法形式都不相同。由于公司名称是一种企业形象，因此，企业命名应根据自身商业项目、商品、消费对象等情况来取名。因地制宜，因时而异，这是公司用名需要遵循的重要原则。

（1）寓意起名法

寓意起名法的核心主要关注企业名称寓意，大多运用寓意美好的字词，如祥、康、福、泰、恒、兴、庆、和、富、德、隆等之类字词。如北京“全聚德”烤鸭，上海“老凤祥”银楼都是运用的这些吉祥美好的词语。而在长期的命名的过程中，也有逐渐形成的一些行业习惯，如药店多用“仁”和“堂”，如“同仁堂”“怀仁堂”等。

（2）别名俗语命名法

有很多企业在长期的经营过程中，虽然没有正式明确的商标和品牌的标识，但是拥有较高的社会影响力，潜移默化地形成了各自的品牌。这些品牌多是口语俗语，也有别名外号之类的，这些品牌虽然没有具体的品牌标识，但是由于这些口语别名的影响力广泛，也具备了品牌的作用。于是，经营者干脆以此为名，借此扩大自己的影响力。如天津“狗不理”包子，陕西“老孙家”牛羊肉泡馍，陕西“平娃”烤肉，“大娘水饺”等。

这些别名俗语贴近生活，十分亲切自然，传播速度快、范围广，社会影响力大，生命力强，具有很多名字不能企及的效果。

学习笔记

（3）音韵命名法

音韵命名法主要是从音韵的角度来进行命名策划。这一种方法会根据发音的好坏来评判公司名称的好坏，而不太考虑其他方面的因素。最著名的代表就是“CocaCola”。“CocaCola”是 Cock（公鸡）和 Cold（冷）的两个单词，各自变换一个字母，k 和 d 都变成 a。“CocaCola”的本身并没有什么含义，但是它的字母结构很有意思。不仅好拼好念，更容易记忆，一遍就能记住这个名字。“CocaCola”该名的最大特点就是不注重涵义，只注重发音响亮，易读易记。因此，这种极富个性和创造性的名字，至今几乎遍及世界各个角落。

（4）人名或地名命名法

还有很多公司会根据人名或者地名来进行公司命名。由于人名和地名具备特殊的含义，因此往往以人名或地名命名的公司和企业的名称，看起来朴素简洁，但是名称会响亮大方，寓意也十分丰富。

这类公司名称也有很多。根据地名命名的有李嘉诚的“长江集团”，“青岛啤酒”“燕京啤酒”“汾酒”“茅台”。根据人名命名的公司名称有“王麻子”剪刀，“张恒春”制药等。

（5）功能特点命名法

很多公司会根据公司或者产品的特点来对公司或者产品进行命名。这种命名方法直接明了，让人一眼就能了解公司或者产品的功能和特点。比如“感冒通”“肠炎宁”，这些名字简单明确，易读易记，容易打造优秀品牌。

（6）原料命名法

原料命名法就是用产品的原料来命名，这是一种特殊的命名方法，特点是独特个性，引人注目。这样命名的公司和产品也不在少数，最著名的就是“五粮液”了。“五粮液”是中国著名白酒品牌，是由高粱、玉米、小麦、大米、糯米五种粮食酿制而成的，故而命名为“五粮液”。

（7）商标命名法

商标命名法就是公司企业的名称根据商标来命名原来的公司名称。这类命名法多是由于商标品牌的知名度和社会影响力大大超越企业本身。为了企业有更好的发展，商标名称逐步取代原有的公司名称。比如说“乐百氏”，“乐百氏”是中国饮料企业十强。但是“乐百氏”原本只是一个品牌名称而并非公司名称，大部分人都不了解“乐百氏”的厂家。“乐百氏”的厂家是“今日”集团，作为企业名称的“今日”知道的人寥寥无几，而“乐百氏”几乎是家喻户晓。于是，1999 年，“今日”集团更名为“乐百氏”集团。这就是商标命名法，商标命名法一般都是由于企业的某个品牌的影响力大大超越了企业本身，为了扩大企业影响力，因而以商标冠名企业。

学习笔记

8.2.3 企业命名的禁忌

中国人历来讲究取名。中国人重视名字并非无缘无故。姓名是每个人的第一张名片，虽然只是个文字符号，但它具有信息能量及文字的全部理念。一个恰到好处的佳名、雅号能够对发展起到很大的促进作用，所以要想在同行业中站稳位置，拔得头筹，名字取得好不好，占据很大一部分因素。下面为大家介绍，公司起名禁忌问题。

（1）忌用不吉字。不吉字容易让人产生不好的联想，会影响到他人对于主体的接受，不论是企业、个人还是商品。

（2）给公司起名时忌用多音字。公司起名使用多音字，就像使用冷僻字一样会给人们的呼叫带来很大的不便，寓意本身就不够明朗。以多音字起名，名字有两个或更多的发音时就更容易让人感到无所适从。

（3）给公司起名时忌用偏字。公司名称是供消费者呼叫的，本应考虑到用字的大众化问题，然而令人遗憾的是有些公司在起名用字上也存在着一些十分严重的问题，就是特别喜欢用大量的偏字来装饰，有时候不要说一般的农民、市民不认识，恐怕连大学里的老师也未必人人认识。我们很难设想这样的公司能够成为名牌公司，也很难设想这种公司的商品能够在市场上畅销。很多时候，好的名字正像好的文章一样，是在平淡中见神奇，而不是靠以冷僻字、多笔画字和异体字。

（4）给公司起名时忌语意隐晦。公司命名寓意隐晦就是语音过于深奥，别人看不懂。就像选用冷僻字一样，意思虽好，没有人懂，寓意再好也没有意义。企业、公司名称具有标明企业性质、暗示产品功能等作用，要求有较强的可读性。更何况公司的名称本身就是一则极好的广告。

（5）给公司起名忌雷同近似。现在不仅有山寨的产品，还有山寨的企业和商标。一些企业为了借用成功企业的品牌效应，注册字形或发音类似的企业名称或商标。这样的名称不仅不能带来效应，其效果大都适得其反，引起消费者厌恶。

学习笔记

案例 8-2

索尼公司的命名

索尼公司原名为“东京通信工业公司”。本想取原来名称的三个字的第一个拼音字母组成的 TTK 做名称。但产品将要打入美国，而美国的这类名称多如牛毛，如 ABC、NBC、RCA、AT&T 等。

公司经理盛田昭夫想，产品的名称一定要风格独特、醒目、简洁，并能用罗马字母拼写。这个名称无论在哪个国家，都必须保持相同的发音。

拉丁文中“SONUS”是“SOUND”（英文，意为“声音”）的原型。

“SONNY”一词非常流行，是“精力旺盛的小伙子”“可爱的小家伙”之意，正好有他所期待的乐观、开朗的意念。

又考虑到“SONNY”按照罗马字母的拼法，发音正好与日文中的“损”字相同，这将引发不利的品牌联想。

将“SONNY”的一个字母去掉，变为“SONY”。

（资料来源：VI 设计-企业的名称［EB/OL］. https：//wenku. baidu. com/view/a24d32b9a1c7aa00b52acbac. html.）

8.3 新企业的地址选择

企业位置的选择是建立、组织和管理企业的第一步，也是企业最重要的一项投资决策，对企业的生产经营及发展将产生深远而持久的影响。它不仅关系到设施建设的投资和建设的速度，而且很大程度上决定了所提供的产品的成本，从而影响到企业的生产管理工作活动和经济效益。

一个好的地理位置可以使得一个普通的企业生存下去，糟糕的地理位置则可以使一个优秀企业失败。企业位置决定消费者是否易于接触企业。企业选址不同，给消费者的印象也会不同。虽然随着经济和技术的发展，空间上的差异对企业经营的影响逐渐减小，但是其依旧是影响企业发展的一个重要因素。因此，创业者有必要了解做出正确选址决策所需的信息和技能。

学习笔记

小见闻

笔者有次无意中见到了这样一个事情。在成都高新区（即现在的天府新区）某写字楼下面，有一家不到3平方米的铺面。这个铺面就是那种经常在街头路口看到的报刊亭的形式。但是不要小看这样一个小小的铺面，这个不到3平方米的铺子，月租金是两万元。当时我听到的时候，差点下巴都掉下来了。这样一个铺面月租金两万元，而且还是夫妻两人经营，怎么生活？这家铺面是一对中年夫妻开的，主要经营副食品及小吃。在早上的时候，上班族会买一些牛奶面包然后上写字楼，在上午的时候，几乎看不到什么人来买东西，偶尔有出地铁的人回来买一瓶矿泉水。但是一到中午，这里就排起了长龙。夫妻两人就卖简单的凉面，凉皮，酸辣粉。每碗10块。大大的一碗。而且大多数人是一人买了数碗。所以一个中午从11点30分到13点30分两个小时的时间，卖这些大概能卖出去近200碗。还只是中午。很多人一开始看到这个地方，很难相信一个小小的铺面能产生这么大的收益。笔者认为这对夫妻选址非常好。这个地址紧邻地铁口，出地铁大概十米就能走到这个铺面，并且铺子后面是一条大街，周围50米的范围没有什么小卖部。其次这个铺子就在一栋30多层的写字楼下面，是一个独立的报刊亭的形式，周围没有任何餐饮店，餐饮店都在另外几条街区。所以中午的时候能有一个吃饱饭的又不用走太多路的地方，一定是很多上班族的选择。这个时候，味道可能是其次了。

选址需要综合考虑多方面因素，既包括定量的成本因素，又包括定性的区位条件因素。所以需要采取综合评价方法来对企业选址问题进行评价。总的来说，企业选址应综合考虑以下几方面因素。

8.3.1 影响企业选址的因素

（1）成本因素

成本是企业选址考虑的最重要因素，选址成本既包括固定成本，又包括变动成本。固定成本，就是维持企业可以正常运作而必须开支的成本，如制造业企业的厂房和机器设备的折旧。所以，由于企业选址位置不同，固定成本也会有地区性的差异。

企业经营的变动成本主要包括原材料、燃料、动力等生产要素的价值，由于在不同的地区和位置，其原材料、燃料以及动力价格会有所不同，所以变动成本也是企业选址所要考虑的重要因素。

（2）经济因素

在决定把一个企业设立在哪个区域时，主要考虑区域经济方面的情况。为什么人们居住在这个区域？他们的生活水平如何？其他企业为什么要设在这里？要对区域进行行业分析，是 80% 的人集中在同一个企业或少数几个企业呢，还是这个区域有很多企业？该区域各行业兴旺吗？该区域的企业活动具有季节性特点吗？企业正在搬出或者迁入吗？分析一下这些问题将会对初创企业场所选择产生的影响。

人们收入的多少决定其对商品（或服务）的需求。创业者要收集有关所选区域人们收入的信息，包括家庭平均收入是多少？收入水平如何？就业情况如何？另外，交通情况也是重要的经济因素。

（3）技术因素

新技术对高科技初创企业成功的作用是显而易见的，但技术本身的进步却更加难以预测。从某种意义上来说，技术市场的变化是最为剧烈和最具不确定因素的。因此，为了能够了解和把握技术变化的趋势，许多企业在创业选址时，常常考虑将企业建在技术研发中心、科技孵化器附近，或建在新技术信息传递比较迅速、频繁的地区。例如，美国加利福尼亚的硅谷在 20 世纪 50 年代以后逐渐成为美国电子工业的基地，不仅是高科技初创企业的“摇篮”，而且以电子工业为基础所形成的“高科技风险企业团簇”，被认为是 20 世纪产业集群的典范。

（4）政治文化因素

政治因素包括政治局面是否稳定，法治是否健全，有无歧视政策等。企业必须要考虑政治因素。一些国家为了吸引投资，制定建厂低价从优，实行政府补贴等条件，造就了一个有利的投资环境。政府对市场的规制也是值得创业者重视的一个方面。创业者评估已经存在的及将来有可能出现的影响到产品或服务、分销渠道、价格及促销策略等的法律法规问题，将企业建在政府支持该产业的地区。

文化因素要考虑居民的生活水平习惯、文化教育水平、宗教信仰等。

（5）人口因素

创业者应该对可能成为其消费者的人群有所了解。例如，如果要开一家文具店，就要了解哪里学生最多，因为这个群体购买文具最多。其他人口问题还包括：人口稳定性怎么样？人口搬进搬出正常吗？人口数量是上升还是下降？如果某地区人口增长迅速，很可能有较多的年轻家庭。选址时，对这些问题都要予以考虑。

学习笔记

(6) 竞争因素

收集竞争者的相关信息，对竞争者进行研究。要知道你有多少竞争者，他们都在哪里；还要知道过去两年内有多少与你业务相似的企业开张和关闭；对间接竞争者（产品或服务与你近似的企业）的情况也要做些研究。有三种情况有利于开一家新企业：该区域内没有竞争者；竞争者企业的管理很糟；消费者对该产品的需求正在增加。

案例 8-3

在某一处集写字楼和住宿于一体的商业中心，有一条美食街，街上各色美食琳琅满目。有一天，一家砂锅串串店在此开张营业，生意非常火爆，每天一到傍晚，排队等位的人要坐好几桌。然后，慢慢地在这家店旁边陆续地又有人开了四五家，生意渐渐不好，于是，这家店将店址换到了离此商业中心大概一公里外的某小区楼下，该小区楼下商铺有限，而串串店独此一家，又是门庭若市。

案例分析：这家串串店就是考虑了竞争因素做出的选择，照理说在人流量集中的地区，客流量应该很大，餐饮应该也较好经营，从这家串串店刚开业时可以看出来。但是后来加入的商家没有考虑竞争因素，大家都只看到商机而没看到商机背后的危机，全部都开的是类似的商铺，所以最后好多商家遭遇滑铁卢，而这家串串店很明智地马上选了在一个竞争者不容易进入的地方。所以，在选址的时候，考虑竞争因素是非常重要的，盲目跟风可能会让你输得一塌糊涂。

(7) 发展规划

企业地址的选择要搞清楚城市建设的规划，既包括短期规划，又包括长期规划。有的地点从当前分析是最佳位置，但随着市场的改造和发展将会出现新的变化而不适合开店；反之，有些地点从当前来看不理想，但从规划前景看会成为有发展前途的新的商业中心区。因此，经营者必须从长远考虑，在了解地区内的交通、街道、市政、绿化、公共设施、住宅及其他建设或改造项目规划的前提下，做出最佳地点的选择。

综上所述，企业的选址对于一个企业经营的成败起着决定性的作用，越来越多的企业将选址问题看作企业建立的头等大事。除以上需要考虑的因素之外，自然因素、社会文化因素、劳动力因素、交通运输、基础设施等都有可能影响创业者选址，这需要创业者根据自身的条件和创业项目的具体情况来决定。

学习笔记

8.3.2 不同类型企业的选址

选址在企业的生产中占据重要的地位，是企业供应链中的重要一环，科学地选择企业的地址，不仅有利于提高企业营运的效率，还能减少企业的运营成本，有利于企业今后的发展。各类型公司在企业运营地点选择方面标准不同，很多欧美企业一般遵循 4M 的标准。第一，把一次性成本降到最低；第二，把运营成本降到最低；第三，把潜在的风险降到最低，潜在的风险很多，包括恐怖袭击、政府管制等；第四，把机会放到最大。下面简单介绍几种类型企业的选址。

（1）生产型企业选址

生产型企业选择的地址交通要便利，以便于产品对外运出，生产用电要能满足，生产用水要有保证。除此之外，企业选址应尽量靠近原料基地和劳动力资源，还应考虑当地税收优惠政策等因素。

案例 8-4

某小型模具加工企业的选址

四川某小型模具加工企业，该企业负责人是一个外出工作两年回川创业的高职院校大学生。在选址的时候，该负责人考察了多个地方，最后将地址建在一个大学生创业园区内，该园区外观看似简陋，但因为园区在郊外，所以交通很便利，极少遇到堵车情况。园区针对大学生创业，租金极其便宜，并且有很多优惠政策。不需要新建厂房，直接安装机器就可以开工。所以，该负责人将地址建在此处，不到 3 个月就开始实现盈利。现在在不足 100 平方米的厂房内，每年可以产生几百万的效益。

案例分析：该模具加工企业，作为生产型企业，就充分考虑了交通、基础设施、配套设施等方面的原因，同时，作为初创企业，选择了租金相对便宜并且有一系列优惠政策的大学生创业园，为企业节省了一大笔资金，同时减少了很多制度上对企业的发展的限制。所以，无疑，这家负责人的选址是成功的。

（2）商业型企业选址

商业型企业经营地点的选择与商业圈有着密切的关系。一般一个城市内

学习笔记

有若干个商业圈，每个商业圈有一定的辐射范围。处于商业圈内的企业相对经营情况良好，而处于商业圈之外的则经营一般，因此，商业型企业选址建议最好选择商圈核心地带，便于企业的宣传和与客户的接触。但是，商圈内店铺的房价或租金相对较贵，会对初创企业的经营支出构成压力，所以，在初创企业资金有限的情况下，可以选择租柜台、联合经营、委托代销等方式开展业务；也可以在商圈边缘客流量较大的地方进行选址，但是要在商圈内部进行广泛宣传，以吸引客户。

（3）服务型企业选址

服务型企业包括的门类很多，每种类型的企业经营特点不一样，所以选址方式也不一样。但有一点是相同的，即必须有客流量。如果服务对象是针对居民的，则要在居民区附近选址；服务对象是针对学生的，则要在学校附近选址；服务对象是针对社团机关的，则要在机关附近选址。

此外，全国大部分城市都建有各类型的企业孵化园，为不同类型的中小企业和初创企业提供减免租金的办公空间，同时为其发展提供支持性服务（如财务方面、管理方面、技术方面和经营方面等）。公众、传媒和金融界也为企业孵化园中的企业提供很多支持，还可以享有税收优惠政策。企业的集聚效应营造出良好的创业氛围，使多个初创企业在同一屋檐下共同奋斗，较低的租金和共享现场服务增加了创业成功的机会。因此，企业孵化园也是初创企业选址的一个很好的选择。

8.4 新企业注册流程

8.4.1 企业注册的一般流程

按照现行法律法规，创业者注册新企业需要遵循一定的流程，并需要到相应的政府部门登记审批。相关审批登记项目包括公司核名、经营项目审批、公司章备案、验资、申领营业执照/组织机构代码证/税务登记证和银行开户等。

（1）公司核名

企业注册第一步就是公司名称的审核，即核名。创业者需要到当地的工商行政管理局进行公司名称注册申请，由工商行政管理局进行综合审定，给予注册核准，并发放盖有工商行政管理局名称登记专用章的“企业名称预先核准通知书”。此过程中，申办人需提供法人代表和股东的身份证复印件，并提供 2~10 个公司名称，写明经营范围、出资比例。公司名称要符合规范。例如成都市（地区名）+某某（企业名）+贸易（行业名）+有限公司（类型）。

（2）经营项目审批

如果初创企业的经营范围中涉及特种行业许可项目，则需报送相关部门报审盖章。特种许可项目涉及旅馆、印铸刻字、旧货、典当、拍卖等行业，需要消防、治安、环保、科委等行政部门审批。特种行业许可证办理，根据行业情况及相应部分规定不同，分为前置审批和后置审批。

（3）公司公章备案

企业办理工商注册登记过程中需要使用图章，由公安部门刻出。公司用章包括公章、财务章、法人章等。

（4）验资

按照《公司法》规定，投资者需要按照各自的出资比例，提供相关注册资金的证明，审计部门进行审计，通过后出具“验资报告”。

（5）申领营业执照

工商局对企业提交的材料进行审查，确定符合企业登记申请，经工商行政管理局核定，即发放“工商企业营业执照”，并公告企业成立。相关材料包括公司章程、名称预先审核通知书、法人和全体股东的身份证、公司住所证明复印件（房产证及租赁合同）、前置审批文件或证件、生产型企业的环境评估报告等。

（6）申请组织机构代码证

企业必须申请组织机构代码证。具体过程是由企业提出申请，通过审定后，到当地质量监督检查检疫局审批盖章。

（7）办理税务登记证

税务登记证应到当地国税局办理。企业办理税务登记证应该提供的材料包括企业营业执照副本、组织机构代码证副本、经营场所产权证及租赁合同复印件、法人身份证、公司章程、验资报告及公章。

（8）银行开户

初创企业需设立基本账户，可根据企业的具体情况选择开户银行。银行开户应提供的材料包括营业执照副本、组织机构代码正本、公司公章/法人章/财务专用章、法人身份证、国地税务登记证正本等。

学习笔记

8.4.2 企业注册流程新政

为进一步深化行政审批制度改革，提高市场准入便利化程度，我国自2013年来，陆续推出企业注册登记制度改革新政。主要内容如下。

（1）放宽注册资本登记条件。除法律、法规另有规定外，不再限制企业设立时股东（发起人）的首次出资比例和缴足出资的期限，实行由公司股东（发起人）自主约定认缴出资额、出资方式、出资期限等，并对缴纳出资情况真实性、合法性负责的制度。

（2）将企业年检制度改为年度报告制度，任何单位和个人均可查询，使企业相关信息透明化。建立公平规范的抽查制度，杜绝检查的随意性，提高政府管理的公平性和效能。

（3）按照方便注册和规范有序的原则，放宽市场主体住所（经营场所）登记条件，由地方政府具体规定。

（4）大力推进企业诚信制度建设。注重运用信息公示和共享等手段，将企业登记备案、年度报告、资质资格等通过市场主体信用信息系统予以公示；推行电子营业执照和全程电子化登记管理，与纸质营业执照具有同等法律效力；完善信用约束机制，将有违规行为的市场主体列入经营异常的“黑名录”，向社会公布，使其“一处违规、处处受限”，提高企业“失信成本”。

（5）启动“五证合一”登记制度改革。将由工商、质监、国税、地税、人力社保、统计等部门分别办理、各自发证（照），改为申请人“一表申请”，工商部门统一收件，质监、国税、地税、人力社保、统计部门并联审批，统一核发加载注册号、组织机构代码、税务登记证号（纳税人识别号）、社保保险登记证号和统计登记证号的营业执照。

推行注册登记制度改革，依照便捷高效、规范统一、宽进严管的原则，可以降低准入门槛，强化市场主体责任，促进形成诚信、公平、有序的市场秩序，最终目的是降低创业成本，激发社会投资活力。

拓展阅读

各地针对大学生创业出台的优惠政策

1. 创业注册资本（金）最低3万元

哈尔滨为了扶持大学生创业就业，出台了多项优惠政策。在高校毕业生创业扶持政策方面，市场准入、工商登记、税费减免、小额担保贷款等自主创业扶持政策将简化审批程序，减少办事环节。高校毕业生创办具有法人资格的企业，除法律、行政法规另有规定之外，注册资本（金）最低限额降低到 3 万元。开办或设立个体工商户、个人独资企业、合伙企业的，允许零出资，不受出资额、出资方式、出资期限限制。支持高校毕业生以知识产权等非货币财产出资设立企业，非货币财产出资最高可达公司注册资本的 70%。持《就业失业登记证》的高校毕业生在毕业年度内，按规定从事个体经营，3 年内按每户每年 8000 元为限额依次扣减其当年应缴纳的营业税、城市维护建设税、教育附加和个人所得税。

2. 大学生创业扶持政策

（1）工商部门优惠政策。

①大中专毕业生毕业后 5 年内从事个体经营的（国家限制的行业除外），3 年内免交登记类、管理类和证照类收费。

②高校毕业生创办公司 3 万元即可登记，允许投资人首期注册资本到位 10%，剩余部分可在三年内全部到位，并允许货币出资低于 30%。

③高校毕业生办理工商登记时，只需提交有效房屋租赁合同，无需提交相关产权证明文件，允许用自有或租赁的住房兼作经营场所。

④高校毕业生创业开办公司或个体工商户的，凭《毕业证书》《报到证》、个人身份证复印件享受优惠政策。

⑤高校毕业生从事建筑业、娱乐业、销售不动产、转让土地使用权、广告业、房屋中介、桑拿、按摩、网吧、氧吧等 10 个行业的经营活动，不享受政策减免。

（2）税务部门优惠政策。

①学生勤工俭学提供劳务取得的收入，免征营业税。

②普通高等学校毕业生创办的企业，从事技术转让、技术开发和与之相关的技术咨询、技术服务取得的收入，免征营业税。

③普通高等学校毕业生在国家高新技术产业开发区内新创办的高新技术企业，自获利年度起免征企业所得税 2 年；免税期满后，按 15% 的税率征收企业所得税。

④新办劳动就业服务企业，当年安置普通高等学校毕业生超过企业总人数 60% 的，经主管地税机关批准可免征企业所得税 3 年；免税期满后，当年新安置普通高等学校毕业生占企业原从业人员总数 30% 以上的，可减半征收企业所得税 2 年。

⑤普通高等学校毕业生创办的企业，进行技术转让以及在技术转让过程中发生的与技术转让有关的技术咨询、技术服务、技术培训所得，年净收入

学习笔记

在30万元以下的暂免征收企业所得税。

⑥地税部门对从事个体经营的高校毕业生，其月营业额在5000元以下的，免征营业税。

(3) 小额贷款优惠政策。

西安为高校毕业生创业贷款推出优惠政策。

①引导和鼓励高校毕业生面向基层，自谋职业。对其在创业经营过程中自筹资金不足的，凭《西安市城镇失业人员登记证》和大中专院校毕业证书申请小额担保贷款。贷款额度一般为3~5万元，期限最长不超过2年。到期还款确有困难的，可申请展期，展期期限为一年，展期期间不贴息。对于经营周期较长的项目，可将贷款期限延长至3年，不再申请展期。对于创业项目有一定规模和发展前景的，贷款额度最高可提高到8万元。对于合伙经营与组织起来创业的，贷款人数最高不超过10人，贷款金额不超过50万元。

②对持有劳动保障部门核发的《西安市城镇失业人员登记证》的城镇登记的其他失业人员和高校毕业生申请小额担保贷款并从事微利项目的（微利项目是指除国家限制的建筑业、娱乐业以及销售不动产、转让土地使用权、广告业、房屋中介、桑拿、按摩、网吧、氧吧以外的项目），由财政给予100%贴息，展期期间不贴息。

③小额担保贷款还款方式采取灵活方式，可利随本清或分次偿还，也可提前还贷，具体方式由贷款银行和借款人商定并载入合同。贷款本息提前归还的，提前归还的部分按合同的约定利率和实际使用时间计收；贷款本息不能按时归还的，贷款银行可按规定计收罚息。

8.5 新企业创建相关法律和伦理问题

在创建期间，新企业必须处理好一些重要的法律和伦理问题。创业涉及的法律和伦理问题相当复杂，对创业而言，最重要的是认识到这些问题，以免由于早期的法律和伦理失误而给新企业带来沉重的代价，甚至是夭折。创业者一般不会有意触犯法律，但可能高估自己所掌握的与创建和经营新企业相关的法律知识，或者缺乏伦理意识。

学习笔记

案例 8-5

创建新企业需要考虑的伦理和法律问题

A、B、C 三人都在 Nokia 公司从事研发工作，他们共同开发了一个面向大学生消费者的便携式设备。该设备与 Palm Pilot 相似，但又有针对学生的特殊功能。比如下载 PPT 文件和能直接把课堂演讲转化成文字的声音识别系统，无线上网功能，可供学生之间相互发送电子邮件和短消息。三人都迫切希望辞去现在的工作开始创业，已经想好了新企业的名称，并且设计出了商标图案。他们找律师做了法律咨询。你觉得律师会为他们提出哪些法律方面的建议？

案例分析：针对上述案例创建新企业需要考虑的伦理和法律问题至少有以下三项：

1. 新产品创意的合法性：

(1) 创业者与原公司签署的劳动合同，包括任何形式的非竞争协议和保密协议（竞业限制）。

②新式的便携设备与原公司生产的产品有多大程度的相似性。

2. 创业合作伙伴之间如何分配新企业的所有权和责任。

3. 企业和产品的名称、商标以及其他的知识产权。

（资料来源：案例：创建新企业需要考虑的伦理和法律问题 [EB/OL]. http：//www. doc88. com/p-087784519886. html.）

8. 5. 1 相关法律问题

一个社会的法律规定，为其公民能做什么或不能做什么建立了一个框架。这个法律框架在一定程度上允许或禁止创业者决策和行动。显然，创建新企业也会受法律法规的限制与影响，创业者在创建新企业之前必须了解这些因素。表 8-1 指出了影响初创企业的一些基本法律问题。

表 8-1　创业企业不同阶段的法律问题

创建阶段的法律问题	经营现行业务中的法律问题
• 确定企业的法律形式 • 设立税收记录 • 进行租赁和融资谈判 • 起草合同 • 申请专利、商标和版权保护	• 人力资源管理（劳动）法规 • 安全法规 • 质量法规 • 财务和会计法规 • 市场竞争法规

学习笔记

在每一个创建活动中，都有特定的法律和规定决定创业者能做什么和不能做什么，创业者必须熟悉相关法律法规。在企业的创建阶段，创业者面临的法律问题包括：确定企业的组织形式，设立适当的税收记录，协调租赁和融资，起草合同以及申请专利、商标和版权保护等。

知识产权是人们对自己通过智力活动创造的成果所依法享有的权利。知识产权包括专利、商标、版权等，是企业的重要资产。知识产权可通过许可证经营或出售，带来许可经营收入。实际上，几乎所有的企业（包括新企业）都拥有一些对其成功起关键作用的知识、信息和创意。传统观念将有形资产（如土地、房屋和设备等）看作企业最重要的资产，而现在知识产权已逐渐成为企业中最具价值的资产。对创业者，尤其是大学生创业者来说，为了有效保护自己的知识产权，也为了避免无意中违法侵犯他人的知识产权，了解知识产权的内容及相关法律是非常重要的。除了与知识产权相关的法律法规外，《专利与专利法》《商标与商标法》《著作权与著作权法》《反不正当竞争法》《合同法》《产品质量法》《劳动法》等法律法规也是创业者及其初创企业所应当了解和关注的。

8.5.2 相关伦理问题

创业伦理是适应创业教育和时代要求而发展起来的一种集理论性与实践于一体的伦理，主要是指贯穿于创业活动之中的规范与准则。创业伦理是初创企业健康发展和成功的精神动力，有助于创业者创业目标的实现以及创业责任感、使命感和荣誉感的树立。

创业者的任务是创富。“君子爱财，取之有道”，创业者在创业过程中一定要遵守伦理道德，这是创业能够成功并持续发展的关键。

（1）创业者与原雇主之间的伦理问题

尽管有些创业企业由学生或自我雇佣者建立，但大部分新企业仍是由曾经从事传统职业的人们所创建。在辞职进行创业后，一些创业者出乎意料地发现，自己已置身于受前雇主公司敌对的境地。因此，在辞职时必须遵循的重要原则：职业化行事和尊重所有雇佣协议。

（2）创业团队成员之间的伦理问题

作为初创企业，创业的团队成员要清楚未来业务的实质，有共同的发展目标，确保目标的一致性，同时要有大家认同的简要的商业计划，确定创建者的身份和职位头衔，确立企业所有权的法律形式、股份分配（或所有权分割）方案、各创建者持有股份或所有权的支付方式（现金或血汗股权）、明确创建者签署确认归企业所有的任何知识产权，并且进行初始运营资本描述，在回购条款里，明确当某位创建者逝世、打算退出，或法院传票逼迫其出售股份时的处理方案。

(3) 创业者和其他利益相关者之间的伦理问题

创业者和其他利益相关者之间的伦理问题涉及以下方面。

①人事伦理问题。这些问题与公正公平对待现有员工和未来员工有关。不符合伦理的行为范围非常广泛，从招聘面试中询问不恰当问题到不公平对待员工的方方面面，其根源可能是因为他们在性别、肤色、道德背景、宗教等方面有所不同。

②利益冲突。这些问题与那些挑战雇员忠诚的情景相关。例如，如果公司员工出于私人关系以非正当商业理由将合同交给其朋友或家庭成员，这就是不恰当的行为。

③顾客欺诈。这个领域的问题通常出现在公司忽视顾客尊重或公众安全的时候，例如误导性广告、销售明知不安全的产品等。

创业者作为创新实践者，通过创造新产品或服务提供就业机会，极大地推动了社会进步和发展，然而，创业者又可能被批评片面追求商业成功，甚至在必要时牺牲道德价值观。例如，有的创业者延迟偿付厂商和其他债权人的账款，有时候对雇员也采取同样的方法，延迟工资的发放。创业者使用这种方法，有的是确实陷入困境，有的则不是。有些创业者常常在未经他人允许的情况下，使用他人的资源来弥补自身资源的不足，这些行为会因为违背相关法律规定和市场经济原则而受到惩罚。如果创业者有意这样做，是不道德的，也是有悖商业伦理的，长此以往，人们会对创业者的诚信度产生质疑，所以，企业在创业初期就应该清楚相关的伦理问题，并且遵守相关的职业道德和伦理。这样才是企业长久发展的根本。

8.6 初创企业的管理

创业前期的企业是一个比较迷茫与管理混乱的阶段，管理者制定一项好的管理制度是有利于创业发展的。创业初始，公司在资金、人才和实力等方面往往都不会具备优势，被大量不确定性事务驱动和疲于应付的状态在所难免，但任何公司的管理工作又的确是件大事，是公司能否持续发展的重要保证。所以说管理好公司就成了创业前期最重要的事情。

学习笔记

8.6.1 新创企业的主要管理内容

（1）组织结构和人力资源管理

组织设计是对组织活动和组织结构的设计过程，主要是对组织结构的设计。而新创企业的人力资源管理是指根据创业战略，在分析新企业在环境中的人力资源供给和需求状况，制定必要的政策和措施，以确保在需要的时间和需要的岗位上获得各种所需要的人才，并能够创造良好的人力资源环境，是“人”与“事”圆满配合，事得其人，人尽其才。一个企业有了合适的组织结构，可以降低企业的运营成本，也才会提高组织的工作效率，促进企业的良好运行。同样，新创企业只有做好人力资源管理，才能选聘到合适的员工，并让员工拥有工作积极性，努力发挥自己的才能。

（2）技术与产品管理

创业者通常以自己所掌握的技术进行创业，但是很多创业者所拥有的技术并不是完整的技术，或者说技术还不完善，同时由于现代社会技术更新加速，创新企业就更需要时刻对自己技术和产品的管理，或者考虑技术产品再创新的管理，或者考虑技术产品的进一步开发。新创企业只有做好了自己的技术和产品管理，才能在市场上具备强大的竞争力，才能在市场激烈的竞争中不断发展下去。

（3）市场管理

市场管理包括企业的市场定位，营销战略管理，营销的具体管理以及营销时应掌握的基本道德准则。其中，市场定位是指企业根据自己的实际情况选准自己的目标群体，营销战略是指市场定位之后就要选取合适的市场销售战略，将自己的产品推向市场让消费者接受并认可。营销的具体管理是指选取什么样的营销策略、什么产品在哪营销、什么时间营销、怎么营销等具体的操作问题。营销时应掌握的基本道德准则是指应遵守的市场准则、行业规则或信誉等问题。

（4）财务管理

财务管理是指新创企业在拥有价值观念、效益观念、竞争观念、风险观念等财务观念的基础上运用科学的财务管理方法，减少成本、增加收入，实现企业效益最大化的目的。搞好财务管理，是新创企业实现经济利益的保障。

（5）公关管理

公关管理是指新创企业的日常运行中注意处理好企业内部和外部的关系，内部包括员工之间的关系等，外部包括企业与顾客的关系、企业与政府的关系、企业与其他经济组织的关系等。做好公关管理，处理好企业内外部的关系，企业才能有一个和谐的发展环境和良好的经营氛围，才能更顺畅地发展。

学习笔记

拓展阅读

大数据初创企业面临的五大挑战

近几年，数据逐渐成为驱动业务的主要推动力。更重要的是，大数据可以帮助企业改善策略，提高运营效率和加速增长。

75% 的龙头企业说，他们已经或计划在未来几年在大数据基础设施方面布局。大量的新的和令人兴奋的大数据初创公司出现来满足企业客户日益增长的需求。虽然大数据吸引力巨大，但是考虑到 66% 的创业公司一般会在 12 个月失败，大数据初创公司们仍然面临着很多挑战。

挑战一 缺乏人才

大数据市场在不断增长，60%的领导者认为他们今年在大数据运营上会花费更多，只有 5%的预测预算会减少，最大的问题在于，这种增长将超过实现它所需的人才和规模应用。据麦肯锡的报告称，美国的大数据人才需求在 2018 年将达到 170 万人，大约在同一时间，美国数据市场价值将达到 415 亿美元。随着行业的发展，人才技能差距将拉大。没有简单的解决方案，唯一真正的修复是随着时间的推移，人才自然会增加以满足市场需求。

（这里还有一点讽刺，因为许多大数据初创企业试图通过自己的软件来解决市场上人才缺乏的问题，但他们同样面临招不到人的问题。）

挑战二 人才成本高

71%的 企业和 IT 组织认为自己在利用数据方面刚达到平均水平或滞后，显然需要提高整体人才能力和教育现有的劳动力。目前在员工的培训上，为了跟上新开发产品需要大量成本。这样的培训运营费用在 2013 年全球达到 1300 亿美元，考虑到数据业务的快节奏的性质和随后的需要更多的人员和持续培训，这些成本只会持续上升。

挑战三 解决理想与现实的冲突

黛博拉·盖奇最近在《华尔街日报》上一篇有关 Hadoop 的文章中说，一些评论把大数据捧地过于高了，对大数据的“炒作”使许多组织盲目的为采用而采用：他们急切地拥抱工具，但往往不关注他们的需求，只是因为这些工具似乎是最受欢迎的（Hadoop 是一个例子）。

进一步复杂化的是，大数据平台本质上是厚数据。这使得供应商很难去表达它的功能和优点，甚至更难让客户们去理解。据 Gartner 说，2017 年，60%的大数据项目将无法超越试点和实验，并将被放弃。让大数据项目更加落地是未来的重点。

挑战四 融资障碍

大数据在风投界获得了极大的关注和惊人的资金，Hortonworks 和

Dataminr 的融资近 1 亿美元就是很好的证明。但在许多方面，争夺现金变得不利于新公司。

由于行业的发展，风投们会更青睐具有挑战性的企业家，很多公司喜欢 Palantir，MongoDB 和 Mu Sigma（至少有 2 亿美元投资）。因为资金增加了，在某种程度上我们可以预期投资者变得更加喜欢初步承诺投资，而不是投资于更成熟的新锐品牌。

挑战五　更残酷的竞争

全球大数据预计在 2015 年产值达到 1250 亿美元，创业并不孤单；他们面临 SAP 微软和 IBM 这样的数十亿美元的大公司的残酷竞争。

这些巨人可以释放功能更新产品，收购同类公司。他们的资金是无限的，而初创企业必须更加精细化他们的产品只是为了维持他们的现金消耗速率。

实际上，这是一件好事。初创公司成功的最佳方式是关注一个点并把它做好，大公司总是在寻找方法来获得竞争优势。如果你在存储、分析等方面有极大的优势，被收购也是个不错的选择。

（资料来源：51CTO 开发频道 2015-08-26）

8.6.2 新创企业所面临的管理挑战

（1）如何合理地进行市场定位和开拓产品市场

一个新创企业，最基本的目标肯定是想生产市场需要的产品，从而让企业盈利，因此，一个新创企业最初所面临的管理挑战就是如何进行市场定位，决定生产什么适销对路的产品，以及如何将产品打入定位市场并不断开拓这个市场。

（2）如何合理地设置企业的组织结构

新创企业的组织结构也对其发展具有重要的作用，组织设置得合理，企业不但会节约成本，而且会提高企业运作效率，焕发企业的生命力，促进企业良性发展，所以如何设置企业组织结构也是新创企业所面临的一个管理挑战。

（3）如何选聘企业需要的合适人才

人才是企业最重要的资源，而合适的人才才会发挥出对企业最大的作用，因此，新创企业需要处理好自己需要什么样的人才、怎样能招到这样的人才这一系列的问题。

（4）如何建立及怎样建立企业的文化

良好的企业文化一方面可以提高员工的凝聚力和工作积极性，另一方面

学习笔记

可以增强企业的竞争力，并促使企业在市场经济中的长远发展。因此，一个新创企业也应该重视建立自己的企业文化。

（5）如何做好企业公关管理

做好公关管理，企业才能拥有一个良好、和谐、团结的企业内部和外部环境，因此，新创企业也必须面临这个管理挑战。

（6）如何做好企业的财务管理

市场盈利是企业的“赚”，而做好财务是企业的“省”，企业只做好“赚”而不知道“省”是远远不够的，不能达到企业利益的最大化，所以新创企业要想实现利益最大化，需要面临财务方面的管理挑战。

8.6.3 新创企业的管理方式

从企业的生命周期的视角来看，企业作为有机的生命体，在不同的发展阶段具有不同的特征，会遇到不同的问题，必须采用相应的管理模式和解决方案。相对于成熟企业来说，初创企业管理具有特殊性，其管理方式同成熟企业也有一定的区别。

（1）以生存为目标的管理

初创企业的首要任务是从无到有，把自己的产品或服务销售出去，掘到第一桶金，从而在市场上找到立足点，使自己生存下来。在创业初期，生存是第一位的，一切围绕生存运作，一切危及生存的做法都应避免。最忌讳的是在创业初期提出不切实际的扩张目标，盲目“铺摊子”“上规模”，结果只能是“创者不立，跨者不行”。那么，什么是生存来源呢？盈利。盈利是企业生存的重要保障，是创业管理的目标之一。在创业阶段，亏损，盈利，又亏损，又盈利，可能要经历多次反复，直到最终持续稳定地盈利，才算是度过了创业的生存阶段。只有开始持续地盈利，才能证明创业活动找到了可靠的商业模式，因此才有了追加投资的价值。

（2）以自有资金创造现金流的管理

现金对企业来说就像是人的血液，企业可以承受暂时的亏损，但不能承受现金流的中断。所谓企业的自由现金流，就是不包括融资，不包括资本支出及纳税和利息支出的经营活动的净现金流。自由现金流的大小直接反映企业的盈利能力。它不仅是创业初期，也是成长阶段管理的重点，区别在于对创业管理来说，由于融资条件苛刻，只能主要依靠自有资金运作来创造自由现金流，从而管理难度更大。创业初期的管理要求经理人必须千方百计地增收节支、加速周转、控制发展节奏，“像花自己的钱那样花企业的钱”。

学习笔记

(3) 以“所有人做所有事”的管理

初创企业在创业初期，尽管建立了正式的部门结构，但很少按照正常组织的方式运作。典型的情况是，虽然有名义上的分工，但运作起来是哪里急、哪里紧、哪里需要，就都往哪里去。这种看似混乱的情况，实际是一种高度有序的状态。每个人都清楚组织的目标和自己应当如何为组织目标做贡献，没有人计较得失，没有人计较越权或越级，相互之间只有角色的划分，而没有职位的区别。这种运作方式能培养出团队精神、奉献精神和忠诚，将来事业发展了，组织规范了，这种精神会成为一种企业文化。在创业初期，创业者必须尽力使初创企业的部门成为真正的团队，否则很难成功。这种在创业期锻炼出来的团队领导能力，是创业者未来领导大企业高层管理团队的基础。

(4) 以创业者深入一线的管理

经历过创业初期的创业者大都有过这样的体验：曾经直接向客户推销过产品，与供应商谈判过折扣，亲自到车间里追踪过客户急需的订单，在库房里卸过货、拉过车，跑过银行、催过账，策划过新产品方案，制订过工资计划等。创业者只有对经营全过程的细节了如指掌，才能够使得生意越做越精。

(5) 以奉行“用户至上，诚信为本”的管理

创业的第一步，就是把企业的产品或服务卖给用户。这是一种惊险的跨越，如果不是用户肯付钱，怎么能收回成本还有利润？经历过艰难创业的企业家和创业者，永远都会把用户放在第一位。此外，谁会借钱给没听说过的企业？谁会购买没听说过的企业的产品？谁会加入没听说过的企业？企业靠什么迈出这三步？靠的是诚信，也只有靠诚信。所以，一个企业的核心价值观不是杜撰的，而是创业阶段自然形成的。创业期间的管理是在塑造一个企业。

拓展阅读

新创企业克服所面临的管理挑战的一些措施

1. 组织结构的设计

新创企业在组织结构的设计上应该按照精简原则、责权对等原则、统一指挥原则、灵魂性原则、效益原则、管理宽度原则、目标明确与分工协作原则、弹性原则，并根据新创企业实际状况来进行组织结构的合理设置。如新创小企业，在创业初期，需要设计的组织结构，一般说来是比较简单的好，可以设计成直线结构，但如果新创企业创业启动资金、技术、市场规模等起步平台较高，可以从一开始就设计成事业部制的组织结构，而大型企业一般

学习笔记

设置成事业部的组织结构。

2. 选聘企业需要的合适人才

新创企业要想选聘到自己需要的合适人才，首先需要明白自己需要什么样的人才，其次进行好人才资源规划，然后按照人才资源规划，选派有一定能力的人按科学并灵活的标准进行招聘，最后可以试用选取的人，择优留用。

3. 树立企业的文化

新创企业要想树立自己的文化，必须做好以下几个方面：第一，明确企业的文化价值观；第二，在企业内部通过宣传和引导，向员工灌输企业的文化，树立企业的文化氛围；第三，对外通过媒体、员工、其他企业以及自己的实际行动向社会传达企业的文化。

4. 企业技术与产品的创新

新创企业要做好技术与产品的创新，即需要重视技术与产品的创新在日常经营中加大科技和人才投入，提供创新保障，也需要实现良好的管理来促进创新，同时还需要在企业中建立激励机制，激发企业员工的创新表现。

5. 企业产品市场的开拓

新创企业要做好开拓产品市场的管理，可以通过做好市场分析、市场选择、市场定位、实施营销战略、做好营销管理、做好信誉和售后管理这些工作，这些都有助于新创企业的产品市场开拓。

6. 企业的公关管理

新创企业公关管理包括企业的内部公关和外部公关，内部公关管理可以从以下方面着手：①办好企业内刊；②完善合理化建议制度；③充分利用企业内部的传播媒介；④重视非正式沟通渠道。外部公关管理可以从以下方面着手：①顾客关系及其协调；②媒介关系及其协调；③政府关系及其协调；④社区关系及其协调；⑤名流关系及其协调；⑥国际关系（大型跨国新创企业）及其协调；⑦供销关系及其协调。

7. 企业的财务管理

新创企业的财务管理也是企业管理中的一项重要内容，新创企业可以通过制定财务计划、定期进行财务分析、采取合适的财务制度、安排专人管理等财务措施，并根据实际情况灵活变通来做好企业的财务管理。

（资料来源：百度文库《浅谈新创企业所面临的管理挑战》）

拓展训练

大学毕业后，托尼和詹妮弗都为一家电脑磁盘驱动器制造商工作，这些

学习笔记

产品的销售情况非常好，但常常收到投诉，客户抱怨这些驱动器与电脑连接后的反应速度太慢。

托尼在该公司的销售部门工作，常常与工程部的詹妮弗讨论客户的不满，考虑了一段时间后，詹妮弗相信终端用户可以通过装入一种新软件来解决这个问题。

一个下班后的晚上，这两位年轻人决定创办自己的企业来开发和销售这种软件。詹妮弗估计开发和完善这种软件要花 6 个月的时间，托尼则认为在此以后的 8 个月内他可以销售出相当可观的数量。

此外，托尼还相信他可以从富有的马克叔叔那里得到足够的资金来维持创业初期的运营，但是，他们两人都认识到，当自己的产品上市并大量销售的时候，可能还需要银行和投资者来提供资金，此外，虽然两人在短期内可以完成所有必须的工作，但可以预期在长期经营中还得需要程序编辑人员、销售人员和打包运货人员等，他们都知道哪些人适合这些岗位。

詹妮弗和托尼对自己的计划很兴奋，准备提交辞职报告。

问题：

1. 托尼和詹妮弗在离职前必须考虑哪些创业的法律和伦理问题？
2. 托尼和詹妮弗创办的新企业能否立即与受雇企业合法竞争？
3. 托尼和詹妮弗应该选择何种企业组织形式？

思考与练习

1. 哪种企业组织形式更适合你们团队的创业项目？为什么？

2. 假设你们的创业项目是快速消费品类，要为你们团队的创业项目选择地址，你会选择哪里？为什么？

参考文献：

1. 孙洪义. 创新创业基础［M］. 北京：机械工业出版社，2016.

2. 黄海燕. 大学生创业教育［M］. 长沙：湖南师范大学出版社，2013.

3. 李家华，张玉利，雷家骕，等. 创业基础［M］. 北京：北京师范大学出版社，2014.

4. 张玉利，薛红志，陈寒松. 创业管理［M］. 北京：机械工业出版社，2013.